暨南文库·新闻传播学
JINAN Series in Journalism & Communication

暨南文库·新闻传播学 **2**

JINAN Series in Journalism & Communication

网络社会治理研究

前沿与挑战

罗 昕 著

暨南大学出版社
JINAN UNIVERSITY PRESS

中国·广州

图书在版编目（CIP）数据

网络社会治理研究：前沿与挑战/罗昕著. —广州：暨南大学出版社，
2020.11
（暨南文库. 新闻传播学）
ISBN 978 - 7 - 5668 - 3061 - 6

Ⅰ. ①网…　Ⅱ. ①罗…　Ⅲ. ①互联网络—社会管理—研究—中国
Ⅳ. ①C916②TP393.4

中国版本图书馆 CIP 数据核字（2020）第 218989 号

网络社会治理研究：前沿与挑战
WANGLUO SHEHUI ZHILI YANJIU：QIANYAN YU TIAOZHAN
著　者：罗　昕

出 版 人：张晋升
项目统筹：黄圣英
责任编辑：郑晓玲　詹建林
责任校对：刘舜怡　冯月盈
责任印制：汤慧君　周一丹

出版发行：暨南大学出版社（510630）
电　　话：总编室（8620）85221601
　　　　　营销部（8620）85225284　85228291　85228292　85226712
传　　真：（8620）85221583（办公室）　85223774（营销部）
网　　址：http：//www.jnupress.com
排　　版：广州尚文数码科技有限公司
印　　刷：广州市快美印务有限公司
开　　本：787mm×1092mm　1/16
印　　张：19.25
字　　数：335 千
版　　次：2020 年 11 月第 1 版
印　　次：2020 年 11 月第 1 次
定　　价：78.00 元

总　序

…… ……

如果从口语传播追溯起，新闻传播的历史至少与人类的历史一样久远。古人"尝恨天下无书以广新闻"，这大约是中国新闻传播活动走向制度化的一次比较早的觉醒。

消息、传闻、故事、新闻、报道，乃至愈来愈切近的信息、传播、大数据，它们或者与人们的生活特别相关、比较相关、不那么相关、一点也不相干，或者被视为一道道桥上的风景、一缕缕窗边的闲情抑或一粒粒天际的尘埃，转眼消失在风里。微观地看，除了极少数的场景外，新闻多一点还是少一点，未必会造成实质性的差别；本质地看，人类作为社会性的动物，莫不以社会交往，包括新闻传播的存在和丰富化为前提。

这也恰好是新闻传播生存样态的一种写照——人人心中有，大多笔下无。它的作用机制和内在规律究竟为何，它的边界究竟如何界定，每每人见人殊。要而言之，新闻传播学界其实永远不乏至为坚定、至为执着的务求寻根问底的一群人。

因此人们经常欣喜于新闻传播学啼声的清脆、交流的隽永，以及辩驳诘难的偶尔露峥嵘。重要的也许不是发现本身，而是有越来越多的研究者参与其中，或披荆斩棘，或整理修葺。走的人多了，便有了豁然开朗。倘若去粗取精，总会雁过留声；倘若去伪存真，总会人过留名。

走的人多了，我们就要成为真正的学术共同体，不囿于门户之见，又不息于学术的竞争。走的人多了，我们也要不避于小心地求证、深邃地思考，学而不思则罔。走的人多了，我们还要努力站在前人、今人的肩膀上，站得更高一些，看得更远一些。

这里的"我们"，所指的首先是暨南大学的新闻传播学人。自 1946 年起，创系先贤、中国第一位新闻学博士、毕业于德国慕尼黑大学的冯列山先生，以及上海《新闻报》总经理詹文浒先生等以启山林，至今弦歌不辍。求学问道的同好相互砥砺，相互激发，始有本文库的问世。

"我们"，也是沧海之一粟。小我终究要融入大我，我们的心血结晶不仅要接受全国同一学科学术共同体的检验，还要接受来自新闻、视听、广告、舆情、公共传播、跨文化传播等领域的更多读者的批评。重要的不完全是结果，更多的是过程。在这一过程中我们特别关注以下剖面：

第一，特定经验与全球视野的结合。文库的选题有时是从一斑窥起，主要目标仍然是研究中国全豹，当然，我们也偶或关注印度豹、非洲豹和美洲豹。在全球化时代，我们的研究总体会自觉不自觉地增添一些国际元素。

第二，理论思辨与贴近现实的结合。犹太谚语云"人类一思考，上帝就发笑"，或许指的是人力有时而穷，另外一种解释是万一我们脱离现实太远，也有可能会堕入五里雾中。理论联系实际，不仅是哲学的或革命的词句，也是科学的进路。

第三，新闻传播与科学技术的结合。作为一个极具公共性的学术领域，新闻传播的工具属于拿来主义的为多。而今，更是越来越频繁地跨界，直指5G、云计算、人工智能等自然科学的地盘。虽然并非试图攻城拔寨，但是新兴媒体始终是交叉学科的前沿地带之一。

归根结底，伟大的时代是投鞭击鼓的出卷人，我们是新闻传播学某一个年级某一个班级的以勤补拙的答卷人，广大的同行们、读者们是挑剔犀利的阅卷人。我们期望更多的人加入我们，我们期望为知识的积累和进步贡献绵薄的力量，我们期望不辜负于这一前所未有的气势磅礴的新时代！

编委会

2019 年 12 月

前　言

· · · · · ·

当前，互联网日益深度嵌入人类社会中。人类全部的社会生产、社会生活、社会关系和社会事件正日益通过互联网展现出来。中国互联网络信息中心（CNNIC）发布的第44次《中国互联网络发展状况统计报告》显示，截至2019年6月，我国网民规模达8.54亿，普及率达61.2%。面对这一快速形成的网络社会，自党的十八大以来，党和国家高度重视网络社会治理。党的十八大报告指出，要"加强网络社会管理，推进网络依法规范有序进行"。中共十八届三中全会审议通过《中共中央关于全面深化改革若干重大问题的决定》，指出"坚持积极利用、科学发展、依法管理、确保安全的方针，加大依法管理网络力度，加快完善互联网管理领导体制，确保国家网络和信息安全"。中共十八届四中全会审议通过了《中共中央关于全面推进依法治国若干重大问题的决定》，指出"加强互联网领域立法，完善网络信息服务、网络安全保护、网络社会管理等方面的法律法规，依法规范网络行为"。中共十八届五中全会审议通过了《中共中央关于制定国民经济和社会发展第十三个五年规划的建议》，指出"加强网上思想文化阵地建设，实施网络内容建设工程，发展积极向上的网络文化，净化网络环境"。通过这些表述，我们清晰地看到了党和国家已经从领导体制、网络立法和网络文化等多个重大领域对中国网络社会治理进行了全方位的顶层设计。党的十九大报告指出，要"加强互联网内容建设，建立网络综合治理体系，营造清朗的网络空间"。

网络社会是个非常复杂的概念，与此相类似的还有信息社会（Information Society）、虚拟社会（Virtual Society）、赛博社会（Cyber Society）等概念。理解网络社会治理，我们需要先理解网络社会的概念。

从广义上看，网络社会是一种正在浮现的以"网络"为基础的新社会结构形态，是相对于农业社会、工业社会而言，人类进入的一个新社会形态。网络社会是"在原来世界的基础上发展而来的新的社会现实，它是由交往的实践主体与主体间通过网络这一中介客体构成的一个相互交错或平行的交往大系统，是现代世界交往、互动联系的媒介，是交往实现全球化的共在结构"①。被誉为"网络时代第一位哲学家"的美国学者卡斯特则是从广泛意义上来理解"网络社会"（Network Society）的。他不仅对网络社会形成和崛起的过程作了描述，而且从更高的层次上揭示了网络社会之结构、网络社会之变迁的技术逻辑。他指出，"作为一种历史趋势，信息时代的支配性功能与过程日益以网络组织起来。网络建构了我们社会的新社会形态，而网络化逻辑的扩散实质性地改变了生成、经验、权力与文化过程中的操作与结果。虽然社会组织的网络形式已经存在于其他时空中，新信息技术却为其渗透扩张遍及整个社会结构提供了物质基础。此外我认为这个网络化逻辑会导致较高层级的社会决定作用甚至经由网络表现出来的特殊社会利益：流动的权力优先于权力的流动。在网络中现身或缺席，以及每个网络相对于其他网络的动态关系，都是我们社会中支配与变迁的关键根源，因此我们可以称这个社会为网络社会，其特征在于社会形态胜于社会行动的优越性"②。可见，"网络化"是现实社会关系和社会运行的基本组织形式。信息社会的关键特征正在于网络社会，"它以全球经济为力量，彻底动摇了以固定空间为基础的民族国家或所有组织的既有形式"③。

从狭义上看，网络社会是以互联网技术为基础并存在于互联网空间的新社会形态，通常也被称为"互联网社会"（Internet Society）。互联网社会又不等同于虚拟社会、赛博社会，它与现实社会是紧密交织在一起的。以互联网技术为基础构成的各种网络，成为网络社会的基本组织形态。卡斯特认为互联网是"网络化逻辑"的缩影，这种网络化逻辑变得可以应用于一切能经由电子连接的领域及地点。可以说，互联网社会是网络化社会的重要表征，以至于"互联网社会"越来越被通俗地表述为"网络社会"。总之，无论是广义还是狭义上

---

① 孙午生：《网络社会治理法治化研究》，北京：法律出版社，2014 年，第 11 页。

② ［美］曼纽尔·卡斯特著，夏铸九、王志弘等译：《网络社会的崛起》，北京：社会科学文献出版社，2001 年，第 434 页。

③ ［美］曼纽尔·卡斯特著，夏铸九、王志弘等译：《网络社会的崛起》，北京：社会科学文献出版社，2001 年，第 3 页。

的"网络社会"，都是强调以互联网技术为重要推力的新社会结构形态，是现实社会的重要组成部分。目前学界很多学者是在"互联网社会"这种意义上使用"网络社会"一词的。

"网络社会是由社会环境、网络资源系统、互联网政策支持系统、网络群体四大子系统组成的社会生态系统"，"网络社会是一个自我协同演化性的社会生态系统，系统平衡是其健康有序发展的前提"，"网络社会生态系统失衡将产生各种各样的社会问题，也即我们常说的网络社会问题"。① 网络社会生态系统是一个整体的有机系统，任何网络社会问题的产生，都是整个网络社会生态系统的失衡造成的。

网络社会问题成为当今日益严重的全球性社会问题。网络社会问题具有传播范围全球性、存在性质客观性、形成机制高科技性、主观认定文化差异性、影响后果严重性等特征。网络社会问题复杂多样，这些问题从地理维度上看涉及国家和全球层面，主要的类型有网络犯罪、网络侵权、网络黑客、网络色情、信息污染、网络沉溺、网络暴力、网络抗争、网络霸权、网络资源（信息）垄断与数字鸿沟等。因此，网络社会治理不能采取"头痛医头"的策略性方案，而必须从整体上寻求解决问题的战略性方案，必须整合政府部门、社会力量、网民以及网络平台等多个主体力量，以网络生态系统平衡为目标，建立多主体协同治理体系。

本书是笔者十多年来致力于网络社会治理研究成果的汇编，主要散见于各大学术期刊、研究报告中。本书从网络传播技术、网络新闻传播、网络舆论生态、网络社交媒体、全球网络空间五个领域深度审视、剖析了网络社会治理的前沿话题和主要挑战。"网络传播技术治理"篇主要关注了人工智能、算法、区块链等前沿技术对网络社会尤其是网络新闻传播业的影响及其治理路径。"网络新闻传播治理"篇主要关注了算法时代、数字时代、云计算时代给传统新闻传播理论与实践带来的变革、问题或影响。"网络舆论生态治理"篇主要关注了网络民意与真实民意的偏差问题、对抗性网络舆论、几种网络舆论形态的生成与治理机制。"网络社交媒体治理"篇主要关注了虚拟社群、微信公众号、

---

① 谢金林：《生态系统视角下的网络社会管理体制研究》，《大连理工大学学报》（社会科学版）2012年第3期，第98–102页。

网络传播平台的社会责任、信任机制、搜索引擎等问题及其治理路径。"全球网络空间治理"篇主要关注了全球网络空间新秩序建构、全球互联网治理模式、美国互联网治理智库、美国"网络中立"规制等重要议题。本书试图从当前关键议题的提取以构建网络社会治理的知识地图概貌。

　　本书个别文章涉及合作者署名，已在每篇文章后面说明。此外，有些文章写作时间距今跨度较大，个别数据和案例作了调整修改。一些观点在现在看来也许显得比较陈旧，但反映了当时笔者所能达到的认识和思考高度。为了保持文章的整体逻辑思路便没有作出大的改变，希望读者能理解文章观点所产生的社会、技术背景，能结合当下社会、技术的发展现状引发更深入的创新思考。

　　诚然，本书勾勒的网络社会治理图景还相对不够完整和清晰。随着新技术的不断演进，新现象、新问题、新思想也将不断涌现，网络社会治理研究也将不断深入开拓，网络社会治理研究的知识图景和脉络也将更加完整清晰，网络社会治理作为一个未来新兴的学科也将变得更加科学严谨。

罗　昕

2020 年 1 月 8 日

网络社交媒体治理

全球网络空间治理

网络传播技术治理

…… ……

算法媒体的生产逻辑与治理机制

算法媒体是通过算法驱动的，具有信息传播功能的平台，如谷歌（Google）、脸书（Facebook）、推特（Twitter）、今日头条等平台。算法媒体作为隐形的把关人，是信息和受众之间重要的桥梁和纽带，掌握着信息可见性生产的出口，也就是说，它决定着人们可以看到什么、不可以看到什么，从而决定人们能思考什么、不思考什么。算法不仅仅是抽象的计算过程，也有能力通过塑造不同程度的社会生活来实现物质现实。[①] 正如英国著名的社会学家约翰·汤普森（John Brookshire Thompson）看到的，中介化的可见性不仅影响人们的日常生活状态，还隐含着重要的政治经济学含义。[②] 算法媒体在媒体格局中扮演着越来越重要的角色，当前媒体生产和消费的过程越来越自动化，也越来越受到算法的支配。可以说，算法主导了当代媒体技术的话语范式。当前算法研究日益从计算机科学、数学转向人文社会科学，关注算法运用于特定社会领域带来的社会和文化后果。

一、作为权力中介的算法媒体

媒体作为社会系统的信息枢纽和神经系统，能够及时敏锐感知社会的冷暖和脉搏，在引导用户、服务用户中发挥重要的中介作用。算法是一种新的中介化技术，掌控着信息的可见性。在移动化、智能化趋势下，由算法驱动的媒体的中介化权力日益凸显。

（一）作为"中介化"的媒体

"中介化"理论是媒体学研究中的一个重要概念。法国著名哲学家、媒体

---

① KITCHIN R & DODGE M. Code/space：software and everyday life. Cambridge：MIT Press，2011.

② THOMPSON J B. The new visibility. Theory，culture & society，2005，22（6）：31–51.

学家雷吉斯·德布雷（Régis Debray）在其著作《法国的知识权力》中首次提出"媒体学"（Médiologie）这个词。他提出的媒体学超越了人们通常所说的"传播"思路，是以技术与文化之间的关系为研究对象的一个"传递"过程，同时明晰传递过程中的种种现象。① 曾任法国信息传播学学会（SFSIC）主席的内尔纳·米耶热（Bernard Miège）在著作《传播思想》中表示："德布雷所建立的'普通媒体学'相对于历史文化或意识形态取向，将重点放在传输介质的功能和效力上，引发了一场颠覆。"②

德布雷的媒体"传递观"隐设了重要的"中介观"，即媒体是一种作为"中介"的传递工具，其意义不仅在于信息的即时传播，更在于它是文化代代相传的承载物。德布雷在《媒体学引论》中推进麦克卢汉的"媒体即信息"的观点，提出"中介即信息"的理念。他认为"中介是使两者发生关系的第三者，如果没有这个作为第三者的中介，这种关系就不会存在"③。这样看来，凡是建构两者关系的都是中介，大众媒体是最具典型意义的中介。美国传播学者托马斯·德·曾戈提塔曾对"中介化"理论的内涵进行定义："中介化是指所有艺术及人力所创造出的媒体所表现、所传播的情感经历，同时还特别包含着这些媒体对我们每个人、对世界、对个人生命体验所产生的影响。"④

（二）算法媒体的"中介化"

随着人工智能走进人们的生活，媒体与受众间的互动越来越以数字化为中介，越来越多的对象嵌入了芯片和传感器，这就使得信息和受众之间产生了一个新的中介层次——算法。⑤ 算法作为中介，扮演着将人与人、人与信息联系起来的角色，隐形地实施着自己的权力。虽然算法本身没有偏见和主观性，但是编写算法的一方却掌握了算法的可见性权力。算法媒体基于算法指令和大数

---

① ［法］雷吉斯·德布雷著，刘文玲译：《媒介学引论》，北京：中国传媒大学出版社，2014 年，第 1 页。

② ［法］米耶热著，陈蕴敏译：《传播思想》，南京：江苏人民出版社，2008 年。

③ ［法］雷吉斯·德布雷著，刘文玲译：《媒介学引论》，北京：中国传媒大学出版社，2014 年。

④ ［美］托马斯·德·曾戈提塔著，王珊珊译：《中介化：媒体如何建构你的世界和生活方式》，上海：上海译文出版社，2009 年。

⑤ TUFEKCI Z. Algorithms in our midst: information, power and choice when software is everywhere. Proceedings of the 18th ACM Conference on Computer Supported Cooperative Work and Social Computing, February 2015, Vancouver, BC, Canada.

据，把控信息的可见与不可见以及信息的透明度，是具有中介权力的把关人。算法在信息发布方面的能力被认为是强有力及具代理性和中心性的。

算法的中介化权力能塑造文化和社会信息，从而圈套住人的思想，并控制和影响人们的日常生活，还有可能影响到政治和经济的发展方向。当人们关注算法的中介权力时，本质上是关注可见性和意义的问题。正如约翰·汤普森所言，"中介化的可见性不仅仅是引发他人关注社会和政治生活的媒体，它已经成为表达、从事社会和政治斗争的基本手段"①。

用于决策的算法经常被描述为把关人。算法对媒体环境的侵蚀，"其中一个结果就是把关功能的崩溃，迅速地削弱了精英、公民和学者用于理解民主社会中媒体角色的常识假设"②。在这个功能方面，算法某种程度上类似于传统媒体编辑的角色，但是与线下非互动非计算的类似对象有很多区别，如算法的编辑是动态的，所有一切编辑活动是自动的、不可见的、针对个人的，"都是通过具有技术性质的机制实现的，这些机制在复杂的社会进程中不断发展、完善和调整，而这些进程又受到组织和超组织的环境条件影响"③。算法能够充当悄悄的、强有力的把关人，在未经用户的同意下进行编辑决策。算法把关人执行了某些传统的把关功能，但颠覆了或很大程度上修正了传统把关的其他关键特征（如可见性、信息不对称以及公众理解编辑工作结果的能力）。因此在寻求结果把关的责任心和透明度方面，算法产生了新障碍。算法把关在很多领域提出了重要而新颖的问题。

二、算法媒体的可见性生产逻辑

算法媒体的中介权力结构，包括对信息的优化（推荐排序）、分类、关联和过滤等系列决策过程，这种决策过程形成了算法媒体的可见性生产机制。可见性生产具有重要的社会建构意义。算法媒体的社会建构运作依靠一套隐秘的可见性生产逻辑，这套逻辑贯穿于信息生产、分发和审核等价值链环节中。"因

---

① THOMSON J B. The new visibility. Theory, culture & society, 2005, 22 (6): 31 - 51.

② WILLIAMS B A & CARPINI D M X. Unchained reaction: the collapse of media gatekeeping and the Clinton-Lewinsky Scandal. Journalism, 2000, 1 (1): 61 - 85.

③ NAPOLI P M. Automated media: an institutional theory perspective on algorithmic media production and consumption. Communication theory, 2014, 24 (3): 340 - 360.

此从算法仅仅对社会带来影响看，权力主要不是社会的；但从权力来自算法关联看，权力则是社会的。即算法的社会权力主要来自关联依赖。"① 算法很大程度上承担了文化的主要责任之一 ——"重新组装社会"的任务，即运用一系列分析工具发现庞大的数据语料库内的统计关联，这种关联似乎能将分散的人们连接起来，形成某种可见性的"群体智慧"。

（一）"可见性"理论

可见性是政治哲学、社会学、传播学的核心概念之一，传统上与公共领域紧密相关。随着社交媒体的迅速普及，可见性在建构公共领域中变得越来越重要。可见性具有多种含义，除了能够指揭示、开放和表达外，还可以指一系列其他密切相关的、关键的公开性，包括清晰度、透明性、洞察力、识别性和理解性等特征。可见性可以与更多的公共领域联系在一起，例如公共关系、市场营销、权力监视、引人注目的炫耀主义、谣言传播以及各种形式的包括针对丑闻、嘲讽和羞辱的恶意曝光。② 面对这个争夺可见性的权力博弈场域，"在这个中介化可见性的新世界中，行动和事件的可见性不仅仅是日益难以控制的传播和信息流系统中泄密的结果，也是一个明确的个人战略，他们非常清楚地知道：在他们日常生活所进行的斗争中，中介化可见性可以是一种武器"③。

可见性不单单是指视觉上的可见性，还包含着空间上的可见性：亨利·列斐伏尔的空间生产思想和米歇尔·福柯的空间规训思想，两者都强调对空间可见性的生产实践；简单来讲就是权力主体的可见性（媒体通过展现来赋予他人可见性）和受众的可见性（在媒体塑造的虚拟空间中的个人如何"可见"）。可见性生产，通过控制人们视觉和空间的可见性，影响人们认知上的可见性，具有非常丰富的含义。

丹尼尔·戴扬曾针对新媒体出现后当下的公共空间发生的转变状况，提出了"可见性"的概念："能否被他人看见、能否获得他人的注意力，当获得的

---

① NEYLAND D & MÖLLERS N. Algorithmic IF … THEN rules and the conditions and consequences of power. Information, communication & society, 2017, 20（1）：45 - 62.

② DAHLBERG L. Visibility and the public sphere：a normative conceptualisation. Javnost - The public, 2018, 25（1 - 2）：1318 - 3222.

③ THOMPSON J B. The new visibility. Theory, culture & society, 2005, 22（6）：31 - 51.

注意力达到了一定规模，即产生了可见性。"① 新媒体虽促进了信息可见性的增长，但在许多情况下也可能助长信息可见性的不平等。与代码和算法相关的数字媒体公司能控制信息可见性。这种信息可见性的程度被（意识形态上的）公开表现所掩盖。资本主义新精神与算法结盟并融入数字媒体公司中。如"谷歌不仅仅是数据监视的机构，也是价值生产的机构。如谷歌的排序算法剥削了网络的群体智慧，因为谷歌用于测量网站价值的每个链接都代表了智力的凝结并创造了剩余价值。因此，谷歌是终极经济监管机器和终极用户剥削机器"②。

（二）算法媒体的可见性生产

算法媒体的中介化权力来源于其可见性生产逻辑。算法的可见性生产是优化推荐、自动化生产和过滤审查等手段组成的权力结构或决策程序，这些手段之间相互促进、相互影响，从而形成算法的可见性生产逻辑。"受福柯的圆形监狱的影响，通过结构框架来理解算法媒体可见性的建构，这种结构框架特别注意构成了软件程序和算法权力的基础。算法建构了信息与传播流。所建构的可见性机制对参与主体方施加了一个假想的'不可见性威胁'。而可见性成为用户积极参与互动的回报。"③

1. 算法媒体的推荐机制

算法推荐是算法可见性生产机制的重要构成要素。算法本身是一系列解决问题的指令，它结合大数据来实现算法的精确推荐。算法推荐的对象对算法推荐的内容所作出的一系列反应，如点击、转发、评论等，越是被算法主体挖掘发现，就越具有可视化生产的可见性，就越受到其他网民的关注，从而引发新一轮生产推荐的闭路循环。

信息生产者为了获取用户的关注力和有效的信息可见性而竞争，可以让自身的信息获得公共可见性。由于可见性的关系，接收信息的一方认为自己接收到的信息就是公众关注的，所以就有了某种被动接收信息的"助推"（Nudge）。"助推"是"选择架构的任何方面，以可预测的方式改变人们的行为，而不禁

① DAYAN D. Conquering visibility, conferring visibility: visibility seekers and media performance. International journal of communication, 2013, (7): 137 – 153.

② MAGER A. Algorithmic ideology: how capitalist society shapes search engines. Information, communication & society, 2012, 15 (5): 769 – 787.

③ BUCHER T. Want to be on the top? Algorithmic power and the threat of invisibility on Facebook. New media & society, 2012, 14 (7): 1164 – 1180.

止任何选择或显著改变他们的经济激励措施"。① "助推"强调了周边的决策选择语境是如何有意地设计以系统性影响人们决策的方式。比如，为了鼓励顾客选择更健康的食品，他们建议餐厅经理把健康的食品放在更显眼地方。由于"可获得性"启发和"启动"效应（Priming Effect），客户会倾向于选择"可获得"的更健康的食品。

目前，算法推荐是新闻网站、搜索引擎、社交媒体、移动客户端等几乎所有网络传播平台的标配。这些网络传播平台上呈现的各种热点搜索、热点推荐、趋势话题等产品，由于具有大数据的客观维度，"被看作是即时的甚至处于直播状态的流行话题的中立或原始的呈现"，"影响着与突发事件、流行话题相关的信息流动"。② 比如推特的趋势列表，它为用户提供了目前在平台上讨论的最受欢迎的主题列表。此列表每天发送超过 2.5 亿条由推特的算法生成的内容，部分用于指导推特用户的媒体消费行为（将他们指向受欢迎的顶部）。谷歌的搜索引擎通过算法决策和大数据实现个性化订制服务，为受众推荐他们最需要的信息。处于最显著位置（首页）的信息投放者需要支付相应的赞助费用，以取得某种信息的助推力。理论上网民可以在成千上万的排序中自由地翻阅所有网页，但实际上每个搜索者可能只是浏览了算法推荐的那几页，这时候用户的点击行为受到"启动"效应的影响，算法构造旨在"助推"网民的点击行为朝着算法设计师编好的方向进行，从而产生这一系列可见性的效应。

大数据驱动的助推是敏捷的、不显眼的、高效的，给数据对象提供高度个性化的选择环境，因此这些技术被称为"超级助推"（Hypernudge）。超级助推取决于强调算法决定的数据包内数据项之间的关联，因此将"突出"赋予要强调的数据模式，通过"启动"技术运作起来，有意影响用户决策的方式，动态地构造了用户的信息选择语境。算法是能产生、选择、传递公共信息的社会技术机制，因此也在很多方面具有发现和放大某些信息的权力。

2. 算法媒体的生产机制

当前，一种新的基于算法的定量新闻决策生产技术已经形成，能明确地聚

① THALER R & SUNSTEIN C. Nudge. London：Penguin Books, 2008：1.

② STEFANIE D. Trending this moment：examining social media platforms as information gatekeepers through Facebook's trending topics and Twitter's moments. In 66th Annual Conference of the International Communication Association：Communicating with Power, June 9 – 13, 2016, Fukuoka, Japan.

焦于基本受众偏好上。算法成为新闻判断的代言人。自动化新闻（Automated Journalism）、机器人新闻（Robot Journalism）、计算新闻学（Computational Journalism）等类似概念尽管处在婴儿期，但大量的研究开始围绕算法应用于新闻领域考察理论和实践的问题。很多所谓的机器人新闻或自动化新闻都是基于算法大量生产出来的，给传统编辑部门带来了深刻的影响。这些自动化可用于完成采编任务的新闻形态，使记者从标准化的任务分配的单调乏味中解放出来，以专注于更深度的报道。由此，媒体生产中出现算法转向。目前，算法在媒体生产领域中执行的两个主要功能是充当"需求预测器"和"内容创造者"。[①]

在需求预测领域，媒体机构拥有越来越多的关于受众媒体消费模式和偏好的数据供应，算法派生的表现预测越来越多地决定生产决策，以努力应对受众对内容需求的持续不确定性。在从这些数据存储中产生决策结果的过程中，算法发挥了中心作用。例如，电影工业已经开始依赖预测软件包，使用算法来预测未来电影项目的成功，甚至预测包含在单个电影剧本中的情节元素，并将这些内容特征与票房收入的历史数据联系起来。类似地，Netflix（网飞）一直在开发它的原创设计，它将大量的观众行为和收视率数据输入到一个预测算法中，然后确定最有可能成功的原创设计类型。这种算法驱动的需求预测器也许最具争议的应用是在新闻领域。在某些情况下（例如 AOL 失败的超级本地新闻项目 Patch），用以分析与个人社区以及他们本地需求相关的人口、社会和政治变量的算法，已被用来确定当地新闻机构的设立地点。在这种情况下，本地新闻运作的存在某种程度上是由算法决定的。在许多其他情况下，新闻机构越来越多地依靠对各种形式的用户行为和反馈数据的分析，精确地校准他们的新闻收集和报道活动。

在内容创造领域，从本质上说，在某些情况下，内容创造过程中直接的人的因素被消除了。这并不是说人类元素正在从内容创造中被淘汰。算法是人类创造的。相反，这里的要点是，人类在内容创建中的角色正在从一个直接的角色迁移到一个间接的角色。算法已经被开发并被用于充当人类内容创作者的角色。由算法驱动的机器人自动生成的软件包，一旦提供了故事所依据的核心数据（例如，体育赛事成绩/统计数据、公司财务报告、住房数据、调查数据），

---

① NAPOLI P. Automated media: an institutional theory perspective on algorithmic media production and consumption. Communication theory, 2014, 24 (3): 340 – 360.

就可以生成完整的新闻报道。新华社开发的媒体大脑"Magic",该名字由机器生产内容(MGC)和人工智能(AI)的英文字母组合而成。Magic 平台以大数据处理技术、智能算法技术以及人机协作技术为核心,由智能数据工坊、智能媒资平台、智能生产引擎、智能主题集市四大智能系统构成。Magic 平台可以全链路自动完成视频的画面分析、捕获、制作、配乐、加标题、合成、发送到视频站点,还可以通过人工智能技术对已经生成的视频再加工。Magic 还会在现场寻找有新闻价值的共同主题,通过大数据处理、智能模板方式,迅速生成标签聚合类稿件或数据可视化视频。在俄罗斯世界杯期间,通过 Magic 平台生产的世界杯短视频就达到了 37 581 条。这些视频占主要视频网站世界杯中文短视频总产量的 58.6%,最快一条进球视频的生产时间仅耗时 6 秒,视频播放量突破1.166 亿次。

尽管存在这些好处,关于自动化媒体生产也存在大量的伦理问题,如读者如何判断、识别自动化新闻的权威性、敏感性、客观性、可信度、透明度等新闻价值标准?以透明度为例,算法产品或平台的融合有助于测量和优化新闻生产、综合处理和分发,但这种算法系统由于自动的决策能力而挑战了透明度标准。一些算法媒体如谷歌、脸书、推特一直主张自身是技术公司而不是媒体公司的立场,试图以技术中立的逻辑逃避新闻伦理的拷问,"考虑到它们参与新闻信息流动相关的编辑把关决策的程度,这些平台不仅是媒介公司还是新闻组织";"是时候更严肃地描述当代混合的技术/媒介公司的轮廓和参数,开始阐述这些公司如何融入现有的法律、规制和新闻的框架中,或新的或修正的框架是否反映了它们混合的性质"。① 不过,自动化新闻将会越来越普遍,新闻的深度、宽度、具体化和即时性也将不断增加和提高。这种变化提出了伦理和社会议题,也提出了新闻专业主义的需要。

3. 算法媒体的过滤机制

算法媒体基于某种意识形态或法律法规甚至自身规范设置敏感词或关键词,让算法对大数据中的相关词语进行阻挡,使相关信息经过滤后不可见。算法能从人类决策中学习,复制人类的决策过程、操作实践、陈规、习惯和偏见。脸书算法过滤了大量的内容,诸如用户帖子,以决定内容是否允许。如,算法也

---

① NAPOLI P M & CAPLAN R. Why media companies insist they're not media companies, why they're wrong, and why it matters. First Monday, 2017, 22 (5).

可以过滤情色的图片、含有脏话的内容或来自世界某个地方的内容。又如，"以极端主义或恐怖主义内容为例，一旦用户看了一篇，推荐系统能推荐更多的极端主义材料，从而强化了'意识形态泡沫'的产生"①。

　　一个典型的案例来自 2016 年 9 月脸书审查删除越战照片《烧夷弹的女孩》（Napalm Girl）事件。脸书首席运营官雪莉·桑德伯格（Sheryl Sandberg）因其审查算法删除挪威首相埃尔娜·索尔贝格（Erna Solberg）帖文中的著名越战照片《烧夷弹的女孩》而发出一封致歉信。《烧夷弹的女孩》曾获得普利策新闻奖，照片中一名 9 岁的越南女孩因为被汽油弹炸伤，浑身赤裸逃离。桑德伯格在信中承认其审查算法存在技术局限性。挪威作家汤姆·埃格兰（Tom Egeland）发布的《烧夷弹的女孩》照片也遭到脸书删除，其个人账号也被禁用。挪威报纸 Aftenposten 的主编埃斯彭·埃吉尔·汉森（Espen Egil Hansen）给脸书 CEO（首席执行官）马克·扎克伯格写了一封公开信，指责说脸书的审查算法分不清儿童色情和新闻图片的区别。挪威首相索尔贝格在转发这篇帖子后内容也遭到删除。脸书这一举动引发世界舆论哗然。该公司不得不在事情发生数小时后作出回应。脸书表示已经重新修改了算法，让其能够"识别照片的历史意义"，并允许用户在该平台上发布这张照片。索尔贝格肯定脸书作出的迅速反应，但她表示，社交媒体不应该"将责任转交给机器"。不过，这场争论强调了传统新闻出版的编辑决策也应成为社交媒体平台编辑决策的基本部分，即使编辑决策最初掌握在算法中。

　　算法过滤机制还可以通过 2011 年"占领华尔街运动"似乎过早消失在推特趋势列表上的争议得到说明。作为对出于政治动机的审查指控的回应，推特公布了其"趋势"算法的操作细节。该公司指出，"趋势"算法并不是基于对最常用术语的简单计算，而是考虑到诸如该术语最近是否在人群的使用中激增、术语用户的聚类模式、Tweet 与转发的比率等因素。"占领华尔街运动"在推特趋势列表中的存在与否是一个引起广泛讨论、有争议和政治意义重大的话题，这一事实说明了产生该运动的列表和算法具有制度特征的程度。在一定程度上，算法过滤机制也可能产生重大议程设置效果。从这个角度来看，推特趋势的大量争论突出表明了列表是如何表现个人和组织对网上公共领域和政治动态的认

---

　　① WAGNER B. Algorithmic regulation and the global default: shifting norms in Internet technology. Nordic journal of applied ethics, 2016, 10 (1): 5－13.

知的根本机制。①

　　算法过滤机制还可以影响国际传播格局和地缘政治，进一步强化了世界信息传播秩序不公平、不平衡的问题。互联网档案馆（Internet Archive）通过算法可以缩小自己的存档。由于它的爬虫算法会优化与它们已经有链接的网站，而链接较少的国家可能无法在档案中完全显示。如果关于应该发生的事情的基于数据的决定与所发生的事情的记录保持一致或故意不同的话，那么我们需要理解算法是如何组织过去的历史，从而影响到国家记忆的。②

（三）算法媒体可见性生产的社会建构

　　在移动化、智能化趋势下，算法建构现实的影响力日益扩大。建构主义是多学科交叉发展的产物，不同学者受不同学科的影响，形成了不同范式倾向的建构主义。所有的建构主义都认为知识不是由认知主体被动获得，而是由认知主体主动建构的结果。算法对建构主义的影响就在于算法推荐的信息（知识）使得认知主体（网民）被动获得，而并非主动建构，其中不免隐含着某种互动的关系。算法媒体对社会现实的建构与重现，受其可见性生产机制的影响。算法是人为构建的，通常是隐形不可见的，但是它对受众的影响是循序渐进且普遍的，影响着人们的日常生活、知识获得和社会图景。

　　社会建构主义论述了制度提供共同的意义和认知的方式，这些方式是引导行为的重要机制。这一理论视角强调，社会现实是社会过程的产物，其目的是建立共同的知识和信仰体系。制度的文化认知维度强调"行为的形成和限制在多大程度上受到知识的建构和编纂的影响。构成所有这些决策的基础是社会构建的模型、假设和架构"。算法是知识建构者和编撰者的最好例子，特别是诸如搜索引擎的语境中，算法在聚合、分类、组织和呈现信息等方面起着核心的机构作用。

　　这一理论观点指出了理解算法的社会建构的重要性。正如伯格和卢克曼（1966）所强调的，"要理解任何时候社会建构的宇宙的状态，或它随时间的变化，就必须了解允许定义者进行定义的社会组织"。在许多情况下，将算法视为

---

① NAPOLI P M. Automated media: an institutional theory perspective on algorithmic media production and consumption. Communication theory, 2014, 24（3）: 340－360.

② THELWALL M & VAUGHAN L. A fair history of the web? Examining country balance in the Internet Archive. Library and information science research, 2004, 26（2）: 162－76.

"定义者"似乎是合理的。理解这些定义者背后的社会组织意味着理解构建算法背后的社会过程，算法在知识的社会建构中扮演着越来越重要的角色。① 作为中介把关的算法媒体，通过操纵知识生产、信息消费的模因和趋势，微妙地支配着公众意识。算法是虚拟探照灯或镜子，捕获用户的注意力和想象力，影响用户对自我身份、人际交流、社会分层和公共舆论的感知和想象。

1. 算法媒体对自我身份的影响

算法媒体形成"一种新的算法身份"，这种算法身份的形成通过算法在匿名环境下来推断身份分类。它使用统计上具有共同性的模型，以自动方式来决定一个人的性别、阶层或种族，同时决定这些特征的实际意义。我们正进入一个我们的身份被制造出来的在线世界里。"新算法身份"在实现监视和记录用户数据中享受一个史无前例的、由于许多算法的产权性而远离了传统规训的自由政治学，计算机算法有能力基于用户的上网习惯对用户身份进行分门别类。切尼·利德尔德（2011）认为，编码过的算法分析成了福柯有关生物政治和生物权力的思想的补充，即他所谓的"软生物权力"和"软生物政治学"。这些新的概念工具使我们能在分类层次上更好理解生物权力的工作原理：使用计算机代码、统计数据和监视，通过用户被监视的互联网史来建构人口分类。在网上营销和算法分类的语境中，算法干预作为一种控制模式是起作用的，这种算法认同过程能建构和规制我们的在线生活。② "用户没有无限的选择，实际上被给予了一个狭义的解释集——它来自成功地将其他人、过去的行为和无生命的对象放入类别中——使用类别来约束行动。"③

算法身份的生成机制与算法媒体正在出现的公共性与"持续的媒体"相关，与传统的守时的媒体相反。算法媒体的公共性类似于"分割性"（Dividuality）。"我们不再发现我们是在处理大众/个体这对关系。个体已经成了'分割'（Dividuals）。"分割性增加了差异化和碎片化，正如它把用户解剖成许多肖像和数据类型。换句话说，身体公共性正在不断被分割和组装。德塞里斯（2011）也表达了这种状况："通过将社会机器人的持续性打破成分割的时域和

① NAPOLI P M. Automated media: an institutional theory perspective on algorithmic media production and consumption. Communication theory, 2014, 24 (3): 340-360.

② JOHN C-L. A new algorithmic identity: soft biopolitics and the modulation of control. Theory, culture & society, 2011, 128 (6): 164-181.

③ ANANNY M. Toward an ethics of algorithms: convening, observation, probability, and timeliness. Science, technology & human values, 2016, 41 (1): 93-117.

交易，控制工程师生产了'多细胞的'信息时间，这个抽象的时间不再隶属于任何具体的个体，而是产生于网络里个体时间碎片的自动化重组。"① "社会机器人"正在成为"分割的时域和交易"。人们保持着分割化状况。算法媒体表面上动摇了媒体和公共性的传统主观性。这表明公共性不会简单形成，因为在混合的个体时域中，集体性被影响的时域绝不会显示自身。不管怎样，公共性可与算法媒体并存。②

2. 算法媒体对人际关系的影响

算法对人际关系最直接的影响主要通过人们日常接触最为频繁的社交媒体来体现。以全球用户规模最大的社交媒体脸书为例，截至 2018 年 1 月，脸书的全球月活用户规模达到 22 亿人次，约等于全球人口的三分之一。脸书虽不是新闻的生产者，但是它的人工智能在信息传播中拥有非常强大的"编辑权力"。然而，脸书的人工智能是靠算法去运作的，算法不声不响地控制着海量信息的可见与不可见的权力。正如现象学家梅洛·庞蒂在其著作《知觉现象学》中指出的："人们通常通过不可见的东西来与世界相遇，当我们遇到别人的时候，他们凭借自己的习惯、经历和人格向我们显现。我们不只是通过服装、语言或风度来感知人。"③ 现在，我们通过隐形的算法来与世界相遇，当算法遇到人时，它会通过标记每个人的性别、年龄、爱好、习惯等可见的特征来记忆和感知人。

如脸书算法控制着新闻传播的可见性，主要通过 News Feed（信息流）和 Trending（流行话题）两个渠道来完成。News Feed 被扎克伯格称为"个性化报纸"订制功能，也就是按用户的兴趣爱好推荐给他们"感兴趣的内容"；Trending 则更强调其他人在关注什么信息，更侧重于时事新闻。这两种渠道都将要传递的新闻主动推送给用户，主动建构这种关系。有学者对 40 位脸书用户展开了算法意识的调查，发现 62.5%的参与者不知道脸书的信息流策展（News Feed Curation）；相比之下，学者雷德和格雷分析了 464 名受访者的调查结果发现，75%的用户实际上意识到"他们没有看到自己朋友创建的每一个帖子，他

---

① MARCO D. The general, the watchman, and the engineer of control. Journal of communication inquiry, 2011, 35 (4): 387 – 394.

② MCKELVEY F. Algorithmic media need democratic methods: why publics matter. Canadian journal of communication, 2014, 39 (4): 597 – 613.

③ MERLEAU-PONTY M. The phenomenology of perception. London: RKP, 1962.

们意识到了信息流策展的情况"①。

算法有强大的推演能力，对人际关系的影响既有积极的一面，也有消极的一面，需要客观辩证地看待。尽管算法会为我们的生活带来众多便利，但是它也会给我们带来一些困扰。假设当你在社交媒体上发布消息时，你可以选择可见的对象，算法会根据你每次发布的消息和消息可见的对象，将你的好友进行分类，从而摸清你的人际关系。算法渗透到了人们生活的各个方面，人在算法面前变得越来越透明、没有隐私。由搜索引擎和社会媒介创造的"过滤气泡"给我们提供了倾向于证实我们观点的信息。这种倾向的批评来自两个原因：一是这些选择算法使得难以接近信息之外的信息，创造了某种程度的独白生活；二是这些气泡是在没有征得我们同意下由算法媒体创造出来的。不管怎样，"过滤气泡"也可能是文化融合的催动要素，在潜在的无限的万维网中提供了一种熟悉感。甚至个性化算法带来的"过滤气泡"还存在三种人文价值：自治、身份认同和透明度②。

3. 算法媒体对社会分层的影响

算法在社会分层方面扮演着重要角色。算法一直在编织着客观性的神话：没有偏见、缺陷、邪恶意图的无错误的实体；算法作为"客观的造物主"，摆脱了与性别、性、民族、种族或社会阶层相关的任何分化。事实上，算法并没有想象中的那么完美。

从社会结构层面看，算法媒体的可见性生产将进一步加大数字社会阶层的分化，出现新的数字鸿沟，社会日益碎片化。哈利南和斯特瑞佛斯（2014）将算法文化定义为"使用计算过程对人、地方、对象和思想进行分类和层次化，以及与这些过程相关的思想、行为和表达习惯"③。基于大数据的算法推荐经常是娱乐消遣类的流行话题、趋势或热点，这些娱乐消遣内容的泛滥使得"玩劳动者"新阶层的崛起。个性化信息的算法推荐产生"回音室""过滤气泡""信

① ESLAMI M, RICKMAN A, et al. I always assumed that I wasn't really that close to [her]: reasoning about invisible algorithms in the News Feed. In Proceedings of the 33rd Annual SIGCHI Conference on Human Factors in Computing Systems. New York: ACM, 2015: 153 – 162.

② BOZDAG E & TIMMERMANS J. Values in the filter bubble: ethics of personalization algorithms in cloud computing, 1st International Workshop on Values in Design-Building Bridges between RE, HCI and Ethics, September 6, 2011, Lisbon, Portugal, 2015: 6 – 16.

③ HALLINAN B & STRIPHAS T. Recommended for you: The Netflix Prize and the production of algorithmic culture. New media & society, 2016, 18 (1): 117 – 137.

息茧房""藩篱效应""我的日报（Daily Me）""利基嫉妒""同质性""群体极化"等诸多效应，强化了个体化、碎片化、流动化的社会，日益难以建立社会价值认同。算法媒体"揭示了组织模式与个人角色之间的联系，解释了可见性政治是如何在个人内部产生和结束的过程，该过程最终创建了群体中的个人而不是群体"①。

　　算法媒体也可能产生数字排外或群体偏见。西方不少学者批评谷歌、脸书不仅仅是算法驱动的平台，还能框定、塑造和扭曲我们所见的世界。"这个由种族现实主义者和理想主义者组成的团体，是被围困的白人少数派的声音。这个团体正被用来激进新一代极端、暴力、右翼的个人。它们已经成为一个庞大且不断增长的生态系统，正像癌症一样侵入主流新闻和信息基础设施。"② 以弗格森（Ferguson）抗议案为例，一名警官于2014年8月在密苏里州弗格森杀死一名非洲裔美国少年，随后引发了全国范围的示威活动。该案涉及少数族裔社区的种族不平等、刑事司法制度和警察行为。由于最初的抗议正在渗透，Tufekcl（2015）记录了脸书的"新闻源"在算法上压制抗议的新闻的现象。"脸书的算法已经'决定'这些报道不符合其'相关性'标准——一个不透明的、专有的公式，它每周都会改变，并且可能导致新闻的巨大转变。算法过滤可能意味着，一场关于警察责任和种族关系的谈话从此动摇了整个国家，但可能从未从弗格森走出来。"③ 此外，许多公司在招聘、解雇或作其他相关决定时都转向算法。有些联邦法律适用于这些决定中的许多类型，例如，在雇佣、贷款或住房方面基于种族、性别、残疾、家庭规模或其他受保护类别的歧视。然而，算法决策为这些类型的歧视创造了空间，当算法没有明确和直接针对这些类型的歧视时，它们会悄悄地溜进来。④

　　4. 算法媒体对公共舆论的影响

　　在社会运动中，政治行动者运用算法和自动化努力煽动公共舆论，主要通

　　① MILAN S. When algorithms shape collective action: social media and the dynamics of cloud protesting. Social Media + Society, July – December, 2015: 1 – 10.

　　② TUFEKCL Z. Algorithmic harms beyond Facebook and Google Emergent challenges of computational agency. COLO. TECH. L. J, 2015, 13（2）: 203 – 216.

　　③ TUFEKCL Z. Algorithmic harms beyond Facebook and Google Emergent challenges of computational agency. COLO. TECH. L. J, 2015, 13（2）: 203 – 216.

　　④ HALLINAN B & STRIPHAS T. Recommended for you: The Netflix Prize and the production of algorithmic culture, New media & society, 2016, 18（1）: 117 – 137.

过使用推特、脸书、红迪网（Reddit）和其他社交媒介平台的机器人。机器人被理解为"模仿用户并产生内容的代码的合并"或"自动化软件代理"。① 算法通过影响民众舆论，对政治和经济产生潜移默化的影响。例如 2016 年的美国大选，脸书的算法推荐对最后的结果产生了潜移默化的影响。特朗普成功利用了算法的中介权力，达成使有利于自己的信息具有公共可见性的目的，并找到一个聪明的策略：通过谷歌搜索算法识别来放大集体性的政治表达，使它们位于一个能够赋予可见性和意义的独特的权力位置。

在 2010 年，脸书进行了一项大规模的实验（在 6 100 万名受试者中没有任何人注意到的情况下进行，没有得到一个人的许可），表明它可以改变美国数百名选民的投票率。脸书仅仅通过轻微不同的、实验性地操纵的、获得投票信息的推测来引导人们投票。显然，在助推人们投票方面，社交性消息比信息性消息要强有力得多。2014 年 6 月，脸书通过实验性地操纵用户在算法上策划的"新闻订阅"，展示了"通过社会网络大规模传染的实验证据"。研究表明，脸书上的新闻和更新影响了浏览脸书的用户后续帖子的主旨，并且脸书本身能够通过调整算法来调整和控制这种影响。这场受到广泛关注的实验揭示了一个更大的根本问题：算法平台进行实验操纵舆论的伦理责任。爱泼斯坦、罗伯特森（2015）通过 4 556 名未决选民测试了他们的理论，这些选民代表了美国和印度投票人口的多样化特征。实验包括改变谷歌给出的结果的顺序，看它们是否影响选民的意图。结果令人震惊：有偏见的搜索排名可以把未决选民的投票偏好改变 20% 或更多。在一些人口统计群体中，那种搜索排名的偏见可以被掩盖，这样人们就不会意识到被操纵的舆论。②

三、算法媒体的治理机制

算法既不中立也不分好坏，而仅仅反映了现有的权力结构和斗争，通过可塑的技术直接影响人们的社会建构。算法运用的几个潜在风险有操纵、偏见、审查、社会歧视、隐私和产权侵犯、滥用市场权力、窄化视野、降低创新能力、

---

① MARÉCHAL A. When Bots Tweet: toward a normative framework for Bots on social networking sites. International journal of communication, 2016（10）: 5022 – 5031.

② EPSTEIN R & ROBERTSTON R E. The search engine manipulation effect（SEME）and its possible impact on the outcomes of elections. PNAS Plus, August 4, 2015.

减弱对公共事务的热情等方面。这些关注引发从严格的法律规制、审计责任到公民素养的不同治理方式的呼吁。如吉莱斯皮、塔尔顿（2014）提出算法塑造公共领域的修补建议：积极主动的公开透明，逆向工程，技术和调查机制，设计/工程解决方案，计算/算法素养，治理和公共利益框架，市场和技术的去中心化。[1] 罗德里格兹（2017）提供了社交媒体环境中评价算法体验的五个框架性指南：算法画像透明度、算法画像管理、算法意识、算法用户控制和选择性算法记忆。[2]

尽管未来算法媒体的治理模式仍然处在变化中，但多主体多层级协同治理模式能提供未来治理体制如何设计的启发和概念指导（见表1）。这种模式结合了不同的要素，以抓住和解决以上提到的大量问题，使之成为多利益相关方共同的责任，能正确处理好权力与权利、控制与自由、安全与创新发展的冲突。我们希望通过技术代码、用户规则、法律法规和公共政策制订切实可行的方案。

表 1　算法媒体的综合协同治理模式

层级	治理内容	利益相关方	时间
技术层（数据与算法）	原则、标准、规范（优化功能、培养数据、分类语义学）、算法责任报告	算法设计者/研发者、数据挖掘分析者、平台提供商、行业组织	近期
社会层（伦理层）	算法意识、算法素养、消费权益（隐私、安全），算法责任监督报告（专业记者、智库）	用户、智库、学校、社会组织	中期
法律层	规制、政策、立法（建立信用评价机构、许可、颁发执照、登记）	国家政府、国际组织	长期

（一）技术层面的平台社会责任

处于技术层的平台是算法治理生态系统的基础。具有社会影响、负有责任的算法的建议原则包括：人工干预、公开透明、客观公正、全面优质、标注提

---

① TARLETON G. "The relevance of algorithms" in media technologies: essays on communication, materiality and society. Cambridge: MIT Press, 2014.

② RODRÍGUEZ O L A. Towards algorithmic experience redesigning Facebook's News Feed. https://uu.diva - portal.org/smash/get/diva2:1110570/FULLTEXT01.pdf, 2017.

醒、反对例外主义、责任心、可解释、准确性、可审计等。通过算法对数据的收集、使用和管理应遵循促进公平和安全的原则，不能有种族、肤色、国籍、宗教、性别、性取向、残疾人或家庭状况的歧视。如 AI 和自动化系统的 IEEE 提出普遍伦理原则：不能侵犯人权（如自由、平等、尊严、文化多样性），人类福祉为先，负责任，透明度，加强伦理教育和安全意识以防止滥用风险。

很多研究都在批评算法的黑盒性质，即其不透明性。试图让平台中介打开算法黑箱是徒劳的，使未知面最小化是努力的方向。在透明度方面，算法责任报告应公开五类信息：人的参与，数据，模型，推论，算法的存在。人的参与方面涉及算法的目标、意图，包括编辑目标和人工编辑流程，谁对算法有直接的控制，谁在监管和负有责任。数据方面涉及数据的质量，包括准确性、完整性、不确定性、时效性，数据如何界定、收集、传输、检查和编辑（人工或自动化）。不同数据标签如何聚合？它们是否反映了一个更客观或主观的过程？数据是私人的还是公共的？模型方面包括算法中使用的变量是什么？这些变量权重如何？用于建模的工具如何？模型背后的假设是什么？这些假设从何而来？模型的某些方面为何不出现在前段？推论（预测）方面包括误差幅度多少？准确率多少？假正和假负有多少？采取了哪些步骤来补救已知的错误？这些错误是人的介入、数据输入或是算法本身的结果？算法存在方面包括 A/B 测试是否使用以检测不同的效果？信息可见性问题，如哪些内容你没有看到？你发布的推文别人是否看得到？①

诚然，透明度远不是平衡算法权力的完美方案。"依赖透明度并不能解决问题，公开源代码既不需要也不充分。中心问题是在使这些算法程序更负责时，如何确保公民和整个社会的利益。强调依靠程序规律的技术工具如软件鉴定、密码编写的使命、零知识证明、公平的随机选择。设计算法以确保忠诚于重要的政策选择，非歧视的技术工具如从经验中学习，公平的机器学习，歧视、数据使用和隐私。"② 希望执行其算法的实体必须能够以所有理性的社会个体能接受的标准的、认知的术语来说明它们的算法系统。许多隐私、数据保护和信息自由法包含不同的措施，以强迫组织揭示它们部署的系统、它们收集的数据、

---

① DIAKOPOULOS N. Accountability in algorithmic decision-making：a view from computati onal journalism. Communications of the ACM, 2015, 59 (2)：56 - 62.

② KROLL J A, HUEY J, et al. Accountable algorithms. University of Pennsylvania law review, 2017, 165 (3)：633 - 705.

它们推断的模型，以及它们是如何使用的。① 1995 年 EU 数据保护指南和 2016 年通用数据保护条例都包含了个体有要求自动决策背后的逻辑陈述的权利。这些规则旨在使公民能审查和挑战这些系统的模糊逻辑。

（二）规制层面的法律政策伦理

当前要加强人工智能算法的相关法律、伦理、社会问题研究，建立健全保障人工智能算法健康发展的法律法规、制度体系、伦理道德。算法媒体治理的政策路线图应包含几个核心议题和问题：公平、平等、责任、透明、隐私、包容的人类价值，避免新的不平等和偏见。技术伦理层面包括以下几种方式：第一种是植根于政策和法规，试图将技术的道德发展和使用编成法典，制定惩罚错误的标准如告知同意、符合一定比例、具体明确的合法目的等，教授最佳做法，以及防止未来的失灵；第二种不是将伦理规则应用于技术，而是试图预测技术创新引起的伦理关切；第三种侧重于技术人员本身的价值观和信念，要有目的地在一套能评判加工品为"优秀"的标准中嵌入价值观。②

如软件工程的 ACM（计算机协会）伦理准则列举了 8 个原则：有助于社会和人类福祉，避免对他人的伤害，诚信和值得信任，公平和不采取歧视行为，尊重包括版权和专利的产权，对知识产权给予适当的信任，尊重他人隐私，尊重机密。还提出了 8 个职业责任：努力在职业工作的过程和产品中获得高质量、效果和尊严，获得和维持职业能力，知道和尊重与职业工作相关的现有法律，接受和提供恰当的职业评论，对计算机系统及其影响包括可能风险分析给予全面深刻的评价，尊重契约、协议和分配的责任，提升公众对计算及其后果的公众理解，只有在被授权情况下才可接近计算和传播资源。

在国家层面，算法的规则和政策被认为符合公共利益并支持民主原则。欧盟的"被遗忘的权利"规定，搜索引擎可以充当编辑，并决定哪些信息不应该再出现在搜索结果中。2018 年 11 月 21 日，欧洲委员会发布《关于算法系统对人权影响的建议草案》，具体内容包括：①各国政府要切实将人权嵌入到算法机制包括设计、开发、部署运作在内的所有步骤中，加快制定和完善相关的保护

---

① BINNS R. Algorithmic accountability and public reason. Philosophy & technology, 2017: 1 – 14.

② ANANNY M. Toward an ethics of algorithms: convening, observation, probability, and timeliness. Science, technology & human values, 2016, 41 (1): 93 – 117.

机制体制、规章和立法框架。目前各国在努力制定相关准则，这种举措是值得肯定的，但是各国各自的措施并不能与成员国的责任等同，也没有很好地遵守《欧洲人权公约》规定。②各成员国应建立适当的监管框架，以促进所有行动者尊重人权的技术创新。③各成员国要完善算法系统，其准则包括提升数据质量、完善建模标准、坚持数据透明度和可竞争性原则、提供有效的司法程序和非司法补救措施、实施预防措施。④成员国应确保的私人行为者的责任，包括数据质量和建模的相关准则。美国也承认搜索引擎或作为出版商的社交媒体扮演着类似的角色，但持相反立场，认为谷歌的搜索结果受到美国言论自由法的保护，并且可以按照公司认为合适的方式组织。尽管公共规制部门不能影响谷歌的算法，FTC 和 EU 对"搜索中立"的调查涉及这个问题。规制者能迫使谷歌以某种方式对某些竞争网站采取行动吗？这实际上要求公共规制部门接近算法，雇佣一些能理解其特征的人为了公共利益而有效地修正它。①

在全球层面，应采取多利益相关方模式，建立算法决策监管小组或知识联盟以及算法认证程序，制定算法规制的全球准则、基本原则或普遍标准。当前很多公益组织和私人实体为此进行了积极探索。2015 年 6 月，反极端主义项目（CEP）在布鲁塞尔创办。这个有高度影响和快速扩张的组织，要求"不从网站上删除极端主义材料的社交媒体公司要面临惩罚"。该组织包括全球互联网上如何治理的许多内容：政府资助的非营利组织有能力通过具体领域的专业性对私人部门行动者施加相当的压力。该组织提出和导致了"能力制度"（Regime of Competence）的出现。"全球主页"（Global Default）是一个界定许可的在线内容的全球能力制度。尽管部分制度来自公共规制甚至国家立法，大部分的制度基于私人规范和实践。制度本身根植于私人部门行动者之间的协议，他们负责制度的界定、管理和执行。德国小型的准公共 NGO Jugendschutz. Net 确立了儿童图片有关挑逗性姿势的全球标准，美国公司脸书确立了在社交空间里有关裸体的语言规制的全球标准，英国私人部门组织 IWF 提供了儿童性滥用材料的基础定义，这些材料不仅在英国会被阻挡，也受到全世界的在线服务提供商的阻挡。②

---

① WAGNER B. Algorithmic regulation and the global default: shifting norms in Internet technology. Nordic journal of applied ethics / Etikk i praksis, 2016, 10 (1): 7.

② WAGNER B. Algorithmic regulation and the global default: shifting norms in Internet technology. Nordic journal of applied ethics / Etikk i praksis, 2016, 10 (1): 5 – 13.

（三）社会层面的用户"算法素养"

算法素养在国内还是一个新鲜词汇，但在国外已经有了不少的讨论。"算法素养并不是指能够严格地读写代码，而是说（受众）能意识到算法在他们生活中的存在，以及算法所扮演的越来越重要的角色，不管这个角色是好或是坏。"我们需要越来越多地意识到算法和大数据是如何对我们进行排序和塑造的。算法素养可能包括至少知道算法在什么情况下表现出来，什么时候藏在幕后，以及能够对算法接下来的意图做出推断。意识到它们的存在，以及在我们生活中不断增加的存在，可以被定义为"算法素养"。算法素养的目的是能够批判性地理解算法所能带来的影响。美国皮尤中心在 2017 年的一项针对算法技术的报告中，就指出了算法技术给人类社会带来的挑战：在算法时代，人类所要探讨的主题之一就是在算法的挑战下，人们"对算法素养、透明度和监督的需求越来越大"[①]。根据凯西·戴维森的说法，人的基本素养是能够阅读、书写和理解算法，并且具有计算能力；算法应该融入教育哲学，作为第四个"R"（"阅读""书写""文学"和"算法"）（Reading，Riting，Rithmetic，Rithms）。

人们每天都在跟算法打交道，但是问及算法对他们生活的影响时，很多人却很难回答上来。那么人们在什么情况下会意识到算法的存在？鉴于算法的隐藏和隐形性质，人们如何体验和理解这些隐含的算法？算法意识在多大程度上会影响到人们对这些平台的使用？这些都是值得探究的问题。以前是互联网控制着我们的生活，现在变成了算法。我们应当学会发现、认识、了解算法，并且学会用正确的方式利用算法达成便利生活的目的，还要学会怎样防范算法权力、防范算法可见性生产中的"偏见"，不断提升自己的"算法素养"。例如，最近的一项研究显示，即使在一所精英大学，62% 的本科生也不知道脸书通过算法来策划用户的"新闻源"。

参与策略可能有助于解决算法设计者的意图与旁观者期望之间的脱节问题。参与式设计主要出现在斯堪的纳维亚国家，作为一种赋予劳动者权力的形式，对他们在设计工作场所时有一定程度的控制。参与式方法在信息技术设计，特别是工作场所技术方面获得了显著的推动。然而，并不是所有的例子都带有初

---

① Pew Research Center. Code-Dependent：Pros and Cons of the Algorithm Age．［2017 – 02 – 08］. http://www.pewinternet.org/2017/02/08/theme – 7 – the – need – grows – for – algorithmic – literacy – transparency – and – oversight/.

始运动的政治方向和分量。从一开始就采用参与性办法未必能解决这种紧张局势。然而，这可能会帮助人们更早地识别它们。此外，参与性办法可促进那些可能与该系统互动的人与正在设计和实施该系统的人之间的辩证交流。这样做将有助于更好地理解计算想象力的形成，以及如何干预计算想象力的发展过程。① 此外，应鼓励支持社区、学校、公益组织积极开展算法素养教育运动，不断提升青少年对算法媒体信息的理性批判能力，从而实现更好的知识传播和社会建构。

（本文原载于《人民论坛·学术前沿》2018 年第 24 期）

---

① BAUMER E. Toward human-centered algorithm design. Big data & society, 2017, 4 (2)：1－12.

区块链在网络社会治理中的作用机制

　　当下，区块链已经成为继互联网、云计算、大数据、物联网、人工智能之后的新热词。近年来，联合国、国际货币基金组织等国际组织以及许多国家政府先后对区块链进行了研究和建设，金融、科技等产业界也纷纷投入布局。在国内，工信部于 2016 年 10 月发布了《中国区块链技术和应用发展白皮书》，首次提出我国区块链标准化路线图。近两年来，国务院在多个文件中提到，要针对区块链等战略性前沿技术进行提前布局，发挥先发主导优势。一些省市也相继出台扶持促进区块链产业发展的政策文件。

　　广义来讲，区块链技术是利用块链式数据结构来验证与存储数据，利用分布式节点共识算法来生成和更新数据，利用密码学的方式保证数据传输和访问的安全，利用由自动化脚本代码组成的智能合约来编程和操作数据的一种全新的分布式基础架构与计算范式。[①] 通俗来说，区块链是一种分布式的账本数据库，通过去中心化、去信任的方式全网公井记账、集体维护。它允许用户无须银行之类的第三方中介机构进行点对点交易或价值交换。人们可以像使用账本一样使用区块链（无论是公开共享或是特定权限使用），用于记录、追踪、监测、转移任何形式的资产，这些资产不仅仅包括资金和有形资产，也包括投票、思想、健康数据等无形资产。[②]

　　虽然区块链技术还远未成熟，但它势必对网络社会治理产生重要影响。随着区块链的兴起，传统的互联网治理理念需要在一个充满着去中心化应用、加密通信渠道和自治代理的世界中重新审视。区块链被认为是建立起了一种"算法式信任"。区块链具有的去中心化、去信任化、公开透明化等优势，将有望改

---

　　① 　中国区块链技术和产业发展论坛：《中国区块链技术和应用发展白皮书（2016）》，2016 年 10 月 18 日。

　　② 　［美］梅兰妮·斯万著，韩锋主编：《区块链：新经济蓝图及导读》，北京：新星出版社，2016 年，第 31－32 页。

变网络社会治理模式，在网络社会治理中发挥独特作用。

一、去中心化——改变治理主体关系，塑造更加平等的网络社会

网络社会治理的理想方式是由政府、私营部门（公司）和民间社会（技术人员、社会团体机构、学者等）等多利益相关方以协作的方式共同治理。然而，在一定程度上，现今网络社会治理还是高度中心化的。"数字巨无霸"如谷歌、脸书等形成了新型的信息垄断，国家政府对互联网的治理也日益加强，而民间社会的治理话语权则非常有限。在改变传统的中心化组织方面，互联网的作用是有限的。这是因为，即使是通过网络交易，也需要中心化的机构（如政府、企业等）来作为信用中介承担交易双方的信任问题。这些中间机构恰恰利用了人们对中介的需求，从而集中获得了数据、价值和权力。

去中心化是区块链的突出特征。它基于对等网络，通过共识算法避免了单一实体的控制。它作为一个分布式账本，网络中每个节点都同步共享、保存相同的信息数据。因此，区块链无须第三方信任背书，允许人们在不经过任何中间人的情况下直接进行点对点交易。全球互联网治理委员会（GCIG）指出，分布式账本技术"让那些彼此没有特别信任的人合作，而无须通过一个中立的中央权威机构"[①]。区块链去中心化的特性使得各个治理主体处于相对平等的地位，呈现出分布式、开放性的特征。"区块链技术有能力改变组织形式和其作用机制，甚至可能会改变整个治理体系，将它们从集中的公司或政府转变为分散的组织，并将更多的权力分配给个人。"[②]

中心权力的弱化，治理主体关系的更平等化，意味着一个更为民主的治理系统。"随着区块链技术的广泛采用，一方面政府机构和大型跨国公司等中心化机构可能会失去通过现有手段控制和塑造不同群体活动的能力，另一方面不受人为干预的去中心化自治组织将得到发展，并促进更加民主、更多参与式决策的新型治理系统的发展。"[③] 如在区块链与国家角色的关系层次上，区块链可能

---

① Global commission on Internet governance："one Internet". ［2018 – 03 – 12］. https：//www. cigionline. org/publications/one – internet.

② YOUNG S. Changing governance models by applying blockchain computing. Catholic university journal of law and technology, 2018, 26（2）：1 – 33.

③ WRIGHT A & DE FILIPPI P. Decentralized blockchain technology and the rise of Lex Cryptographia. ［2018 – 04 – 03］. https：//ssrn. com/abstract = 2580664.

会进一步削弱传统民族国家的作用、促进市民社会的发展："通过用基于区块链的服务和去中心化的开源平台来取代传统的国家功能，市民社会可以更有效地组织自己并保护自己的利益。"① 在这些区块链平台中，中心化、强迫性和等级制被分布式共识的机制所取代。

在政治生活中，区块链投票已经引起许多关注。"区块链技术支持透明和不腐败的数据，这些数据没有单点故障、不能被单一实体控制，这使它成为一个理想的数字投票平台。"② 区块链技术能促进新的参与模式，如液态民主和随机抽样选举。所谓液态民主，指直接民主和代表民主的混合。"人们可以用区块链对与他们有关的事务进行投票，对于不关心的问题也可以放弃投票。这样做的好处是，让最大的利益相关方拥有最大的权力，确保每个人在涉及他们的问题上都有代表性。"③ 事实上，区块链投票机制促进民主的可能不仅引起众多讨论，并且已经有相关实践。2018 年 2 月，俄罗斯莫斯科在一个名为"积极市民"的项目中添加了一个私有版本的以太坊区块链，这一项目允许居民对众多公共事务进行投票。

在互联网基础设施治理方面，区块链也能使全球互联网治理变得更公正、民主。有学者认为，分布式、去中心化的数据储存，被看作是支持整个互联网的域名注册系统的技术替代品。④ 目前，互联网名称与数字地址分配机构（ICANN）管理着全球互联网域名系统。新的基于区块链的应用程序试图通过创建一个分布式域名注册系统来颠覆这一秩序。该系统将在分布式区块链数据库中存储域名列表，而无须经过政府和大公司的路由，这将有助于更安全地扩展现有的域名系统。"针对政治垄断势力，区块链技术能够用于创设发挥一个去中心化云功能，这将有利于维基解密以及像 ICANN 和提供 DNS 服务的政治上中立的跨国组织，使它们远离一些不公正的管辖。"⑤

---

① ATZORI M. Blockchain technology and decentralized governance：is the state still necessary？Journal of governance & regulation，2017，6（1）：45－62.

② OSGOOD R. The future of democracy：blockchain voting. ［2018－04－06］. http://www. cs. tufts. edu/comp/116/archive/fall2016/rosgood. pdf.

③ YOUNG S. Changing governance models by applying blockchain computing. Catholic university journal of law and technology，2018，26（2）：1－33.

④ WRIGHT A & DE FILIPPI P. Decentralized blockchain technology and the rise of Lex Cryptographia. ［2018－04－03］. https：//ssrn. com/abstract＝2580664.

⑤ ［美］梅兰妮·斯万著，韩锋主编：《区块链：新经济蓝图及导读》，北京：新星出版社，2016 年，第 28 页。

　　然而，区块链的去中心化是有限的。一方面，在其社区内部，由区块链支撑的平台的治理也可能是中心化的。以比特币为例，比特币核心代码合并的权力掌握在少数人（即核心开发者）的手中，而其"挖矿机制"使越来越多的比特币集中到少数算力强大的矿池或节点上。另一方面，区块链的去中心化很大程度上局限于社区内部，但一旦与外部相连接，从现实世界大环境看，去中心化（无政府）并非那么理想。"基于算法共识的去中心化是一种组织理论，而非一种独立的政治理论。"[①] 在现实世界，国家政府在网络社会治理中的中心主导角色仍然重要，"需要某种形式的社会机构来确保责任制，并保持整个系统的合法性——而不是仅仅依靠技术。"[②]

　　在某种程度上，区块链与早期互联网具有一定的相似性，都内嵌着一种理想化的自由主义精神和"没有政府的治理"的理念。在网络社会中，区块链的去中心化能在一定程度上促进政府、私营部门、民间社会等各治理主体之间的权力更加平衡，但完全的去中心化和建立无政府世界的设想是不现实的。

二、去信任——从信息互联网到价值互联网，塑造更具价值的网络社会

　　互联网极大地降低了信息传播成本、提高了信息传播效率，从而带来了生产力的极大解放。但对于商业和经济活动来说，互联网仍存在着很大的限制。互联网致力于解决信息的传达问题，却忽略了信息的所有权。一些信息负载着价值属性，如汇款转账信息。在互联网上，当两方在进行有价值信息的传递时，若没有第三方机构——如银行或政府提供的校验信息，双方无法彼此确认对方身份，也无法建立起经济往来活动所需的信任关系。[③] 因此，第三方机构的存在和经过"中心节点"的交易机制难以改变，使得信息的价值传输成本依然高企。

　　区块链解决了上述信任难题。具体来说，区块链技术"运用了一套基于共

---

①　ATZORI M. Blockchain technology and decentralized governance：is the state still necessary？Journal of governance & regulation，2017，6（1）：45－62.

②　DE FILIPPI P & LOVELUCK B. The invisible politics of bitcoin：governance crisis of a decentralized infrastructure. Internet policy review，2016，5（4）：1－19.

③　［加］唐塔普斯科特、［加］亚力克斯·塔普斯科特著，凯尔、孙铭、周沁园译：《区块链革命：比特币底层技术如何改变货币、商业和世界》，北京：中信出版社，2016年，第4页。

识的数学算法，在机器之间建立信任网络，以技术背书而非第三方信用机构来完成全新的信用创造"①。区块链带来了"互联网上一直被需要却又一直没有实现的分布式可信网络"②。并且，由于区块链是一个共享的公共账本，这种信任不只是双边互信，并且还是多边互信、社会共信。

区块链的"去信任"特征，并非指网络中不再需要信任，而是指区块链建立起了一种算法式信任，借助技术背书实现信用创造。正如英国杂志《经济学人》所称的那样，区块链是一台创造信任的机器，它满足了可信赖记录的要求，这对任何交易而言都至关重要，从而区块链或将改变经济运行方式。③

解决了信任问题，区块链可以实现全球范围内的低成本的价值传输，有望将互联网从信息互联网拓展为价值互联网，从而极大地促进网络社会的经济活动与价值创造。20世纪末互联网正显示出信息如何决定新经济时，美国商务部曾发布报告《浮现中的数字经济》。如今也可以预言，基于区块链技术，一个更具价值的网络社会正在浮现。"第一代创新给我们带来了互联网信息。第二代创新是由区块链驱动的，给我们带来了互联网的价值，这是一个新的分布式平台，可以帮助我们重塑商业世界，改变传统的人为操作秩序。"④ 世界经济论坛发布的白皮书《实现区块链的潜力》指出，区块链技术能够催生新的机会，促进社会价值的创造与交易，使互联网从信息互联网向价值互联网转变。其根本在于，区块链可利用全球对等网络，在无须可信第三方的情况下，确保数十亿台设备中所交换价值的完整性。⑤ 沃斯论坛创始人克劳斯·施瓦布甚至断言，到2025年之前，全球GDP总量的10%将利用区块链技术储存。

区块链的兴起与数字货币比特币密切相关。区块链是比特币的底层技术和基础架构，比特币是区块链的成功应用。目前，我国民间区块链及数字货币领

① 王毛路、陆静怡：《区块链技术及其在政府治理中的应用研究》，《电子政务》2018年第2期。

② FUNG B. Marc Andreessen: in 20 years, we'll talk about bitcoin like we talk about the Internet today. Washington post, May 21, 2014.

③ ECONOMIST T. The promise of the blockchain: the trust machine. The economist, 2015 (31).

④ TAPSCOTT D. Blockchain revolution: competing with the Internet of value. [2018 - 04 - 03]. http://dontapscott.com/speaking/blockchain - revolution/.

⑤ TAPSCOTT D & TAPSCOTT A. Realizing the potential of blockchain: a multistakeholder approach to the stewardship of blockchain and cryptocurrencies. [2018 - 04 - 03]. http://www3.weforum.org/docs/WEF_Realizing_Potential_Blockchain.pdf.

域存在不少投机炒作行为，对此，国家发布了《关于防范代币发行融资风险的公告》等规范加以管控。2017 年，中国人民银行数字货币研究所挂牌成立，反映了政府监管部门对数字货币潮流的重视。在未来，由区块链技术支撑的数字货币将成为互联网上经济活动的重要基础角色。

区块链是数字货币的底层技术，是数字资产流通的信用载体。在社会生活中，我们通常依靠值得信赖的第三方，如律师、法院、银行和政府来处理和保存商业交易的权威记录。这些交易不仅涉及金融转移，还包括实体资产、股权、资质证书、数字权限、知识产权甚至投票权的创建或转让。现今，我们可以信赖一个可信区块链系统来代替这些第三方组织。人们可以通过区块链控制财政和实物资产。英国新兴技术公司 Everledger 使用区块链记录钻石和其他贵重物品的来源和所有权转移信息。同样的思路也可以用于其他供应链，例如版权、零售等行业。区块链的能力范围从管理公司的"车辆、保险箱和建筑物"各个方面，到政府的军事、情报和基础设施。① 目前，世界范围内多个国家也在进行产权登记的区块链试点，包括瑞典、格鲁吉亚和乌克兰等。

区块链技术发端于金融领域，目前也在该领域应用得最为成熟。世界经济论坛报告《区块链将如何重塑金融服务业》指出，区块链能解决跨境支付、财产保险理赔、银行贷款、国际贸易融资、资本市场融资、投资管理、市场供应等九大金融服务领域的痛点。② 如在跨境支付方面，传统跨境金融机构间的对账、清算、结算过程中存在成本较高、手工流程繁复、易出错等不足，而借助区块链技术能实现安全、高效、快速的清算流程，显著提高跨境支付业务的效率。目前，纳斯达克已利用区块链技术建立了交易平台 Linq；Ripple 基于区块链技术实现了快捷低成本的跨境支付。

在共享经济领域，区块链去信任的特征能使共享经济更直接便捷。在目前的共享经济中，交易双方基于信任需求，需要通过爱彼迎（Airbnb）、优步（Uber）等中间平台进行交易，而区块链服务能通过声誉管理等机制构筑多方间的信任，允许个人与个人之间直接互联、共享和交易。此外，区块链技术准确

---

① YOUNG S. Changing governance models by applying blockchain computing. Catholic university journal of law and technology，2018，26（2）：4.

② MCWATERS R，GALASKI R & CHATTERJEE S. The future of financial infrastructure：an ambitious look at how blockchain can reshape financial services. ［2018 − 04 − 03］. https://www. weforum. org/reports/the − future − of − financial − infrastructure − an − ambitious − look − at − how − blockchain − can − reshape − financial − services.

记录与全网公信的能力，也有助于促进非实物共享，拓宽共享经济的场景。

智能合约是区块链技术的特性之一。智能合约概念在 20 世纪 90 年代由密码学家尼克·萨博（Nick Szabo）提出，指一套以数字形式定义的承诺，包括合约参与方可以在上面执行这些承诺的协议。① 可充当"信任机器"的区块链技术的出现，为智能合约提供了可信的自动化执行环境。通过智能合约，区块链可以降低交易成本，以此扩大可进行的经济活动的规模和范围。另外，智能合约以代码作为合约，以软件定义的方式，规定了数字实体之间的行为内容。因此，智能合约有望实现劳伦斯·莱斯格的互联网治理理念——代码即法律。②

目前，区块链已经在金融证券、物联网、医疗、公益等诸多领域得到应用。根据梅兰妮·斯万的观点，区块链的应用革新可分为三类：区块链 1.0 是货币；区块链 2.0 是合约，主要应用于经济、市场、金融等领域；区块链 3.0 则超越了货币、金融、市场，在政府、健康、科学、文化和艺术等领域全面应用。③麦肯锡预测，区块链技术有可能在未来几年颠覆多个行业，2021 年有望实现规模化商业部署。④ 由此，区块链将会革命性推进一个更有价值的网络社会的到来。

三、公开透明——遏制失范行为，塑造更有秩序的网络社会

网络社会治理的目标之一是构建良好秩序。当前，网络上存在着各种各样的问题，如网络安全问题、网络犯罪、网络诈骗、网络侵权、网络暴力、信息污染等，这些问题不仅扰乱网络社会秩序，也给现实社会造成诸多影响。区块链技术作为新一代"价值互联网的基石"，具有公开透明、防篡改、可追溯等特点，为互联网注入一种可信、正直的基因，从而创造一个更安全、有序的世

---

① GORD M. Smart contracts described by Nick Szabo 20 years ago now becoming reality. (2018 – 10 – 11)［2016 – 04 – 26］. https://bitcoinmagazine. com/articles/smart – contracts – described – by – nick – szabo – years – ago – now – becoming – reality – 1461693751/.

② 尹浩：《区块链技术的发展机遇与治理思路》，《人民论坛·学术前沿》2018 年第 12 期，第 6 – 10 页。

③ ［美］梅兰妮·斯万著，韩锋主编：《区块链：新经济蓝图及导读》，北京：新星出版社，2016 年，第 29 页。

④ McKinsey & company：blockchain technology in the insurance sector.［2018 – 05 – 06］. https://www. treasury. gov/initiatives/fio/Documents/McKinsey _ FACI _ Blockchain _ in _ Insurance. pdf.

界。在区块链的支撑和推动下，互联网的发展将有望完成从信息互联网到价值互联网和秩序互联网的演进。秩序互联网让人看到了借由区块链等技术手段创新社会组织方式、治理体系、运行规则的前景。

区块链的运行规则是公开透明的。它是一个公共账本数据库，所有数据内容皆公开可见、可溯源。它是多方参与、集体维护的，系统中的任何节点都可参与，一笔交易进行时将进行全网广播，经所有主机确认并记录备份。在这种多方参与的情况下，区块链可以有效保障链上数据的篡改难度。同时，区块链去中心化的方式改变了信息传播的路径，确保了数据来源的真实性，保证了数据的不可拦截（不可篡改或伪造）或者让这种行为无处可藏。① 因此，在公开透明的区块链系统中，无须权威但人人有约束，失范行为将得以遏制，有助于诸多网络社会问题的治理。

在经济交易领域，区块链能解决假货、金融欺诈等问题。对于假货问题，区块链不可篡改、数据可完整追溯以及时间戳功能，可有效解决物品的溯源防伪问题。商品的来源出处、流转历史记录等相关信息都被真实地记录。目前，蚂蚁金服已经将区块链技术应用在食品安全和正品溯源上。消费者只要扫描商品的溯源二维码，就能知道包括产地、出场日期、物流、检验等所有信息。同样，区块链也能提高金融反欺诈的效率。一个典型例子就是财务报表。运用区块链，报表的许多底层数据都会留下痕迹，不可篡改，并有相关时间戳，能为后续的反欺诈工作提供大量的数据基础。

在强调公开透明的公益领域，区块链技术与之有着天然的契合。2016 年 7 月，中华社会救助基金会在支付宝爱心捐赠平台上线了首个基于区块链的公益项目。用户的每一笔捐款，都被打包成数据块在区块链平台上传递，最后到达受捐人手中。在这一过程中，善款每经过一个节点，都会被盖上时间戳记录下来，用户可以随时查看善款流向。在平台上，捐款人的捐款时间、金额以及善款的拨付时间和受捐人收到款项的时间也一一公示。这种设计，保证了善款的透明性、可追溯性、难以篡改性。目前，包括蚂蚁金服、轻松筹、壹基金、众托帮等公益组织和网络互助平台纷纷将区块链应用于公益场景中，解决公益财务透明的"痛点"，打造"区块链+公益"模式。

在版权领域，区块链同样有广泛的应用，能针对网络侵权、内容传播乱象

---

① 乌镇智库：《中国区块链产业发展白皮书》，2017 年，第 27 页。

等问题加以遏制和纠正。互联网带来了信息的自由流通，却给知识产权保护以极大打击。如何保护数字版权，保护创作者在网上的权利，一直是网络社会治理的痛点之一。针对版权作品法律地位缺乏透明度、盗版行为令作者难以取得公平报偿等问题，"区块链不仅能通过时间戳等功能使版权信息具有前所未有的可访问性，使版权的后续变更具有透明性和可追溯性，还能通过智能合约功能简化版权许可协议、降低交易成本，使版权所有者快速获得版税，并对数字内容拥有技术上的自主权，从而保护其免受版权侵犯的困扰"①。在采用身份管理和智能合约的区块链平台中，每当一部作品被播放或传输，相应的费用都会从用户直接流向创作者，从而降低收集与管理统计数据、维护版权数据库和分发版税付款的成本，并且可以促进媒体行业中如小额支付等新的商业模式。② 如此一来，创作者的利益得到保护和实现，当前知识付费的诸多问题也将迎刃而解。区块链的知识产权保护实践之路已经开启，国外的 Monegraph、Colu、Blockai、SingularDTV，以及国内的亿书、纸贵、原本等创业团队均以区块链版权作为主攻方向。

在新闻业领域，区块链技术在媒体信源认证、公民新闻审核、付费内容订阅、传播效果统计、打击虚假新闻和谣言、自由发布与获取内容等方面带来改变，有助于提高新闻行业的透明度和可靠性，并将权力转交到作者手中。区块链具有可追溯及不可篡改的技术特征，能追踪新闻来源，从而实现媒体信源认证，并且保证新闻信息的可信性，有助于遏制虚假新闻，是媒体融合转型的重要保障。目前，全球已经出现了如 PressCoin、DDN、Civil、Hubii、Mijin、NewsDog 等采用区块链技术的网络新闻平台。如去中心化新闻网络（DDN）致力于创造一个不受专业媒体把控并且值得信赖的公民新闻平台。在 DDN 平台上，撰稿人撰写稿件提交后，系统将随机选择 7 位匿名审稿人对新闻进行准确性和公正性的检查并提出修改意见，类似于一种验证过程。追根溯源、不可篡改和节点验证三方面相互衔接、互为补充，形成了打击假新闻机制。印度新闻资讯应用 NewsDog 与 CNN Token 达成合作，应用区块链技术，将平台上的资讯聚合、分发和广告分成流程自动执行，搭建更透明、可信的传播和分发机制，

---

① SAVELYEV A. Copyright in the blockchain era：promises and challenges. Computer law & security review，2018，34（3）：550 - 561.

② Deloitte. Blockchain：enigma，paradox，opportunity．［2018 - 04 - 03］．https://www2. deloitte. com/uk/en/pages/innovation/articles/blockchain. html.

让内容跨平台自由流通；同时，把平台所得的商业回报按比例分给作者和读者，鼓励优质内容的创作、传播，以及用户间的评论、点赞等互动，打造良好的内容生态系统。基于区块链技术，全球网络信息传播秩序也有望得到进一步治理与规范，一些发展中国家的新闻信息也能在发达国家中得到更多的呈现。

四、结语

"区块链不仅仅是一种新的信息通信技术，更是一种新的治理模式，它与资本主义的其他经济制度，即公司、市场、网络、关系契约和政府等进行竞争。"[1] 区块链有着巨大的潜力，但目前仍面临着许多困难，如未能满足大规模使用、交易处理速率低下、对分布式大型协作的激励并不充足、协议的治理机制充满不确定性、"三元悖论"问题等。就社群内部来说，历史上的以太坊"The DAO"事件、比特币扩容争议等也暴露出区块链社区管理的不成熟。更值得关注的是，区块链技术在促进网络社会治理的同时，也会给现有网络社会治理体系带来挑战。如区块链的去中心化、去信任的架构，为某些非法内容、非法应用、非法活动提供了规避国家政府监管的可能，极易被不法分子利用，从而危害国家社会秩序稳定。比特币就常被用于网络黑市交易、病毒勒索等非法活动上。

因此，针对区块链技术本身及其所带来的一系列新生态问题的治理，也是今后的网络社会治理中所需要关注的重要议题。区块链治理应从更广泛的互联网治理的研究和实践框架中汲取经验，构筑多方协同共治的治理体系。2018 年 10 月 19 日，国家互联网信息办公室（以下简称"国家网信办"）发布《区块链信息服务管理规定（征求意见稿）》。征求意见稿指出，"区块链信息服务提供者和使用者不得利用区块链信息服务从事危害国家安全、扰乱社会秩序、侵犯他人合法权益等法律法规禁止的活动，不得利用区块链信息服务制作、复制、发布、传播法律法规禁止的信息内容"。显然，国家相关监管部门在促进区块链产业发展的同时也及时提前加强了治理规范。

以整体的眼光来看，区块链的去中心化、去信任、公开、透明、开放、防

---

① DAVIDSON S, DE FILIPPI P & POTTS J. Disrupting governance: the new institutional economics of distributed ledger technology. [2018 – 04 – 06]. https://ssrn.com/abstract = 2811995.

篡改、可追溯等属性是固有的，这些特性与互联网的基因是相一致的。作为一种底层技术架构，区块链将在政治、经济、公共管理、文化艺术等方面广泛作用于网络社会治理，推动建设一个更加民主、更具价值、更有秩序的网络社会。

[本文原载于《广州大学学报》（社会科学版）2019 年第 1 期。作者：罗昕、蔡雨婷]

区块链重构新闻业价值链及其风险治理

区块链一词最早由中本聪（Satoshi Nakamoto）于 2008 年在其论文《比特币：一种点对点的电子现金系统》中提出。伴随比特币的兴起，作为比特币底层架构技术的区块链及其特性价值逐渐为人所知。区块链被认为是 500 年来最大的科技创新，是第四次工业革命的主要成果和后续革命的推动力量。全球多国高度重视并竞相布局区块链，抢占技术主动权和制高点，英、韩等国将区块链技术上升至国家战略高度。区块链在通信、供应链、金融、医疗等行业的运用正在推向纵深。当区块链与媒体相加相融，二者将产生怎样的化学反应，区块链又将以何种变革潜力重塑新闻业价值链？我们在期待区块链能重塑衰落中的新闻业时，也须谨慎看到"区块链 + 新闻"带来的潜在风险。

一、区块链带来全新的互联网传播生态

区块链的实质是共享的分布式数据库，其具备的可信任性、安全性、不可篡改、去中心化、高透明性等特性，与"开放、平等、自由、去中介"等传统互联网的早期主张一脉相承，因此可被视为互联网的又一次技术飞跃、互联网的全新发展阶段。在未来，区块链的创新特征将席卷传统互联网，对现有架构进行革新与补充，进而带来全新的互联网传播生态。

（一）去中心化特性：信息权力中心化到分散化，塑造民主互联网

区块链采用数据区块，通过分布式传播将交易信息副本直接发送给各节点，数据储存在所有节点上，依靠节点集体维护。链上不再需要管理员或中心化机构等第三方信任中介参与，任何人均可写入、读取和维护信息，每一个节点都是对等平权的，进而变革现有传播关系与社会权力架构：权力的转移下放将重新定义社会个体，公民由"旁观者"变成"参与者"，自由平等地进行信息生

产分发、参与民主决策，个人力量被激活，个体价值被重视。涌现的多元主体打破传统国别、地域、种族等社会身份限制，参与边界扩大助力公共领域的形成。

同时，区块链技术采用了共识机制，只有在全网51%以上的节点都认可该记录的真实性时，才能被记录在区块之中并得以传播。其通过多方写入、共同维护、共建共享的集体协作模式打造"利益共同体"，整合多方力量，提高分工效率，扩大民主互联网的规模，释放社会生产力。

（二）机器化信任机制：信息传递到价值传输，塑造价值互联网

传统互联网基于免费逻辑，更擅长于"信息共享"，即通过简单复制、粘贴传播信息，打造低成本的信息传输渠道，形成了"信息互联"这一全新信息传递方式。然而，由于传统互联网未建立起使货币、资产或更广泛经济价值自由传递的机制[1]，必须借助中介达成，而风险高度集中的中心信任机制又遭遇着信任危机。

区块链弥补了以往价值传递的不足，利用开源算法、开放规则，建立了去中心化的机器化信任机制，将信任纳入底层交易，无须借助第三方中介机构背书即可保证交易公平真实，在一定程度上解决了以往价值传输过程中完整、真实、唯一的问题，降低了价值传输风险，提高了传输效率，避免了人为因素的干扰，降低了信任成本。不可更改的时间戳则解决了传统互联网固有的"双化问题"（双重支付），在区块链系统中实现直接的价值转移。[2] 可见，区块链从底层改变了传输机制，克服了"拜占庭将军"问题，实现零信任环境下便捷、高效、低成本的价值流动，奠定价值互联网的基石，塑造更有价值的互联网。

（三）信息传播透明、安全：传播无序化到有序化，塑造秩序互联网

互联网的过度中心化使得全球资本巨头作为中心化节点控制信息流动，催生"信息孤岛"，互联网逐渐由开放走向闭塞。区块链的分布式架构可打破中心化垄断，链上各节点均拥有明文交易记录，数据生成、记录和更新将在全网节点实时同步，交易活动可被任意节点追溯查询，进而降低流动限制和信息获

---

① 赵刚：《区块链：价值互联网的基石》，北京：电子工业出版社，2016年，第171页。

② 许子敬主编，程剑波、魏久胜、常浩编著：《链接未来：迎接区块链和数字资产的新时代》，北京：机械工业出版社，2018年，第29页。

取成本，切实保障公民的知情权与监督权，实现信息透明、公开、对称，瓦解"数据壁垒"。充分离散化可绕开第三方中介，降低中心节点的信息维护成本，摆脱信息巨头操纵及其背后的腐败问题。信任机制的重塑将推动人们培养信任化习惯，网络信任度提升，社会公信随之建立。

传统互联网也存在信息造假、传输安全等问题，区块链采用数据脱敏技术，对链上账目信息进行非对称加密、数字签名等多重加密，信息难以窃取。区块链的分布式储存技术可实现点对点传输共同储存，即使黑客攻击单个节点，也难以破坏其他节点的信息内容，更无法干扰区块链系统的运行。系统容错能力提高，避免数据丢失，构筑信息安全壁垒，确保信息交换的完整、安全和稳定，提高信息传播的可靠度，建构井然有序的互联网。

二、区块链重构新闻业态价值链

公司的价值创造过程可由一条包含原材料供应、技术、生产、营销、运输和售后服务等经济活动构成的行为链条来体现，即价值链。[①] 新闻生产、内容审核、新闻分发、新闻营销、效果评估五大层面可对应价值链中的生产性活动、产出性活动、市场与销售、服务四大价值创造的战略环节，组成分工明确、有机联动的全产业链条，实现"上游内容制作、中游拓展分发、下游营销服务"的价值传递。当区块链这一变革催化剂全方位引入新闻业时，将优化原价值链上的核心环节，调整原有运作模式，帮助新闻业实现价值创造与价值增值，助力新闻业转型升级、重塑业态。

（一）变革生产逻辑：去中心化带来分布式协作生产，重构生产机制和组织结构

新闻生产是传媒内部价值链的起始点，也是新闻价值生产的源头。区块链颠覆了集中化的生产模式和信息分布格局，将价值交易的权力交还给普罗大众。去中心化数据分布式储存机制，使链上个体高度自治，规避第三方信息生产时的审查和删改；对等共享的协作机制使民众自由、自主参与新闻线索提供、内容生产发布、新闻内容获取，实现生产能力的社会化转移，进一步打破传统媒

---

① PORTER M E. The competitive advantage. New York：Free Press，1985：36.

体的垄断地位。美国区块链新闻平台 Civil 下设新闻编辑室，允许平台用户自主创建新闻工作室，发起新闻主题。而在另一区块链新闻平台 DNN（Decentralized News Network）上，任何人都可利用 DNN 代币购买写入权创建新闻文章，在经过事实核查后即可发布。协作开放的组织生产将改变传媒市场的竞争关系，促使生产模式由媒体集权的单向封闭转为多元协同下的多向开放，推进新闻生产机制朝着更为平等的方向塑造。

区块链代币为民众加入新闻生产提供切实可行的参与路径。在代币机制支持下，用户在新闻生产中可根据自身创造的价值和贡献，取得对等回报。如区块链新闻平台 PressCoin 中的媒体读者可根据通过提供线索、提出见解、交锋对话、协助调查带来的贡献值获益。用户行为得到经济激励，调动用户参与积极性，便于公民发挥"集体智慧"，借助公民力量得到更多的新闻素材，进行新闻生产，为新闻生产提供更广阔多元的视角，便于协作迈向纵深，价值共创得以实现。

对媒体及其工作者而言，区块链使新闻生产不再依赖于中介机构，公民、社群皆可作为新闻生产主体。分散生产将降低采编加工、线索搜集等生产成本，再造成本结构，创造成本优势。内容创造者可专注提供内容，提高新闻生产这一增值活动的运作效率。如 Civil 的机制设置使得新闻工作者和机构只需着力于选题判断、内容整合等新闻生产过程，新闻分发、渠道发布、知识产权保护等均由平台解决。这将促进新闻生产结构扁平化和新闻机构职能专业化，重塑媒体组织结构。

（二）重建内容审核范式：优化内容生态，确保新闻产品的高价值

真实、高质量、独家、有深度的内容是新闻业赖以生存之本，也是提高新闻产品价值和产业价值链的关键一步。但在自媒体"洗稿"、算法媒体"推荐"、商业网站"改编"下，传统新闻业的内容价值遭到严重贬低。区块链在内容审核方面能通过多种方式协同把关，提高内容质量，保障信息价值，优化内容生态。

1. 媒体信源认证，提高来源可靠性

在新闻来源空前繁杂、认证难度提高的当下，区块链可助力媒体信源身份认证和可靠信源甄别。区块链运用的非对称加密技术，参与节点可以匿名，但在取得对方授权后可获知身份、进行交易。这使得公民在提供新闻线索的同时，

避免了隐私泄露，保护了信源提供者的人身安全。信息来源的可靠性被认证，在一定程度上规避媒体在政治力量、资本干预及自身偏见的影响下进行信息操纵。在可靠信源甄别方面，交易参与方在从未交易的区块中进行全新交易时可触发参与者在其他区块的记录进行信用评价，从而决定接受或是拒绝交易。①因此，媒体在采用某一信源时，可根据链上该信源以往的信用记录进行初步的可信度判断，在提高信源处理效率的同时，初步甄别和过滤不可靠信源，降低其对新闻真实的干扰。

例如，浏览器插件 Trusted News 的事实检查网站数据库，对新闻网站内容的可信度进行评级，共八个等级：可信赖、未知、不可靠（含虚假或误导性信息）、讽刺（含幽默、嘲弄或夸张等元素）、偏见（政治或个人偏见）、恶意（对计算机或人身安全造成威胁）、标题党、用户生成内容，并仿照交通信号灯设计对内容可信度进行相应颜色和图标区分，例如绿色为可信信息，红色感叹号为不可靠信息，蓝色笑脸为讽刺信息，评级结果一目了然。②区块链新闻平台 The World News 则借助神经网络自动将媒体源分级为可靠、可疑和不可靠。③可见，区块链技术帮助媒体和公众辨别信息源的可靠程度，抑制虚假信息的病毒式传播。

2. 公民新闻审核，协同过滤不良信息

区块链为公民参与事实核查提供了技术支撑。在共识机制作用下，每个节点都会成为核查和被核查的主体。新闻内容审核权力不再专属于媒体，广大民众、公民团体被赋予了监督权和审查权，在过半节点认同新闻内容时才能发布。例如，在 DNN 上发布内容必须经过多次审核，以确保符合平台内容指南的要求。首先，要成为审稿人，需要贡献者提出一定数量的 DNN 代币出价，如果审阅失败，这些代币将会丢失，这迫使审稿人公正投票。其次，由系统随机选择7 位审阅者审阅该文章，其以太链地址对常规审阅者隐藏，彼此孤立运作、规避串通，保持审核公正性。如果获得多数投票，文章将自动发表。若未通过审核，文章将与指导意见一同返还给作者。此外，还设置了与常规审阅相结合的"超级审阅者"，当至少一名超级评审员与7位评审员中的多数保持一致时，文

---

① 冉景刚：《区块链在数字出版业中的应用研究》，《出版发行研究》2018 年第 6 期。

② Trusted News 官网，https://trusted - news.com/，2018 年 11 月 15 日。

③ The World News 白皮书，https://ico. theworldnews. net/whitepaper_1_11_en. pdf，2018 年 11 月 28 日。

章才能确定发布在平台上。① 区块链新闻平台 SNIP 上的读者也可对内容进行评级，标记类似"不合适""不完整"的标签，发表审核意见。全网共同参与审核、多节点验证、互相监督，降低媒体这一中心节点面临的压力和高昂的审核成本，过滤低质量新闻。多主体审核可降低单一主体主观因素对新闻信息的阻碍干扰，规避传统媒体在审新闻稿时编辑权滥用和随意评论的问题，提高审查的准确性和可信度，营造协商民主的价值共识。

3. 打击虚假新闻和谣言，提高内容信任感

区块链技术增强了问责机制，降低了追责难度，进而降低了虚假信息和谣言"病毒式扩散"的可能性。区块链媒体中的信源可通过时间戳实时追踪，全网可同步记录转发、修改等传播痕迹，一旦出现问题，可追根溯源。如在区块链新闻平台 PressCoin 上，一旦发现有机构发布虚假信息，系统可通过区块链直接定位到发布源，对其进行相应的惩罚。制造和传播虚假信息的行为会被永久记录在案，直接提高了造谣者的犯罪成本和担责风险，从机制上约束内容发布者谨慎发言、对新闻真实性负责。

此外，区块链的问责机制鼓励了创作者的专业责任。例如，区块链新闻平台 PUBLIQ 为打击随意篡改和恶意传播行为，平台作者每发布一篇文章或者在已发布文章顶部添加新备注时，均需要花费小额 BPQ。同时，设置了 PUBLIQ 积分，即通过计算每位作者得到的不同反馈（故事量、浏览量、分享量、点赞量和潜在标记量）的加权平均值，评定作者的名誉，低质量文章所带来读者的消极反馈将使作者的"名誉"受损②，进而激励作者发布更多真实、可信的内容。

4. 实现版权保护，效率成本最优化

版权不仅是上游打造新闻产品独特价值的重要保证，也是下游新闻营销环节确保多次"销售可能性"及收益来源的基本前提。区块链将极大优化新闻内容版权生态。全球第一个区块链数字内容版权保护平台 Po. et，在保护内容版权上主要基于以下原理：一是可通过加盖准确时间戳进行时间标记和版权跟踪，清楚记录每次新闻作品流传、转发及版权流转的时间地点等元数据，加之数字签名二次确认，为版权归属确定、版权纠纷存证提供依据，确保新闻资讯原创

---

① Decentralized News Network 白皮书草案 1.3 版，https://dnn. media/storage/DecentralizedNewsNetworkWhitePaperDraftv1.3.0. pdf，2017 年 9 月。

② PUBLIQ 白皮书，https://publiq. network/en/white – paper/，2017 年 8 月 10 日。

者的利益；二是区块链的不可篡改性可帮助版权内容在二次传播中不被快速篡改，提高交易可靠性，进而降低版权纠纷发生的概率；三是在"去中心化"特质下的多节点切入一改以往从单点进入确认版权的方式，省去中间环节，智能合约也可在创作发布时自动同步进行版权确认，例如，无须到中心化版权机构登记，只需将内容资产在 Po. et 上注册，即可确认版权，简化版权确认的流程、降低费用成本和时间投入。

（三）优化新闻分发流程：信息透明公开打破垄断，分发精准连接用户需求

在"渠道制胜"的时代，新闻分发不仅是连接价值链上下游的重要纽带，更是传媒价值链中扩大信息影响力、提高价值的重要一环。区块链一改过去以媒体为中介的中心化信息分发为分散节点式分发，建构了透明畅通、精准高效的分发渠道、扫除分发障碍，提高了新闻价值流动效率，便于新闻产品更好传播与推广。

从过程而言，信息分发透明公开，消弭信息不对称的情况。去中心化的区块链一改以往的中心式管理，数据及其交易过程对链上所有个体公开可见，一切数据皆可溯源。例如，区块链新闻平台 SNIP 使用开源算法填充新闻源，整个过程透明、可接受审查。另一平台 Userfeeds 也提供透明且可公开审核的内容网络和排名算法。[①] 链上主体均可了解信息的最新变动情况，降低了第三方力量对信息进行删除、篡改、主观排名等操纵，保障了公众知情权，进而缓解以往信息不对称带来的焦虑和抵触情绪，确保信息获取的平等和信息分发的透明，规避"信息孤岛"带来的潜在风险。

从结果来看，信息分发绕开第三方中介，精准连接传播对象。信息爆炸的时代，用户沉浸在大量无用信息之中，有限注意力被分散浪费。受众市场需要进一步垂直细分，实现精准传播、定制分发。智能合约，即智能的、运用自动化脚本代码、无须第三方参与即可根据条件自动执行的契约。基于区块链技术，新闻分发无须经过第三方中介，借助智能合约即可实现点对点（生产者对接消费者）传播。生产者可根据受众的喜好进行市场细分，定制发布内容，依次调整选题、报道内容、呈现方式，真正实现"用户驱动"。例如，在 DECENT 平

---

① BEN D. How blockchain helps fight fake news and filter bubbles. The Next Web. ［2018 – 08 – 24］. https://thenextweb.com/contributors/2017/08/24/blockchain – helps – fight – fake – news – filter – bubbles/.

台上，内容生产者与消费者直接对接，创作者能更好依照消费者需求生产新闻作品。Civil 上的记者可认领由众多读者发起的新闻主题，使最终的新闻内容高度匹配用户需求。在信息分发更为高效、快速的同时，确保价值资源被精准利用，更为下游的价值变现奠定基础。

（四）创新新闻营销手段：智能合约、代币机制激励创作，筑就新闻收费新版图

营销是实现新闻价值变现的最直接手段，更是传媒产业链中赢得市场的核心环节，健康、可持续的赢利模式则是驱动新闻业发展的内在动力。由于历史惯性原因，网络新闻"免费"已成为共识，读者付费意愿并不强，包括付费墙、知识付费在内的新闻付费模式仍在探索中。当区块链引入新闻业，将创新内容变现机制，助推优质内容货币化进程，优质内容的价值得以凸显，将缓解新闻业在旧赢利模式下的财务危机。

作者拥有自主定价权，智能合约提高变现效率。利用区块链技术，内容生产者绕开媒体或中间商直接与受众（读者）接触，通过签订智能合约对新闻作品自主定价，读者也可利用智能合约订阅出版物或按文章付费。DECENT 平台去除中介环节，赋予创作者自主定价权。作者可设置每次观看或下载需要支付的价格，并在结束时直接获得足额付款，不存在任何差价。如有多位内容贡献者，系统可自动进行付款拆分，付款比例也可随时调整。[①] 该方式打通了内容生产者和读者之间的联系，提高交易效率。利益分配愈发公平，确保了创作者内容收益最大化，并对其进行正向激励。

就创作的持续性而言，区块链代币机制作为内容生产薪酬的新方案，将促进在线内容货币化，进而催生更多优质内容。基于区块链技术，各大平台积极开发加密代币，并将其运用至平台的日常运营和奖赏激励上。如在 Civil 上，读者可使用加密货币 CVL 赞助记者进行新闻创作。PUBLIQ 上读者对文章的积极反馈可使作者获得更多的 PBQ 代币。全新激励机制的诞生将有力扶持优质内容生产，吸引民众更多参与内容消费与再生产，创造新市场需求，并使新闻众筹成为可能。

---

① Decent 官网，https://decent.ch/zh/，2018 年 11 月 13 日。

（五）提升新闻内容评估效果：智能合约统计，维护新闻诚信生态

传播效果统计在传媒价值链中属于带来额外收入、调整业务风向的增值服务。虽位于价值链下游，但反馈结果可指挥传媒运作流程，对全链条具有战略指导意义和衍生价值。在中心化平台中，传播效果统计的各项指标，无论是传统媒体时代的发行量、收视率，抑或是新媒体时代的阅读点击量、点赞评论数、下载量，均为封闭、非公开、不透明的，媒体可根据自身需求和喜好操纵统计结果，如借助恶性刷量行为营造"数据泡沫"。西方"计算宣传"就是社交机器人（机器人水军）操纵传播效果统计的工具。因此，传统效果评价的真实性有待考证，"虚假繁荣"更侵蚀着新闻内容诚信生态。

区块链技术为解决效果统计的信任问题提供创新方案。收集评估数据时，可运用区块链技术的智能合约自动记录，不仅降低人工统计的成本，更规避了人为操控的"刷量"作弊和数据失真。通过追溯交易记录可了解效果评价者的信用信息，进而规避"水军"和"洗稿"现象。统计完成后，若对统计结果存在异议，也可借助时间戳全流程追溯数据。2017 年美国广告技术公司 MetaX 已推出基于以太链平台上的数字广告供应链区块链协议 adChain，在广告链各方如广告主、媒体之间共享、跟踪和验证广告展示次数、细分受众群等广告交易效果数据。[①] 国内，小米率先提出在程序化广告中使用区块链，建立以数据协作、反欺诈、效果监测为主要场景，构建广告技术区块链共同体联盟（Ad Tech Consortium Blockchain）。二者旨在利用区块链技术确保数据完整性、规避欺诈和作弊行为。传播效果及其量化数据的透明、真实、可信，不仅有利于媒体调整传播方案，更可提高公众对统计结果的信任感。

三、区块链重塑新闻业的风险及其治理

风险社会理论指出，当下新风险形式的出现，主要来源于"科技发展所带

---

① ROBERT H. How MetaX plans to use blockchain to stop ad fraud. Frobes. ［2018 – 03 – 21］. https://www. forbes. com/sites/roberthof/2017/03/21/how – metax – plans – to – use – blockchain – to – stop – ad – fraud/#24aeb40259da.

来的完全不同于传统的风险形态"①。区块链技术在深刻改变传统新闻业态的同时，也带来全新的潜在风险。"区块链的前景取决于有效治理机制的实施。"②我们需建立多利益相关方治理模式，以推动"区块链 + 新闻业"持续健康发展。

（一）防范侵权造假风险，发挥行业协同自律作用

区块链可有力打击盗版和虚假新闻、谣言现象，但因其发展阶段的局限性，仍存在相应风险。一方面，技术确权或成跨链盗版保护伞。区块链技术可快速确认版权归属，但由于时间戳遵循"谁先创作、谁先申请，谁就用于著作权"的原则，目前国内区块链媒体处在早期实验阶段，所有媒体入驻链内需耗费较长时间，大量新闻资讯仍在链外发布。若有剽窃者将链外新闻通过"复制粘贴"率先发布至区块链上，加盖时间戳、进行有效版权确认，归属确认后全网流传，且二次更改困难，或成为帮助剽窃者确认版权的保护伞。另一方面，假新闻及谣言难以得到根除。"技术无法证明整个新闻故事的真实性，只能提供虚假新闻的部分解决方案。"③ 区块链只可通过溯源和审查提高造谣者的犯罪成本，不仅存在滞后性，更无法查验源头数据的真伪，不能从源头杜绝虚假新闻和谣言的出现。一旦区块链源头的信息失实，更正难度及成本高，且基本无法删改、难以纠偏，不良信息及其影响在封闭环境下难被消除，将带来不可挽回的负面影响。

要防止跨链盗版和新闻造假，媒体行业的自律机制至关重要，2018 年 3 月，国内多家区块链行业媒体共同发布《区块链行业媒体自律声明及公约发起函》，作出 7 条承诺：审核和发布所有信息均应秉持客观与专业原则，禁止以负面报道为由要挟收取任何一方费用；严格审核项目信息的合法性与真实性，禁止项目方自行直接发布信息；绝不蓄意散布虚假信息（无论利空还是利好）误导或欺骗投资者，扰乱市场；对外严格建立信息发布规范，付费信息均应严格标注

---

① 米丹：《风险社会与反思性科技价值体系》，北京：中国社会科学出版社，2013 年，第 125 页。

② BECK R, MÜLLER-BLOCH C & KING J L. Governance in the blockchain economy: a framework and research agenda. Journal of the association for information systems, 2018, 19 (10): 1029.

③ HUCKLE S & WHITE M. Fake News: a technological approach to proving the origins of content, using blockchains. Big data, 2017, 4 (2): 356.

"广告""推广"等清晰用户告知；对内严格区分内容团队和经营团队，设立防火墙机制；严格遵守版权规范，尊重他人版权，不抄袭不剽窃。

（二）防范信息安全风险，完善相关法律法规和规章政策

区块链的"去中心化"冲击和革新了传统中心化新闻业格局，公民可参与新闻业各环节，规避中心化垄断风险。然而，完全的去中心化也削弱管理部门的监管，给了违法违规、不良信息绕开集中审查的机会，或带来信息安全风险。舆论引导方面，新闻生产"脱媒"稀释了新闻媒体的作用，消除了由中央机构控制信息的必要性。[①] 但我国媒体性质是党、政府、人民的耳目喉舌，被赋予舆论引导的重要职能。若在新闻传播这一意识形态领域"完全去中心化"，当出现违法不良有害言论且无法删改时，将带来意识形态安全风险。民主参与方面，民众在参与新闻生产时易受到主观偏好和非理性情绪的影响，从自我价值标准出发作出主观性决断，引发民主权利滥用带来的"暴民统治"，出现裹挟民意进行"多数人的暴政"的全新操纵风险。在伦理隐私方面，2018 年发布的《欧盟数据保护通用条例》明确了"被遗忘权"的概念。"被遗忘权"的确立意味着公民能够将不符合实际情况的过时信息抹去。而区块链信息不可删改、永久保存的性质与公民被遗忘权相背离，或侵犯到信息当事人自主处置个人信息的权利。

应该明确，将区块链这一前瞻性技术引入传媒行业，并非主张"无政府主义"和"绝对去中心化"，绝非要挑战现行传媒体制。去中心化与中心化是可兼容、非二元对立的，区块链提供的全新解决方案可作为传统模式的有力补充，根据具体的场景条件因需选择适用模式、调整技术去中心化程度。在区块链发展早期阶段，国家仍具备社会协调的必要中心点作用[②]，保持技术去中心化与场景应用监管的平衡。特别是在媒体领域，仍需专业把关人和政府机构的有力引导和适时介入。2019 年 1 月 10 日，国家互联网信息办公室发布的《区块链信息服务管理规定》指出，区块链信息服务提供者和使用者不得利用区块链信息服务从事危害国家安全、扰乱社会秩序、侵犯他人合法权益等法律、行政法规禁止的活动。

---

① NICKY W. What could blockchain do for journalism? [2018 - 02 - 13]. https://medium. com/s/welcome - to - blockchain/what - could - blockchain - do - for - journalism - dfd054beb197.

② ATZORI M. Blockchain technology and decentralized governance：is the state still necessary? University College of London. [2016 - 06 - 13]. https://ssrn. com/abstract = 2709713.

（三）防范技术自身风险：推进技术研发和标准化

"任何真正分散的区块链都不具备处理任何大规模系统运行的大量数据和数十亿个帖子的链上容量。"① 目前，区块链仍处于发展早期，自身存在的漏洞或引发加密技术被破解、51%算力问题等深层风险。如 2011 年到 2018 年 4 月，全球范围内因区块链安全事件造成的损失达 28.64 亿美元。2018 年 1 月 26 日，东京 Coincheck 虚拟货币"新经币"（NEM）被窃，损失高达 4.2 亿美元。

解决技术自身风险，首要之义是优化技术基础性研发工作，加强核心技术研发，必要时政府要给予一定资金和政策扶持，以突破现有技术瓶颈。同时，建立系统的风险预警和评估机制，密切关注技术发展，做好风险规制。国际电信联盟——通信安全标准工作组（ITU - TSG17）已开展分布式账本技术（DLT）安全研究课题，2018 年 10 月，中国国家互联网应急中心主导的《基于区块链的数字版权管理安全要求》国际标准获得立项资助。此外，要加快确立应用、安全方面的通用技术标准。如国际标准化组织 ISO 成立了区块链和分布式记账技术国际标准化技术委员会 ISO/TC307，旨在引领全球区块链技术标准的确立，截至 2018 年 5 月，已经确立了 10 项国际标准的研发立项。相信未来技术研发工作、标准化规则的推进和建立将有力指导新闻业全方位应用区块链技术。

（四）防范金融安全风险，加强数字货币的政府监管

区块链新闻在商业模式上具有极强不确定性，存在金融安全风险。商业模式方面，区块链技术作为新生事物未被完全普及，国家和公众对代币及配套商业模式的认同感和接受度不够，无法被金融监管机构及民众认可。目前，全球多数国家严管数字货币。2019 年 1 月，英国金融监管机构——金融市场行为监管局（FCA）发布了《加密货币资产指南》咨询文件，要求任何提供加密货币衍生品服务的公司都需得到英国金融市场行为监管局（FCA）的授权。我国于 2017 年 9 月在《关于防范代币发行融资风险的公告》中明确指出，非银行支付机构发行代币融资交易相关业务属于非法融资。媒体自行发行的数字代币恐不具备货币的有效性，导致"旨在解决区块链治理问题的加密货币因治理问题而

---

① MICHAEL J C. Blockchains alone won't fix the Facebook problem. Coindesk. ［2018 - 04 - 12］. https://www.coindesk.com/blockchains - alone - wont - fix - facebook - problem.

崩溃"①。

在主张"代码是法律"的数字时代，由于法律规则的模糊性和灵活性难以转换为可由机器解释的形式化语言，必须通过完善顶层设计厘清权力和法律边界，及时制定、完善法律政策及其适用范围，确保商业运作及区块链广泛运用的合法合规。2017年4月，日本实施了《支付服务法案》，正式承认比特币是一种合法的支付方式，对数字资产交易所提出了明确的监管要求；2017年9月，日本金融厅颁发了第一批比特币交易所牌照。2017年7月，美国全国统一州法委员会通过了《统一虚拟货币经营监管法》；美国税务局、美国证券交易委员会（SEC）均将虚拟货币纳入其监管范围；SEC发布《关于可能违法的加密资产交易平台的声明》，确认数字资产属于证券范畴，交易所必须在SEC注册或获取牌照。2018年，韩、澳、俄、法等多国均在探索制定与区块链技术特别是数字货币迭代发展相匹配的法案。

四、结语

区块链技术塑造了全新的互联网传播生态，也重构了新闻业价值链，为拯救传统新闻业提供了可能机遇。目前，西方特别是美国媒体和社交平台已经有了许多尝试，商业巨头福布斯计划从2019年起将部分文章元数据发布至区块链平台。尽管我国以人民日报为代表的媒体正在积极研究区块链媒体可行性，如2018年搭建的人民创投区块链研究院传媒实验室，但总体来看，我国"区块链＋媒体"尚处于酝酿期，距全面应用仍有待时日。相信在未来，区块链技术的不断成熟和安全应用将释放无限潜力，为重振中的新闻业提供强劲动力。

[本文原载于《中国新媒体社会责任研究报告（2019）》，北京：社会科学文献出版社，2020年。作者：罗昕、李芷娴]

① JOHN T & PAM M. Complex adaptive blockchain governance. EDP sciences，2018 （223）：1010.

网络内容的技术控制模式建构与评析

本文基于维纳的经典控制模式，依照接入控制、过滤控制、编辑控制、分析控制四个流程，尝试建构网络内容的技术控制模式，并从多向反馈的向度、研究范式的融合、控制手段的综合三个维度对模式进行评析。

一、作为传播过程的控制模式

模式是"对相对简单状况所做的象征性的合乎逻辑的设想，这是一种心理上的设想，拥有同原始的客观体系相同的结构属性"[①]。一个模式试图表明任何结构或过程的主要组成部分以及这些部分之间的相互关系。

模式研究在传播学研究中占有重要的地位。传播学者研究传播现象、过程往往是在模式的基础上展开的。研究者总是设法找到一个直观而简化的方式来描述和解释传播的复杂过程，而模式就是人们所认为的最佳方式。传播模式是"对传播活动的内在机制与外部联系进行的一种直观的简洁的描述，也是一种象征性的拥有同现实传播活动相同的结构属性的合乎逻辑的设想"[②]。

回顾西方经典大众传播模式研究的变迁史，无论是基于功能效果范式还是基于文化批判范式，传播模式的建构都摆脱不了维纳控制论的历史窠臼，不同程度地显示出注重于控制意识的痕迹，如基于功能效果范式的传播模式彰显传播主体的控制意识，而基于文化批判范式的传播模式更强调接受主体的控制意识，因而一个传播模式也可以说是一个控制模式，是控制权力博弈、分化或协商的再现。

控制模式与传播模式在效果向度上有自身的侧重点。传播模式强调内容传播效果的外在扩张，而控制模式更强调内容传播效果的内在收敛。但传播模式

---

① ［墨］罗森勃鲁特·威诺：《科学模式的作用》，《科学哲学》1951 年第 12 期。

② 邵培仁：《传播学》，北京：高等教育出版社，2000 年，第 74 页。

和控制模式可谓"殊途同归""珠联璧合"，都是为了维纳乌托邦式的设想——"传播人"① 的实现。因而，如果说人类的信息传播活动既是一部传播史也是一部控制史，那么内容的控制模式与传播模式都将成为传播学者的重要研究路径。

二、网络内容的技术控制模式建构

网络的开放性、互动性、个性化等特性改变了传统的内容控制模式——单向线性的直接控制。把对报纸、广播、电视、杂志等传统媒体的内容控制模式，延续到复杂的网络媒体环境中显然难以奏效。尽管需要建立一种由政府法规政策、行业自律、网民自律等组成的综合立体性内容控制模式，但网络技术作为与传统媒体迥异的重要标征，在信息内容的控制中将起到一种独特的作用。技术层面是控制网络内容流向、流量、流速的重要阀门。网络属于高新技术领域的传播工具，它随着现代技术的进步不断更新传播手段。网络技术同其他所有技术一样是一把双刃剑，它既可以成为网络内容生产的工具，也可以成为控制网络内容的有效手段。

依据维纳的经典控制模式，本节建构了网络内容的技术控制模式（见图1），假定一个信源在网络环境中通过各种信道最终到达信宿，这个转变过程将经历如下几个主要控制阶段：

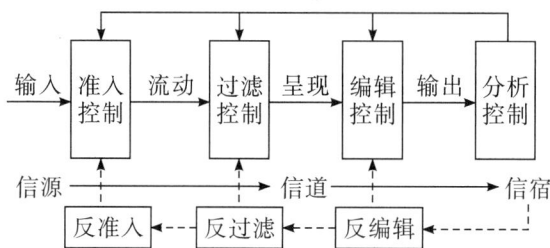

图1　网络内容的技术控制模式

（一）信息输入阶段的准入控制

从宏观视野看，可以在国家骨干网络和 IAP （Internet Access Providers） 层

---

① ［美］维纳著，陈步译：《人有人的用处——控制论和社会》，北京：商务印书馆，1978 年。

次上设置安全监控技术，控制本国网络与全球网络之间以及本国网络系统内的信息流动。这种控制可以通过广域网和局域网两种方式实施。

一个广域网一般会有和其他广域网相连接的多个出入口，只要在入口网关将不允许访问的网址和网页内容进行封锁，就可以有效防止信息进入广域网。通常可以在主干路由器上实行关键字过滤阻断。主干路由器的关键字过滤主要使用的是入侵检测系统。它能够从网络系统中的关键点如国家级网关收集分析信息，过滤、分辨指定的关键字，并进行智能识别，检查网络中是否有违反信息安全的行为。

对于局域网，如果采取直接路由连接的方式，可以从路由器进行内容控制，如通过更改路由器界面的相关设置来控制局域网内用户的网络使用权限、设定上网使用带宽和数据流量等。对于代理服务器连接的方式，代理服务器成了局域网与外网的接口和中转站。在代理服务器上使用其代理软件或者在专门的过滤软件上做出相应设置，也可以很好地实现限制网址、内容上网权限和速度、监控网内各台计算机等功能。防火墙也是局域网常用的内容控制技术，它是一个由软件和硬件设备组合而成、在内部网和外部网之间、专用网与公共网之间的界面上构造的保护屏障。如一些高校校园网就属于局域网，校园网络通过防火墙统一设定了不允许浏览的一部分网页。

另外，与网关、路由器、防火墙等内置控制相比，网络实名制在技术层面上也对信息内容的准入设置了直接外在控制。网络实名制主要有两种实施技术——"前台虚名后台实名、前台实名"，当前在网吧、电子邮件注册、网络游戏、网站备案、高校教育网、QQ群创建、博（播）客、论坛版主等涉及信息内容传播的领域已经或者正在推行网络实名制。以实名制为主体的网络身份管理体系将逐步涵盖网络内容的接入、服务、运营等各个环节。

（二）信息流动阶段的过滤控制

信息流动主要在 ICP（Internet Content Providers）、ISP（Internet Service Providers）服务器提供的各种信道（如论坛、博客、BBS、SNS 等）上进行。在 ICP/ISP 服务器上（或者在用户端）安装监控信息流的过滤软件是主要的控制技术。网络信息过滤是根据用户的信息需求，运用一定的标准和工具，从大量的动态网络信息流中选取相关的信息或剔除不相关信息的过程。信息过滤系统的分类标准很多，如根据信息过滤的目的分类①，可分为推荐系统和阻挡系统，前者是根据用户对信息的评价把信息推荐给合适的接收者，后者通过设置一定的条件限制来过滤色情、暴力、诽谤、诈骗、毒品交易、教唆犯罪等信息。

网络信息过滤方法主要有以下几种②：

（1）内容分级法：源于电影分级制，根据内容特征，运用一定的分级体系分门别类地把网页揭示出来成为分级标记，使用时与过滤模板进行比较以决定是否过滤。如英国互联网监察基金（IWF）采用"网络内容选择平台"（Platform for Internet Content Selections，PICS）的系统，根据色情、裸露、辱骂性语言、暴力、个人隐私、网络诈骗、种族主义言论、潜在有害言论或行为以及成人主题等分类指标，对网络内容依次分类、作出标记。

（2）URL 地址列表法：利用预先编制好的 URL 地址列表决定允许还是禁止用户访问网络信息的一种方法，这是信息过滤中最为直接也最为简单的方法。URL 地址列表可以分为两种：白名单和黑名单，前者是允许访问的 URL 地址列表，后者是禁止访问的 URL 地址列表。

（3）动态文本分析法：通过关键词数据库、通配符表达甚至内容语义识别，对动态文本进行自动检索和匹配来确定信息内容的危害性。

（4）图像识别技术：根据图像的色彩、纹理、形状以及它们之间的空间关系等特征作为索引，通过图像之间相似程度的匹配而进行的过滤。

（5）动态跟踪技术：利用服务器日志或者专门的追踪过滤软件记录用户（客户端）访问网络的情况，包括访问的时间、时长、网站（页）、流量、屏幕快照、关键词、编写的文字、上传的文件等内容。它虽然没有过滤的功能，但可以作为系统和管理员监测用户行为、记录网络使用情况和改进过滤方法的依据。Cookies 控制流量减缓上网速度和上传下载文件速度。

（三）信息呈现阶段的编辑控制

内容管理系统（Content Management System，CMS）是一种位于 Web 前端（Web 服务器）和后端办公系统或流程（内容创作、编辑）之间的软件系统，内容管理系统主要包括后台业务子系统管理，如新闻录入系统、BBS 论坛子系

---

① 黄晓斌、邱明辉：《网络信息过滤系统研究》，《情报学报》2004 年第 3 期，第 328 页。

② 黄晓斌、邱明辉：《网络信息过滤方法的比较研究》，《大学图书馆学报》2005 年第 1 期，第 42－48 页。

统等；Portal 系统，如网站首页、子频道/专题页、新闻详情页等；前台发布，如面向最终用户的缓存发布和搜索引擎 Spider 的 URL 设计等。很多内容管理系统对网站的不同层面人员赋予不同等级的访问权限，如网络编辑人员、发布人员通过内容管理系统来提交、修改、审批、删除、发布内容。

内容管理系统在编辑层面上具有灵活多样的控制功能，如支持内容位置、顺序调整；支持重要文章置顶；支持文章标题查重；支持多个相关文章集合；支持文章限时、定时、延时发布；支持文章推荐首页、专题等；支持专题和子网站生成；支持智能分析出标题、作者和内容并进行自动归类。如何充分利用这些功能将为网络编辑的内容控制提供广阔的想象空间。

1. 重视新闻信息的排序和置顶

新闻信息在网页中一般有两种方式编排：一是按照网上发布的时间先后排列，最新发布的标题排在最上端；其余依照倒时序的原则自上而下排列。当前按照时间进行排序在技术上已经没有多大问题。二是按照新闻信息的重要性排列，最重要的置顶或置于首页。当前 CMS 在内容重要性预先判断的自动智能化方面还存在技术局限性（主要是一种滞后性的判断，如根据网民点击率或回复数），但随着语义分析的不断突破和成熟，新闻或帖子重要性自动排序的准确度将不断提高。这种依靠管理系统"推荐"的新闻信息对引导用户注意力特别是网络舆论起着重要作用。

2. 强化相关文章的聚合和凸显

在网络传播业界，标题、导语和相关文章被誉为网络新闻的三大利器。可见相关文章在网络传播中的作用是不容小觑的。相关文章一般显示在当前文章中或者文章后，这种相关主要体现在标题或主题相关性上。在大多数情况下，主要依靠内容管理系统自动生成，而这种自动生成主要是通过标题中的某个关键字形成。这种"拉拢"过来的相关文章体现了资源整合的魅力，既有助于扩大用户的信息结构，也有助于网站的专题策划。

3. 注重敏感言论的限时延时发布

很多网站的论坛、留言板、BBS、博客、播客等采用限时、延时发布评论的方式来对网络言论加以控制。网民言论的延时发布技术给网站编辑的"把关"提供了时间，一旦发现敏感或不良的言论，可以及时删帖。而限时发布的技术则可以防止网民言论的恶意或泛滥传播，甚至可以设置黑名单禁止恶性言论的发布。

（四）信息输出阶段的分析控制

网络环境下的信息传播与意见交互空前迅捷和多元。网民对人物、事件、产品等的评价性信息，需要得到及时分析，以便对公共形象和舆情走向进行有效控制。网络舆情分析系统是指通过搜索引擎技术和网络信息挖掘技术，通过网页内容的自动采集处理、敏感词过滤、智能聚类分类、主题检测、专题聚焦、统计分析等技术处理，最终形成舆情分析报告的软件工具。网络舆情分析系统的功能主要有：热点话题、敏感话题识别，舆情主题跟踪，舆情趋势分析，突发事件分析，舆情报警等。

网络舆情分析的方法和技术主要是"意见挖掘"（Opinion Mining），也称为"情感计算"（Affective Computing），是"社会计算"在数字技术时代的典型反映。[1] 意见挖掘主要任务有主题抽取（Topic Extraction）、意见持有者识别（Holder Identification）、陈述的选择（Claim Selection）、情感分析（Sentiment Analysis）。[2] 意见挖掘是一个多学科综合的研究领域，与文本挖掘、信息抽取、信息检索、机器学习、自然语言处理、概率论、统计数据分析、本体学（Ontology）、语料库语言学、可视化技术等均相关。

意见挖掘基于数据挖掘和文本挖掘技术，但它又具有相当的文本理解能力。它是比文本挖掘技术更接近人工智能目标的一种新技术，需要深层的语义理解，以便挖掘出显性或者隐性表达结构的意见倾向。

意见挖掘技术在国外广泛应用于现实生活中的许多方面，如电子商务、股市行情、民意选举、政府形象、国家安全等，也研究设计了一些面向专门领域的网络舆情分析软件，如针对给定产品评论区别其褒贬性的系统 ReviewSee[3]，

---

① PARAMESWARAN M & WHINSTON A B. Social computing：an overview. Communications of the association for information systems，2007（19）：762 – 780.

② KIM S-M & HOVY E. Determining the sentiment of opinions. In Proceedings of COLING – 04，the Conference on Computational Linguistics（COLING – 2004）. Geneva，Switzerland，2004：1367 – 1373.

③ DAVE K，LAWRENCE S & PENNOCK D M. Mining the peanut gallery：opinion extraction and semantic classification of product reviews. In Proceedings of the 12th International World Wide Web Conference（WWW 2003）. Budapest，Hungary，2003.

有关汽车评价中的贬褒信息和强弱程度的 Pulse 系统①，处理网上在线顾客产品评价的 Opinion Observer 系统②，搜索分析 BLOG 文本的 The TREC task blog 系统③，维尔森等人研究并开发的 Opinion Finder 能自动识别主观性句子以及句子中各种与主观性有关的成分④。

随着语义网研究⑤的不断深入，意见挖掘将是未来 Web 3.0 社区的关键功能之一。语义网的目标就是"基于人类交际的全面理解，帮助推向一个更易理解的网络。社区共同合作创造虚拟世界应用，促进学术和应用研究，培育创新文化"⑥。目前在国外出现了诸多社区情感分析工具⑦，如监测和分析社交媒体的 Sysomos，允许用户在博客、社交网站中研究任何话题，专注于跟踪社交媒体数据。监测对话的 Backtype，允许用户搜索、跟踪网络关键词，致力于终结社区的"评论碎片"。LiveJournal 和 MoodViews 两个工具则可以分析重要事件或现象导致的情绪，如重大气候变化让人们的焦虑程度攀升（卡特里娜飓风）；全球媒体和新闻时间带来的激动（《哈利·波特》新书面世）；恐怖袭击之后的压抑和悲伤加剧（伦敦连环爆炸事件）。推特还可以监督在线对话的消长，帮助媒体、营销者和学者把握重要人物的动向。

① GAMON M, AUE A, CORSTON-OLIVER S, et al. Pulse：mining customer opinions from free text. In Proceedings of IDA－05, the 6th International Symposium on Intelligent Data Analysis. Lecture Notes in Computer Science, Springer-Verlag. Madrid, Spain, 2005：121－132.

② LIU B, HU M & CHENG J. Opinion observer：analyzing and comparing opinions on the web. In Proceedings of WWW 05, the 14th International Conference on World Wide Web. Chiba, Japan, 2005：342－351.

③ MACDONALD C & OUNIS I. Overview of the TREC 2007 blog track, proceedings of TREC, 2007：342－351.

④ WILSON T, HOFFMANN P, SOMASONDARAN S, et al. Opinion Finder：a system for subjectivity analysis. In Proceedings of HLT/EMNLP 2005 demonstration abstracts. Vancouver, Canada, 2005：34－35.

⑤ SHADBOLT N, HALL W & BERNERS-LEE T. The semantic web revisited. IEEE intelligent systems. 2006：96－101.

⑥ ADRIAN B. Web 3.0 community launches for semantic web developers.（2019－06－19）[2009－12－02]. https：//www.zdnet.com/article/web－3－0－community－launches－for－semantic－web－developers/.

⑦ MACMANUS R. 5 ways sentiment analysis is ramping up in 2009.（2009－08－24）[2009－12－02]. http://digg.com.

三、网络内容的技术控制模式评价

（一）技术控制模式反映了多向反馈的向度

技术控制模式从整体来看强调了从信源到信宿在各个信道上的层层"把关"过程，显示了明显的线性因果取向，从某些方面反映了大众传播媒介所含有的单向传播的特点。但该模式也充分考虑到了信宿对控制过程的双向反馈，如分析控制环节所得出的分析报告，在某种程度上是一种控制效果的检验和体现。依照这种控制效果对先前控制环节具有的反馈作用，接入控制环节、过滤控制环节、编辑控制环节将进一步调整，改善控制技术，以更好地获得施控主体的目标效果。

传播模式（控制模式）的向度变迁经历了单向、双向、多向三个阶段。如果说多向传播模式是网络时代的重要转向，那么"多维网络"（Multidimensional Networks）、"多传播"（Multicommunicating）① 则是多向传播模式的理论基础。近年来 Web 2.0、语义网和网络基础设施的发展使人们意识到我们所面对的网络并非单一层面的，而是有着多种维度。在这种多维网络里，不同的人接入、创造、转载、编辑或引用同一个文件，不同的文件使用同一个数据得出结果，用来研究同一个数据的不同分析工具，等等。"人们同时使用多种媒体技术进行多种传播活动的过程就是所谓的'多传播'。多传播彰显了一种由用户控制的技术和行为切换。当前研究的重心已转向个人和群体如何将各种技术应用和媒介环境有机地交融在一起，从而构成人们日常生活的传播整体。"② 因而，网络内容的技术控制更需要考虑多维网络中网民传播行为的多样状态、流动轨迹和规律，以便作出更有针对性的控制技术调整。

（二）技术控制模式反映了研究范式的融合

传播研究范式一直以来以效果/功能范式和文化/批判范式为主。效果/功能范式以自由—多元的社会理论为基础，媒介常常认为或被认为在支持和表达这种基础社会观中扮演着重要的角色；多半关心传播（控制）效果和线性模式，

---

① REINSCH N L, TURNER J W & TINSLEY C H. Multicommunicating：a practice whose time has come? The academy of management review，2008，33（2）：391－403.

② 韦路：《新媒体研究何去何从？》，2009 年中国新媒体传播学年会论文，清华大学，2009 年。

无论这种效果是属于有意的（如政治与公共竞选活动）或者是无意的（如犯罪和暴力内容）。文化/批判范式倾向使用文化或政治—经济理论，拒绝传播的传送模式，对于媒介技术与信息采取一种非决定论的观点。① 两种范式似乎一直"积怨已深""水火不容"，但目前研究显示出了将两种范式逐渐融合起来的趋势。技术创新和媒体变革带来受众主体性的增强，由此带来文化批判范式在政治经济权利之上增加的技术控制权力。这两个方面的突破将批判性融入网络内容的技术控制模式，使其从单纯的控制效果模式发展为综合视角的效果/批判模式。网络传播环境将见证效果影响和意识形态的博弈和协商。

"技术本身的机械性，并不能灵活地处理各种具体问题。有控制技术就会产生相应的反控制技术。"② 因而，网络内容的技术控制模式不仅强调控制技术的功能效果，也注重反控制技术的批判解读，揭示了控制过程中隐含的技术控制权力关系。如针对接入控制环节，运用在线代理服务器（Proxy Servers）和其他欺骗技术可以来逃避网关和 IAP 的审查。代理服务器的名单可以在网上查找到，尽管这些代理服务器的 IP 地址经常很快被管理者封闭，但诸如 Anonymizer、Tor 之类的软件工具被设计出来以帮助用户摆脱这个问题，要么通过代理服务器的不断更新，要么通过安装软件以自动发现一些新的未查禁的代理服务器。此外，针对过滤控制环节，目前网络上流行的无界浏览软件，也可以突破绝大多数的防火墙和内容过滤限制。针对编辑控制环节，在开源软件的支持下被控主体也显示了强大的反编辑力量，如 WIKI、DIG 等。"WIKI 由网络志愿者协作编写，任何上网的人都能随意修改维基上的内容。""Digg 网站实质上是一个文章投票评论站点，它结合了书签、博客、RSS 以及无等级的评论控制。"③

（三）技术控制模式注重控制手段的综合

复杂网络（Complex Network）既不同于规则网络（Regular Network），也不同于随机网络（Random Network），它是遵循自组织原则生成的分形拓扑结构。复杂网络理论中的复杂性主要体现在④：

---

① ［英］丹尼斯·麦奎尔著，崔保国、李琨译：《麦奎尔大众传播理论》，北京：清华大学出版社，2006 年，第 42 - 44 页。
② 钟瑛：《网络内容管理的差异性与多元化》，《新闻大学》2003 年第 3 期，第 50 页。
③ 杜骏飞：《政治、社会与新型网络应用——2008 年中国网络传播研究的关键主题》，《中国地质大学学报》（社会科学版）2009 年第 4 期，第 95 页。
④ 贾国飚：《基于复杂网络的新闻传播控制策略研究》，《新闻界》2009 年第 2 期，第 35 页。

一是节点复杂性。组成网络的个体数目相当大，具有成千上万个节点（网络规模在 $10^4 \sim 10^7$），每个个体具有较强的独立性，即个体能独立地演化，具有很强的自主性。在某些复杂网络中，网络中的节点还可能具有分岔和混沌等复杂非线性行为。

二是结构复杂性。网络中的节点连接结构错综复杂，同时网络连接结构还可能随时间发生变化。例如，网络上每天都有新的页面、帖子、博文等产生和被删除，新连接关系也在不断地建立或取消。在某些网络中，节点间的连边还可能具有方向性和权重之分。节点间通过它们的连边相互影响，更加剧了系统的复杂性。

网络内容传播完全具有上述特点，其节点由各类网络媒介组成（网站、博客、贴吧、论坛等），各节点通过转载、链接、引用等形式组织在一起，形成了信息传播的拓扑结构。网络的节点和结构复杂性需要控制手段的多元化和灵活性。

技术控制模式的各个控制环节都试图体现多层次、多渠道、多角度的立体控制策略。如在接入控制环节，对国家骨干网络和 IAP 的网关和路由器进行把关就是宏观控制、直接控制的体现；在各个领域逐步推行的实名制就是随机控制、微观控制的运用。在过滤控制环节，在重要的 ISP、ICP 服务器上安装过滤软件就是一种集中控制或重点控制；在编辑控制环节，新闻信息的排序和置顶、强化相关文章的聚合和凸显则显示了间接控制和软控制的技巧。

"必须记住，运用模式（即使是处于启发性的目的）存在着某些风险。"① 如果一个模式是从一个庞大的多维、复杂网络中抽象出一小部分，而且所汇集的许多变量、条件均没有一个精确且单一的限定或定义，那么这种模式的缺陷是显而易见的。传播（控制）模式研究就是对临界条件（Boundary Conditions）不断设定的过程。"临界条件是指不同理论假设成立、不同理论关系形成的背景条件。临界条件甚至可以帮助我们准确判断传播过程何时从一种模式转向另一种模式。"② 随着新媒体技术的频繁更新，网络内容的技术控制模式尤其受制于临界条件的变化，它需要在控制技术和控制权力双重嬗变中不断得到检验和完善。

[本文原载于《中国地质大学学报》（社会科学版）2010 年第 2 期]

---

① ［英］丹尼斯·麦奎尔、［瑞典］斯文·温德尔著，祝建华、武伟译：《大众传播模式论》，上海：上海译文出版社，1987 年，第 4 页。

② 韦路：《新媒体研究何去何从？》，2009 年中国新媒体传播学年会论文，清华大学，2009 年。

网络新闻传播治理

…… ……

范式转型：对算法时代把关理论的结构性考察

算法的出现改变了信息内容的生产方式，传统视域下把关理论的基本范式面临结构性转型，即把关主体从人工到人工智能，把关关系从训示到迎合，把关机制从编辑到算法，把关内容从整体到碎片。算法把关范式也带来一系列的结构性问题：失去主体性的算法把关缺乏导向管理意识；基于用户画像的算法把关产生"过滤气泡"效应；不可见性的算法把关容易操控公共舆论；基于量的积累的算法把关排挤了高质量新闻。算法把关范式需要进行结构性治理：算法新闻的提供商要将人工与人工智能相结合，算法新闻的用户要提升自我"算法素养"，算法新闻的设计者要具有内心自律和社会责任，算法新闻的监管者要加强制度化建设。

一、传统把关理论范式的三个焦点议题

社会学家库尔特·卢因（Kurt Lewin）曾提出"守门人"的概念，用来描述影响食品行业内传播流的人和职业。卢因后来建议，其他产品如新闻报道，也可以以类似的方式进行研究。作为前记者的怀特（White）很快就接受了这个想法并创造出把关理论范式，用以说明在信息的流动中信息是怎么进行筛选和过滤的。

根据库恩的理论，范式通常指公认的科学成就，它们在一段时间里为实践共同体提供典型的问题和解答。把关理论的范式通常由把关主体、把关内容、把关对象、把关关系、把关机制、把关效果等要素构成。在库恩看来，关于事实的科学研究通常只有三个焦点。[①] 在把关理论中，我们认为，"把关主体"

[①] ［美］托马斯·库恩著，金吾伦、胡新和译：《科学革命的结构》，北京：北京大学出版社，2003年，第23页。

"把关关系"与"把关机制"共同构成了传统把关理论范式的三个"焦点"。

（一）把关主体的个性色彩

在传统把关理论中，把关主体是"那些在新闻媒体组织中占据战略决策职位的编辑人员"①。这些"把关人"控制着图片、文字等信息的流动，并且自治程度各不相同。② 怀特在"Mr. Gates"的经典案例研究中曾指出：报纸把关人的决定是"高度主观的"，依赖于"把关人"自己的经验、态度和对"新闻"沟通的期望。③ 此外，休梅克（Shoemaker）和里斯（Reese）所提出的影响力等级，也有助于我们全面了解新闻信息选择的这一进程。他们把影响新闻内容制作的五个层次的因素描述为个人、媒体工作常规、组织内部、媒体外部社会组织和社会系统（如意识形态、文化）。④ 显然，这些影响因素大都具有主观性。在信息选择过程中真正具有决定性的还是把关人的个人意志，以及在所谓"新闻专业主义"下对于新闻价值的个人判断。

（二）把关关系的单向支配

在包德维捷克（Bordewijk）与万卡姆（Van Kaam）描绘的四种传播模式中，传统把关主体和把关对象所呈现出来的把关关系，是一种"训示"和"登陆"的关系。对应于把关理论，这种"训示"和"登陆"可以分别将其描述为"支配关系"与"契约关系"。⑤

在支配关系中，单向性的传播决定了把关人拥有着至高无上的权力，而把关对象对于信息的选择则显得相当被动且无能为力。虽然契约关系的进化让把关对象能够对何种把关人作出自己的偏好性选择，但是从本质上来说，在信息的传播方面这种"发出"与"接收"的关系依然是单向的。甘茨（Gans）和吉

---

① O'SULLIVAN T, HARTLEY J, SAUNDERS D, et al. Key concepts in communication and cultural studies. London：Routledge, 1994：126.

② DEMERS D P. Effect of corporate structure on autonomy of top editors at U. S. Dailies. Journalism quarterly, 1993, 70（3）：499 – 508.

③ WHITE D M. The "Gate Keeper"：a case study in the selection of news. Journalism quarterly, 1950, 27（4）：383 – 396.

④ SHOEMAKER P J & STEPHEN D. Reese, mediating the message：theories of influences on mass media content. White Plains：Longman, 1996.

⑤ 罗昕：《结构性缺失：网络时代把关理论的重新考察》，《新闻与传播研究》2011 年第 3 期，第 68 – 76 页。

特林（Gitlin）认为，由于看门人缺乏直接的观众接触，所以反馈基本来自同行。① 虽然在传统的模式中，把关人和把关对象之间也能够产生些许互动，但是总的来说，把关关系依旧呈现出单向支配的模式：把关对象与把关人之间的协商互动很少，且内容不能进行共同生产。

（三）把关机制的编辑手段

在传统的新闻把关过程中，把关机制依靠的一直都是媒体从业人员所谓的"编辑手段"，体现在具体的媒体形态中就是报纸的"头版头条"、广播电视的"内容提要"、新闻网站的"首页"，就连论坛贴吧也存在着类似"置顶"的编辑现象等。

编辑过程中"把关人"的编辑手段决定了新闻信息的排列和取舍，而对于何种信息能够出现在"首页""头版"与"顶部"中，把关人则自有一套理论。一般来说，"头版"与"首页"中的事件往往需要满足特定的条件。根据约翰·加尔通（Johan Galtung）和马里·霍尔姆伯·鲁格（Mari Holmboe Ruge）的调查结果，这些条件、价值或标准包括"频率、阈值、不确定性、意义、一致性、不可预测性、连续性、组成、对精英国家的引用、对精英人士的引用、对人物的引用和对某些负面因素的引用"②。在现实生活中，不管是报纸新闻还是网页新闻，这 12 个标准在信息的呈现中具有普适性。因此我们认为，在普遍意义中，它们一定程度上代表了编辑手段的模式和标准。

二、算法对传统把关理论范式的结构性重建

一般来说，算法是指对解题方案准确而完整的描述，是一系列解决问题的清晰指令。算法可以被理解为"解决问题的机制"，即"与某些特定信息的关联自动分配"③。算法在新闻传播领域的应用已逐渐日常化，如在新闻线索方

---

① GANS H J. Deciding what's news: a study of CBS Evening News, NBC Nightly News, Newsweek and Time. New York: Vintage, 1980; GITLIN T. The whole world is watching: mass media in the making and unmaking of the new left. Berkeley: University of California Press, 1980.

② GALTUNG J & RUGE M H. The structure of foreign news. Journal of peace research, 1965, 2 (1): 70 - 71.

③ NATASCHA J & LATZER M. Governance by algorithms: reality construction by algorithmic selection on the Internet. Media, culture & society, 2016, 39 (2): 238 - 258.

面，算法的"全网自动收集"展现出了"千里眼""顺风耳"的优势；在写作方面，写作机器人依靠算法进行自动撰稿；在编辑方面，很多移动客户端"去编辑化"，在信息的选择与呈现上全部依靠算法推荐。算法驱动的新闻生产场景，使过去的传统把关理论面临着结构性范式转型。

（一）把关主体：从人工到人工智能

算法时代把关主体的变化体现为新闻生产者由专业人员转向人工智能，新闻信息经由算法推荐，直接被推送到用户的移动端。在新的算法推送模式下，传统媒体"把关人"的角色正在被大大弱化甚至有时变得不复存在。长期以来，记者们一直认为，向公众提供特定信息的任务，以及确定其他信息不值得看，是他们职业职责的核心。[①] 在班尼特的多级门卡模型中，新闻内容是由四个主要新闻门卡之间的相互作用形成的，这四个新闻门卡分别是：记者的新闻价值判断、新闻采集的组织常规、经济约束以及信息和通信技术。[②] 但算法时代新闻内容的生产显然已经大大简化了这一过程，所谓的事实和数据甚至不需要通过任何大门，就可以通过人工智能直接呈现在内容分发平台上。

如今互联网的数字创新将人类与越来越多的信息、数据联系起来。"智能算法现在正在协调我们与这一知识体系的大部分交互，同时也在我们之间进行交互，并拥有无限的手段来操纵我们。"[③] 具有算法技术的平台不仅通过社交网络和搜索引擎来管理我们的信息行为，而且还控制着我们的娱乐活动（如Netflix）、购物餐饮（如 Amazon）、爱情生活（如 Tinder）、人际交流（如WhatsApp）等，旨在收集尽可能多的数据交互，以用于各种目的如利润和监测等。[④] 脸书、推特在算法运作方式上也都极为类似，都是"利用用户的行为和

---

① SHOEMAKER P J & VOS T P. Gatekeeping Theory. New York：Routledge, 2009.

② BENNETT W L. Gatekeeping and press-government relations：a multigated model of news construction. In KAID L L. Handbook of Political Communication Research. Mahwah：Lawrence Erlbaum, 2004：282 – 313.

③ VAN OTTERLO M. Automated experimentation in walden 3.0：the next step in profiling, predicting, control and surveillance. Surveillance and society, 2014, 12（2）：252 – 272.

④ VAN OTTERLO M. Gatekeeping algorithms with human ethical bias：the ethics of algorithms in archives, libraries and society.（2018 – 01 – 05）［2018 – 04 – 07］. https：//arxiv. org/abs/1801. 01705.

表达的偏好提供特定的新闻内容"。① 这些算法驱动的平台在给用户提供建议的功能层面上向前迈了一步，做出了哪些内容将被消费、哪些内容将被忽略的最终决定。因此，这些例子也都显示出算法被识别为具有"政府权力"和"守门功能"的作用。②

在人工智能时代，我们周围的一切信息将是由智能算法进行选择和过滤之后得到的结果，算法扮演着隐形把关人的角色，并且已经成为我们现实生活当中的一部分。"智能算法正在监测和决定知识体系的增长，它们自己生成数据，它们决定我们（人类）获得世界的观点的内容和广度。算法因此成了我们追求知识的最终管理者和把关人。"③

（二）把关关系：从训示到迎合

吉尔伯（Gieber）曾说：新闻的选择"与读者的需求没有直接关系"④。事实上，算法时代，新闻的选择与用户的需求有直接关系，且有着决定性的关系。

据调查显示，推特对传统的把关方式提出了挑战，因为用户从大量不同的来源获得信息，而这些信息大多不是传统的媒体组织；尽管传统媒体在推特上是非常活跃的用户，但普通用户收到的推特中只有 15% 是直接从传统媒体渠道收到的。⑤ 另一项对于受众新闻选择的调查也证实了这一点：尽管传统媒体积极地将推特作为另一个广播场所，但个人用户的选择过程并不一定是由传统媒体主导，而是更多地包含各种不同类型的信源。⑥ 这些研究结论反映了在闭环式新闻生产模型中，媒体和用户的关系发生深刻变化，传统把关人的支配权力已经不起作用。一定意义上说，新闻生产的主导权、新闻信息的选择权部分甚

---

① BUCHER T. Want to be on top? Algorithmic power and the threat of invisibility on Facebook. New media & society, 2012, 14（7）：1164 – 1180.

② BUCHER T. A technicity of attention: how software "makes sense". Culture machine, 2012 （13）：8 – 9.

③ VAN OTTERLO M. The libraryness of calculative devices, in algorithmic life. London: Routledge, 2016：35 – 54.

④ GIEBER W. How the "Gatekeepers" view local civil liberties news. Journalism & mass communication quarterly, 1960, 37（2）：199 – 205.

⑤ BASTOS M T, RAIMUNDO R L G & TRAVITZKI R. Gatekeeping Twitter: message diffusion in political hashtags. Media, culture & society, 2013, 35（2）：260 – 270.

⑥ KWON K H, OH O, AGRAWAL M, et al. Audience gatekeeping in the Twitter service: an investigation of tweets about the 2009 Gaza conflict. AIS transactions on human-computer interaction, 2012, 4（4）：212 – 229.

至全部交回用户。用户有着什么样的喜好和需求，算法就会推送什么样的内容。这种新型的把关关系带有"迎合"的特征，把关人不再高高在上享有支配权，反而是把关对象对把关人具有一定程度上的支配作用。

根据场域理论，算法新闻推送摆脱了来自内部编辑与外部场域规则的制约，新闻生产场域边界得到扩张。机器作为生产者与分发者，实现新闻生产场域的"他治性"向"自治性"的转变。这种转变体现出把关关系从"训示关系"到"迎合关系"的变化，也深刻凸显了把关对象（用户）作为主体地位的上升。

（三）把关机制：从编辑到算法

编辑是传统媒体把关的重要手段，决定着新闻信息最终呈现的样态。新媒体环境下，算法正在蚕食传统媒体机构的许多核心功能，如采编流程、生产决策等。在一项针对算法在媒体生产和消费过程中运作方式的研究中，研究者发现算法的许多功能与被赋予传统媒体机构的功能之间有很多的相似之处。[1] 算法把关似乎在很多方面超越了编辑把关。简·克雷福特（Jan Kreft）曾以"造物主"（Demiurge）来隐喻算法的神秘、无错误、不受影响。他认为，"算法是被视为强大的实体，可以通过其他方式对世界进行排序、调节、分类或排列。算法将我们的知识安排有序。与此同时，在希腊神话中，阿里阿德涅（Ariadne）为忒修斯（Theseus）提供了线索，帮助他走出了弥诺陶洛斯的迷宫"，"算法就是由一个媒体组织提供的神秘礼物，帮助我们摆脱信息混乱（迷宫）；且对于用户来说，算法作为一个特殊的值，让他们避免了不相关的信息（在迷宫中错误的跟踪）"。[2]

算法根据所要达到的目的，能促进用户活动的共享以及新闻信息的自动排序。[3] 在新闻传播领域，算法程序一般有着四种把关机制。一是内容生产机制，

---

① NAPOLI P M. The algorithm as institution：toward a theoretical framework for automated media production and consumption，May 5，2013. https：//fordham. bepress. com/mcgannon _ working _ papers/26，April 7，2018.

② KREFT J. Algorithm as demiurge：a complex myth of new media. In ROMAN B & ANNA S. strategic imperatives and core competencies in the era of robotics and artificial intelligence. Hershey：IGI Global，2017：146－166.

③ WALLACE J. Modelling contemporary gatekeeping：the rise of individuals，algorithms and platforms in digital news dissemination. Digital journalism，2018，6（3）：274－293.

如腾讯财经的自动化新闻写作机器人 Dream Writer，搜狐的智能股市播报系统"智能报盘"，新华社的媒体人工智能平台"媒体大脑"。二是内容分发机制，如今日头条、天天快报，通过智能计算用户的网上活动，绘制用户的兴趣图谱或画像，将各个端口的内容通过算法进行大众化或个性化推送。大众化推送形式有"热搜榜""超级话题"等，个性化推送形式有"关注""推荐"或许多类似于"喜欢这个视频的也喜欢看……"等。三是内容监测机制，如脸书开发了一套人工智能系统来监测 Facebook Live 和 Messenger 中的不良有害信息。四是内容核实机制，如今日头条、微信等平台通过算法进行假新闻、谣言的甄别。

这几种算法的把关机制虽然各不相同但是互不干扰。在实际应用中，越来越多的平台采取多种算法程序相结合的策略。在新型的算法把关机制下，从编辑到算法的改变让新闻信息的生产、推送和监测更为快捷精准，以算法为主导的把关机制也达到了更好的传播效果与使用效果，这也是众多资讯平台都热衷于提供算法推荐和个性化服务的原因。

（四）把关内容：从整体到碎片

信息行为理论认为，个体的信息行为主要分为信息搜寻、信息浏览和信息偶遇三种类型，但是在算法时代之下，受众搜寻信息的行为模式已经发生一定程度上的改变，即受众搜寻信息的效率提高，信息浏览和信息偶遇的机会减少，且接触其他方面信息内容的机会减少。

科恩曾说，媒介在告诉受众怎么想可能收效甚微，但告诉受众该想什么时却效果明显。同样，丰富的在线渠道能以多种方式构建新闻事件的不同框架。因此，"通过选择接收和传播信息的不同渠道，可以影响受众对问题的解读"[①]。在算法模式下，我们浏览信息时一个很大的不同就是，虽然是同一个平台，但是不同的人在面对同一个问题时，所能获得的消息偏向是有所不同的。伊莱·帕里瑟（Eli Pariser）在 TED 上的一场演讲中提到，他曾叫他的几个朋友就"埃及抗议"事件去谷歌上搜索关键词"埃及"，结果显示，不同人的搜索结果页面存在着很大的不同。一位叫丹尼尔（Daniel）的人，在一页谷歌搜寻结果里完全没有得到任何有关"埃及抗议"事件的信息。而另一位叫斯科特

---

① KWON K H, OH O, AGRAWAL M, et al. Audience gatekeeping in the Twitter service: an investigation of tweets about the 2009 Gaza conflict. AIS transactions on human-computer interaction, 2012, 4（4）: 212-229.

（Scott）的人的搜寻结果里，却满满都是关于"埃及抗议"事件的信息。而特别值得注意的是，"埃及抗议"事件在当时是当天的头条新闻。在算法的内容把关上，与此相似的例子还有很多，如在美国的弗格森案中，脸书的机器算法也针对一些用户推送出许多态度不同甚至是与该案件完全不相关的内容等。

所以，在算法的把关下，一方面用户喜好的信息在不断增多，另一方面用户所忽视的消息也在逐渐增多。信息内容的呈现与用户的口味似乎不断契合，新闻的态度和观点却要比以往更为多样、分散。由此算法把关所呈现的内容生产方式，也从流水线式的整体化走向马赛克式的碎片化。

三、算法把关范式的结构性问题

虽然智能算法推荐与人工推荐相比有着投入产出比更高、覆盖面更广、个性化程度更高的优势，但算法作为一种新的把关范式，也难免给新闻传播秩序带来一系列问题。路透社发布的 2016 年数字新闻报告显示，各国受访者都对社交媒体平台的算法推荐机制可能带来的负面影响表示关注，68% 的挪威人、65% 的英国人、50% 的美国人担心"我错过了关键信息"，67% 的挪威人、61% 的英国人、59% 的美国人担心"我可能错过了有挑战性的观点"，54% 的挪威人、49% 的英国人、49% 的美国人认为"影响了我的隐私"[①]。

（一）失去主体性的算法把关缺乏导向管理意识

智能算法推荐有可能进一步加剧群体偏见与社会冲突。在算法的环境中，即使数据再多，也无法完全捕捉人们生活的全貌和完整的经历，"算法在描绘社会现实的同时也体现出现实中的偏见，于是它们可能有利于白人男性，而不利于女性、老年人、单亲父母、有色人种、移民、穆斯林、非英语居民等。事实证明，新生的人工智能推特机器人可以在几个小时内成为白人至上主义者，自动生成的标签将非裔美国人的照片分类为大猩猩，而在谷歌上搜索'拉丁裔女

---

① Reuters insititute：digital news report 2016.［2018 - 04 - 07］. http://www.digitalnewsreport.org/.

同性恋者'只提供色情内容"①。显然，算法从受相同偏见影响的内容中学习了更多的偏见，这些认知偏见经网上广泛传播后会导致更为广泛的社会冲突。

由于人类语义的复杂性，算法至今也不能对其进行逻辑上的推理以及因果关系的分析。以语义解析为例，人工智能和算法在语言的识别上可以达到与人类相媲美的识别度，但是对于语句背后所暗含的意思，人工智能和算法却并不能对其进行准确理解，从而撰写出与事实不符的虚假新闻，报道了不该报道的内容等。如拉斯维加斯枪击案发生后，优兔（YouTube）根据用户的浏览记录以及点赞记录进行推荐的算法，以一段声称阴谋论的视频大肆传播为起点，让大量损害儿童身心健康的邪典视频在算法的驱动下得到广泛传播。

无疑，把信息是否可见的权力完全交给机器、算法，会导致平台上出现一个"自我实现的歧视性反馈循环"，从而导致一个"垃圾进、垃圾出"的局面。显然，人工智能和算法在实际应用当中经常会参与甚至直接作出决策，而放任型的做法不仅失去了导向管理的主体性，同时也带来真实社会中更多不可控制的风险。

（二）基于用户画像的算法把关产生"过滤气泡"效应

算法基于用户画像为用户推荐相关内容。因此在数据的积累之下，算法不断给用户提供支持自己现有意见的内容，而一定程度上阻止了其他内容和少数人的声音能被看到或听到。在这种环境之下，"过滤气泡"诞生了。

"过滤气泡"指基于算法的搜索引擎，创建了一个我们每个人独特的全局信息，在算法的过滤之下，我们自认为看到了事情的全部，但实际上，我们始终只是沉浸在自己所偏好的信息世界里。"过滤气泡"与"信息茧房"相类似。"信息茧房"指在信息传播中，我们只听我们选择的东西和愉悦我们的东西的通信领域，② 久而久之便建立起了信息的"茧房"。算法把关带来的"过滤气泡""信息茧房"现象框限了我们的视野，对我们的公共生活也会造成一定程

---

① GASPAROTTO M. Digital colonization and virtual indigeneity：indigenous knowledge and algorithm bias. Paper Submitted to the 2017 Annual Conference of the Seminar on the Acquisition of Latin American Library Materials（SALALM），April 7，2018. https：//doi. org/doi：10. 7282/T3XG9TFG.

② ［美］凯斯·R. 桑斯坦著，毕竞悦译：《信息乌托邦——众人如何生产知识》，北京：法律出版社，2008 年，第 8 页。

度上的影响，人们会被算法分割成更具偏见、相互分裂的群体。① 比如 2016 年的美国总统大选，脸书所基于算法的推荐，就一度对部分选民造成了极大影响。

"过滤气泡""信息茧房"现象所呈现的内容越来越单一、态度越来越偏激、格局越来越狭小，让人们活在参与的自我想象之中，而在想象的泡沫之外，它实际上却颠覆了社会真实的面貌，让用户犹如井底之蛙一样看不到外面更为全面的世界。回顾互联网诞生之初，其优势就是让人们能够有机会接触到外面更广阔的世界。可如今，在算法把关下，用户在一味追求自己喜好的同时显然已经背离了技术发展的初衷。

（三）不可见性的算法把关容易操控公共舆论

当今，"社交圈逐渐成为舆论产生、新闻传播、丑闻和动员的可行媒介"②，社交媒体也已经成了政治、社会生态系统的一个稳定的组成部分。在社交媒体活动中，"注意力、影响力和地位的流动将塑造网络化的公共领域，以及民主政治的未来"③。值得注意的是，这种新的塑造却往往不是积极的塑造，因为在算法的推荐下，少数群体的声音几乎不会被听到。2017 年皮尤研究中心的报告曾提到，"算法决策导致了少数群体永久不公正地被忽略，公共利益已成为一种名誉扫地、过时的旧物"；"在一个日益由人口中微小的、非常优越和绝缘的人口占据主导地位的经济系统中，它（算法）将在很大程度上复制不平等，为他们带来好处"。④

算法如今可以轻而易举地操纵公共舆论的进程，我们越来越依赖于算法来告诉我们什么重要、什么不重要。算法在设计操作上的不透明性，能够让接触算法的人有机可乘，并进一步被权势集团所利用，以便操纵他人的行动或篡改事件结果等。罗宾·卡普朗（Robyn Caplan）和达纳·博伊德（Danah Boyd）曾发现脸书和谷歌上的算法操作可能会影响美国和印度的投票模式。乔纳森·齐

---

① PARISER E. The filter bubble：what the Internet is hiding from you. London：Penguin Press，2011.

② FARRELL H & DERZNER D W. The power and politics of blogs. Public choice，2008，134 (1/2)：15 – 30.

③ SHAW A. Centralized and decentralized gatekeeping in an open online collective. Politics & society，2012，40（3）：349 – 388.

④ RAINIE L & ANDERSON J Q. Code-Dependent：pros and cons of the algorithm age. A report from the Pew Research Center.（2017 – 02 – 08）［2018 – 04 – 07］. http：//www. pewintern et. org/2017/02/08/code – dependent – pros – and – cons – of – the – algorithm – age/.

特林（Jonathan Zittrain）也指出，脸书的研究尤其表明了一种潜在的新现象——"数字化的不公正划分"。这一术语代表了平台所有者的潜力，他们控制着网络通信和信息系统的底层算法，从而无意识或有意地操纵算法来满足他们的兴趣。[①]

算法"黑箱"的运作方式、不可见的把关机制，也为不知名事件的曝光（公关）提供了很广泛的机会。追求短期利益的公司可以利用算法进行促销、销售等活动，或将寻求自我利益包装成社会利益。如商业或其他权势集团花钱就能够在所谓"热搜榜""热门话题"上呈现出自己想要呈现的内容。显然，在各方权力的争夺下，不透明的算法把关，被用于为那些已经拥有社会地位和影响力的人的利益服务，有失客观、民主与公平公正，违背了新闻生产中的基本伦理与道德。

（四）基于量的积累的算法把关排挤了高质量新闻

如果说过去的编辑把关，把的是"质量关"，那么现在的算法把关，把的则是"数量关"。在过去，对于把关人来说，新闻信息质量越高越好，因为质量越高，就越能满足口味挑剔的受众；而现在，对于算法来说，新闻信息的数量越多越好，因为数量越多，就越能满足口味偏好不同的受众。且在算法平台的分发机制下，新闻资讯的热度要远比质量来得重要，所以各大平台上也都出现了被广受诟病的"标题党"现象。

对于用户而言，虽然他们心理上想要在网络空间上寻找最有价值、最可靠的信息，可在实际的应用中，他们会去阅读那些如甜点一样好吃易消化并且能够充分满足自我阅读欲望的文章（或短视频、图片）。来自脸书内容实验室的史蒂芬·里维（Stephen Levy）将这个搜索用户心口不一的现象解释为对"甜点式阅读"的偏好。一方面由于人类本能地在信息选择上会偏好于轻松的娱乐八卦内容，而另一方面算法的机制会推动这些消息在平台上获得更多的曝光机会，从而导致在分发平台上这些消息挤压掉其他可能更重要信息的生存空间。不得不说，这种媒体一味迎合用户而丧失自我判断与引导的做法，让传播平台丧失

---

① CAPLAN R & BOYD D. Who controls the public sphere in an era of algorithms？ mediation，automation，power，contemporary issues and concerns primer. Data & Society Research Institute.（2016 – 05 – 13）［2018 – 04 – 06］. https://datasociety.net/pubs/ap/MediationAutomationPower_2016.pdf.

了其作为社会引领者的意义与价值。

算法新闻打着技术中立的幌子，把相应的信息推送给相应的人，实际上和所谓的"有闻必录"没有区别。这种"有闻必录"的纯客观行为不可避免地会出现"持续传播色情低俗信息、违规提供互联网新闻信息服务"等问题，导致"劣币驱逐良币"效应，使得高质量新闻不可见。在算法时代，我们应当认清，选择、塑造和呈现新闻内容是一个系统的过程。把关应当基于质的判断，因为"新闻不应是一种被操纵和营销的产品，而是历史的精华"①。

四、算法把关范式的结构性治理

巴尔齐莱（Barzilai-Nahon）曾说，"我们在关注把关人的角色和行动时，严重忽略了那些被把关人的决定而影响的人"。② 在算法作为一种把关新范式中，如何让这些被影响者积极影响着算法"把关人"的决定，是推动算法不断走向自我革新的重要路径。"利益相关者模型"为我们改良算法把关提供了策略性启示。在新闻传播的算法把关中，涉及的利益主体主要包括算法新闻的提供商、算法新闻的用户、算法新闻的设计者以及算法新闻的监管者。这些利益相关者处于同一个生态系统中，彼此之间既各司其职又相互协作。

（一）算法新闻的提供商要将人工与人工智能相结合

曾经，传统媒体把关者在保持专业新闻来源的准确性和可信性方面扮演着至关重要的角色，而这些新闻源必须依赖于对世界事件的清晰看法。③ 而算法无法对现实世界有着清晰的看法，无法对新闻来源作出准确性和可信性方面的判断。此外，算法难以有效防止低俗、虚假、导向有误的内容，也难以对重要新闻进行自动置顶、加权或排序。在更高层次上，算法也难以承担环境监视、解释与规定、社会教育等功能。这些缺陷都需要人工对内容进行进一步的干预。

近年来，我们已经看到一些曾经完全依靠算法的内容分发平台开始了相应

① SCHWALBE C B, SILCOCK B W & CANDELLO E. Gatecheckers at the Visual News Stream. Journalism practice, 2015, 9（4）: 465–483.

② BARZILAI-NAHON K. Gatekeeping: a critical review. Annual review of information science and technology, 2015, 43（1）: 1–79.

③ SCHWALBE C B, SILCOCK B W & CANDELLO E. Gatecheckers at the Visual News Stream. Journalism practice, 2015, 9（4）: 465–483.

的转变。谷歌公司 2018 年正在招聘大量审核员，以减少视频网站优兔上"有问题的内容"，对于网站上的广告也将有更严格的限制，还通过对 13 个新闻来源进行分类来处理虚假新闻并对其进行标记。优兔的信任和安全团队在 2017 年上半年，已经查到有关暴力极端内容的近 200 万个视频。脸书也积极地检测与恐怖主义有关的言论，并引入一种被业界观察人士称为"Facebook Panda"的过滤式过滤软件，旨在不受歧视地对待每一份内容。[①] 2018 年 1 月，此前一直号称"只做新闻的搬运工"的今日头条，也启动了大量内容审核编辑人员的招聘。因此，在算法技术之下，传统把关人的地位仍然不可缺失，我们仍然需要传统把关人来对算法进行必要的辅助与支持，以达到主观与客观相结合的双重保险。在算法决策之外，人类还是有必要进行最后的价值判断与风险控制。

（二）算法新闻的用户要提升自我"算法素养"

算法作为一种新技术，绝大多数人对它的认知都停留在"知其然而不知其所以然"的层面。伊斯拉米（Eslami）等学者曾特意考察过"算法意识"，即人们意识"我们日常数字生活充满了算法选择的内容"的程度。他对 40 个脸书用户进行研究，发现"超过一半参与者（62.5%）没有意识到新闻推荐筛选"。[②] 而由于算法代码的不可见性让大部分算法新闻的用户都不清楚其运行的过程，所以对于算法技术可能会给我们带来的危害与威胁，很多用户并不知情。在算法时代，如今那些沉迷于算法推送新闻，在信息迷宫中被算法带着往前跑的人，毫无疑问地也成了现在新时代下的"算法土豆"。

提升算法素养，一方面大力推动一些与算法有关的科普书籍进学校、进课堂、进办公室、进社区、进基层，使广大用户对算法的机制与运作原理有一个基本的认识；另一方面，算法新闻提供商要采用多种标注提醒方式以弥补新闻消费中的裂痕。如今一些新闻 App 会根据新闻倾向和用户阅读习惯标注出"左倾"和"右倾"的程度并作出警示，谷歌浏览器的"逃离泡沫"插件也旨在为用户提供一些内容积极、可被接受的文章。虽然这些方式对用户逃离"过滤气

---

① SIRICHIT M. Censorship by intermediary and moral rights: strengthening authors' control over the online expressions through the right of respect and integrity. Journal of law, technology and public policy, 2015, 1 (3): 54 – 59.

② ESLAMI M, RICKMAN A, VACCARO K, et al. Reasoning about invisible algorithms in the news feed. In Proceedings of the 33rd Annual SIGCHI Conference on Human Factors in Computing Systems. New York, 2015: 153 – 162.

泡"可能起到的作用不大,但是总的来说,让用户养成一种"兼听则明"的思维方式,才是解决问题的关键所在。

(三)算法新闻的设计者要具有内心自律和社会责任

卡尔森(Karlsson)曾区分了新闻透明度的两种方式:公开透明,即"生产者可以公开新闻的选择和产生方式";参与性透明度,即"用户被邀请参与新闻制作过程中的不同阶段"[①]。但目前来看,无论是哪一方面,算法依旧具有很强的神秘性。很多算法在诞生之初就带着算法设计者的自身偏见。具有社会影响力的算法新闻平台作为带有一定意义上公共属性的机构,理应具有内心自律和社会责任。2017 年 1 月 17 日,在美国加州太平洋的 Asimolar 会议上,来自世界上最重要的人工智能研究人员共计 1 600 多人共同签署了一份"有益人工智能 23 条原则"的自律清单,这一行为无疑是该领域的一大进步。

2017 年的皮尤报告中指出,算法必须是可理解的、可预测的、可控的,以便用户能够理解其使用的影响,并且必须接受持续的评估,以便批评者能够评估偏见和错误;(算法)缺乏问责制和完全不透明是令人恐惧的。[②] 多明戈(Domingo)和海基拉(Heikkilä)曾确定了媒体问责的三个关键原则。第一,演员的透明度要求记者公开地向公众展示他们是谁,甚至提供个人信息。第二,生产透明度有助于显示新闻是如何收集和产生的。第三,对新闻制作过程和制作的回应,促进了观众的批评和反馈。[③] 将这三个媒体问责原则放置于算法之上也是适用的。建立相应的审核和问责机制,在保障算法伦理以及提高内容的质量、可信度方面都具有重要的意义。

(四)算法新闻的监管者要加强制度化建设

首先,算法有责任保护用户数据隐私。对于算法新闻的用户而言,其在平台使用过程中所产生的数据以及任何痕迹都属于隐私。2018 年 3 月,脸书与剑

---

① KARLSSON M. Rituals of transparency. Journalism studies, 2010, 11 (4): 535 – 545.

② RAINIE L & ANDERSON J Q. Code-Dependent: pros and cons of the algorithm age. A report from the Pew Research Center. (2017 – 02 – 08) [2018 – 04 – 07]. http://www. pewinternet. org/2017/02/08/code – dependent – pros – and – cons – of – the – algorithm – age/.

③ DOMINGO D & HEIKKILÄ H. Media accountability practices in online news media. In SIAPERA E & VEGLIS A. Handbook of global online journalism. Chichester: John Wiley, 2012: 272 – 289.

桥分析（Cambridge Analytica）的 5 000 万用户隐私泄露风波引发全球关注。欧盟在 2018 年 5 月 25 日正式生效的《通用数据保护条例》中表明：只要实际处理了个人数据，信息控制者和处理者就有义务保护个人信息安全。且在信息的处理上，处理个人数据必须要有合法理由。此外，关于算法在"默认同意"的设置上，2017 年的支付宝账单也引发了巨大舆论风潮。欧盟的《通用数据保护条例》对"个人同意"的规定表述为"同意必须是具体的、清晰的，是用户在充分知情的前提下自由做出的，个人沉默、提前勾选以及静止状态等，不足以认定个人表达了同意"。

其次，算法有责任提供真实、客观、中立、有用的内容。2016 年 4 月，曾因百度涉嫌医院虚假广告信息而引发的魏则西事件成为社会关注焦点。2016 年 6 月 25 日，国家网信办便发布《移动互联网应用程序信息服务管理规定》，强调"互联网信息搜索服务提供者应当提供客观、公正、权威的搜索结果，不得损害国家利益、公共利益，以及公民、法人和其他组织的合法权益"；"提供付费搜索信息服务，应当依法查验客户有关资质，明确付费搜索信息页面比例上限，醒目区分自然搜索结果与付费搜索信息，对付费搜索信息逐条加注显著标识"。

最后，传统成熟的规章制度可适当地沿用于算法平台。算法新闻作为目前的新生事物，在市场运作的规范化与制度化建设还不够完善，所以过去成熟的传统规章制度也可适当地沿用于算法平台上。如在英国，现行司法审查法足以覆盖政府部门对算法的规制。司法审查允许法官评价公共部门采取决策的合法性。因此法官能决定输入到算法的数据是否正确、相关和合理。公共部门基于算法给出的输出所采取的最终决策要受到司法审查，如询问最终决策是否合比例、合法和合理。这一司法介入的手段或许值得我们参考。

五、结语

如今，算法媒体正在成为全世界民众的主要新闻提供者，也正在结构性重构传统把关理论范式，但是重构之后的算法把关范式也无疑显示出它目前存在的弊端。算法中用到的数学知识最初是"提炼自这个世界，来源于这个世界"，而现在则"开始塑造这个世界"。但是算法所推荐的，真的是我们所喜欢和需要的内容吗？就目前的情况而言，流动社会实际上比以往任何时候都更需要算法设计者、算法媒体提供商充当信息流动的"感知者"和"事实核查者"。而对于算法设计者而言,在理解算法的运作原理之后,也应清醒地明白,算法的根源应该是为人类服务,而不是蒙蔽或左右人类的选择,让人类作茧自缚。

(本文原载于《新闻界》2019 年第 3 期。作者:罗昕、肖恬)

结构性缺失：对网络时代把关理论的重新考察

把关理论的基本结构由把关人、门卡、把关对象、把关机制、把关关系等要素组成。传统把关理论的主要贡献在于对把关人、把关过程和把关分析层次的重视，而忽视了对把关对象、把关关系、把关机制等要素的研究，导致了结构性的缺失。在网络时代，把关理论研究需要进行结构性调适，如从沉默到挑战的把关对象，从支配到对抗/协作的把关关系，从单一到多元的把关机制。基于以上要素的层次分析，本文提出了动态化、透明度、复杂性是网络时代把关理论结构性研究的三大趋势。

一、网络时代传统把关理论的结构性缺失

传统把关理论的历史源头，来自社会心理学家勒温（Kurt Lewin，1943）在《心理生态学》一书中提出的"渠道理论"（Channel Theory）。他在此研究中提出了把关人、门卡、把关过程等概念。怀特（White，D. M.，1950）将其开创的把关人理论首先直接引入新闻学，被《新闻学季刊》（*Journalism Quarterly*）称为把关理论领域的第一项研究。由此，"把关人"成为新闻传播学领域的重要议题。拉索萨（Lasorsa，2002）从以往传统文献中总结了把关理论与社会控制、议程设置、语义学、框架、信息扩散等诸多理论之间的勾接。[①]

传统把关理论研究的集大成者——美国传播学者休梅克（Shoemaker，2009）的著作《把关》，在全面考察以往众多把关人研究成果的基础上，比较全面地建构了传统把关理论的基本框架，展现了传统把关理论研究的历史脉络

[①] LASORSA D. Diversity in mass communication theory courses. Journalism & mass communication educator, 2002, 57 (3): 244 – 259.

和发展逻辑，集中映射了传统把关理论的两大研究成果。① 一是把关过程：传统文献中的把关过程即选择过程（Lewin，1951），休梅克（1991）将"把关"定义为："把关是一个选择过程，通过这个过程，将某天世界上获得的上百万信息削减、转变成上百个信息传达到某个人。"直到十年后，休梅克（2001）承认一个更宽泛的把关概念："不管怎样，把关过程被认为不仅仅是由选择构成的……事实上，大众传播中的把关被看作新闻媒介建构社会现实的整个过程，而不仅仅是一系列的'进'和'出'的决定。"② 二是把关分析层次：休梅克把自勒温以来不断发展的把关人理论和模式分为五大类。①个人层次，指个人负责把关选择的程度，由个人解释、决策、个性、背景、价值观、角色等概念构成；②媒介工作常规层次，指"媒介人员用于工作的这些模式化的、按部就班的、周而复始的实践形式"；③组织层次，包括不同组织、不同群体决策模式下的内部因素；④媒介外社会团体层次，主要集中于影响把关过程的各类组织及其代表的外在特征（包括市场力量、政治联盟）；⑤社会系统层次，探究意识形态和文化对把关的影响。

把关理论作为描述信息控制的一种范式，依照控制论基本模式，其基本结构应由把关人、把关内容、把关对象、把关关系、把关机制（手段）、把关效果（反馈）等要素组成。其中把关内容和把关效果一直是传统把关理论的研究对象。至于把关人则是把关理论研究的滥觞，成为把关理论的研究重点。在网络语境中，"勒温所说的'信息的传播网络中布满了把关人'仍然存在，把关人的主要影响因素仍然具有适用性"③。但与传统把关人相比，网络语境中的把关人在具体主体上更为多元，从权威和功能两个维度来看，包括政府层次、产业规制者层次、网络服务商（如接入提供商、搜索提供商、门户提供商、内容提供商、虚拟社区提供商等）、媒介工作者（从消极堵塞到积极引导，从封闭式到开放式管理）、个人层次（如阻止孩子接近不合适的在线内容的父母，使计算机不受病毒和蠕虫感染的用户，维护博客边界的博主等）。

在传统把关理论文献中，我们没有发现"把关对象""把关关系"等关键

① SHOEMAKER P J & VOS T. Gatekeeping theory. New York：Routledge，2009.

② SHOEMAKER P J，EICHHOLZ M，KIM E，et al. Individual and routine forces in gatekeeping. Journalism and mass communication quarterly，2001，78（2）：233–246.

③ ARANT M D & ANDERSON J Q. Newspaper online editors support traditional standards. Newspaper research journal，2001，22（4）：57–69.

要素或者说术语，"把关机制"也仅局限于对信息的"选择过程"。卡芮·芭兹莱-纳昂（Karine Barzilai-Nahon，2008）在研究 1995—2007 年新闻传播学领域的把关理论文献后发现[1]：一是文献的主要分析单元并没有超越个体层次，把关人被看作一个集体、机构或公司的一部分。面对新技术和信息实践的变革，大多数研究仍然在运用传统的把关框架，忽视这些把关对象的角色，包括他们在这个把关过程中的权力和影响。二是大多数文献把"把关"看作一个静态的现象。把关角色的进化一直被描述为线性的，把关人的权力随着时间不断增长。休梅克尽管注意到在 21 世纪"假如把关理论要发展，还需要有新的或修正的方法"[2]，但未能对当前把关理论的结构性缺失作出调适。互联网带来的新传播语境使得我们有必要重新考察把关理论的学术话语。

二、网络时代把关理论的结构性调适

互联网提出了新的范式挑战。一方面，互联网与其他传统媒体相比有更加开放的空间，允许更加多样化的用户行为模式。另一方面，信息控制关系和机制是频繁而复杂的。因此学者和实践者应意识到，网络语境下传统把关理论出现了范式模糊和危机，需要"范式的某种候补者"来加以重建。

（一）把关对象：从沉默到挑战

"把关对象"这个术语在传统把关理论中一直被忽视。过去的文献几乎很少分析把关对象，也极少聚焦或关注把关对象的角色。把关对象被认为是臣服于把关过程的实体，缺乏可选择性。在网络语境中，作为过程的信息控制在很多情况下是利益相关方权力争夺的反映。本克莱（Benkler，2006）声称"网络化信息经济的出现增加了个人的自主权"[3]。不过，这种日益增长的自主权潜能由于用户自身的自我规制以及把关人对传播平台的强力控制，在很多情况下不能转变成更多的自由和权力，而需要视把关人提供的规则和技术而定。基于特

---

① BARZILAI-NAHON K. Gatekeeping：a critical review. Annual review of information science and technology，February，2008：20 – 47.

② SHOEMAKER P J & VOS T. Gatekeeping theory. New York：Routledge，2009：131.

③ BENKLER Y. The wealth of networks，how social production transforms markets and freedom. New Haven：Yale University Press，2006：133.

定的时间、空间，依照把关对象在把关权力上的逐步上升，我们可从媒介接触、媒介选择、媒介生产、媒介占有四个层次，将把关对象分为沉默型、潜在型、冲动型、挑战型四个角色类型。

1. 沉默型把关对象

这种类型属于传统型。传统文献中，把关人和把关对象具有明确的边界：把关人是创造和生产信息的唯一利益相关人；不认为把关对象能够生产和创造信息，把关对象只是媒介信息的被动接触者。在社会责任论下，精英（记者、编辑、政策专家、公共官员等）被认为是社会和政治意义的仲裁者、公共议程的设置者、公共舆论的塑造者。因此，把关对象如果不依靠把关人的控制和授权，就几乎很少能创造信息。控制社区议题和核心价值主要是由把关人来实施和计划的，而把关对象主要是执行者或实施者。在这种封闭式系统里，传统主流媒介充当巨大的把关人，而公众经常沦为消极的消费者，他们自己对事件的注意和解释受到有限的信息环境的限制。

在网络环境中，麦考姆斯（McCombs，2004）认为很少有证据支撑这种假设，即主流媒介的议程设置能力大幅度减小，因为也有证据表明存在新闻信息寡头垄断的事实，少量的网站掌握了大部分的网络用户。每天主要的新闻议题很大程度上仍然是同质的。① 和传统媒体的受众一样，网络语境中的把关对象也存在通过媒介接触、只管消极被动地接受信息的状况，如浏览网站新闻、观看网络视频或强迫看网络广告，而把关人只管采集、编辑、生产和发布这些信息内容，起着"推"的作用。这类把关对象没有知识或技能在网络语境中施加权力，对新媒介带来的机会和挑战缺乏意识，也缺乏网络技术上的使用技能，由此也就信任把关人能代表他们的需要和利益。

2. 潜在型把关对象

传统把关理论认为，把关对象逃逸把关过程的能力是很小的。唯一的可选择性就是通过转移到同一社区内的另一把关人而逃离前一个把关人，如一个读者从一家报纸转移到另一家报纸，但是整个新闻界的把关过程还在继续。网络环境中的新技术使得现在能比以往接触更多的内容，开始侵蚀了把关对象与把关人之间长期以来明确的边界。如 RSS 新闻、彩铃下载、影视点播等信息定制

---

① MCCOMBS M E. Setting the agenda：the mass media and public opinion. Malden：Blackwell Publishing，2004：149.

以及搜索引擎，为把关对象提供了"抽拉"信息的自主选择权；又如运用在线代理服务器可以逃避网关和网络审查，使得把关人难以轻易将这类把关对象锁定在他们的控制边界内。"这种侵蚀，一个结果就是把关功能开始崩塌，……为公民提供了挑战精英对政治议题控制的机会。"[①] 这类把关对象在媒介和信息方面由于拥有更多的选择权，便有机会向把关人传达自己的偏好和需求。这是一种潜在的威胁，但还没有构成实际的威胁。

尽管把关对象现有可选择性的范围在网络上已扩大，但由于把关人使用多种把关机制，绕过信息控制在网络中并不总是可能的。"精英主义范式提出的另一个决定论观点声称，即便把关对象有选择的自由或绕过把关的能力，这种可选择性的影响还是极微的。把关对象选择一个替代对象还要依照与把关人相类似的文化、政治和社会语境而定，因此，选择一个替代对象相当于用一个相似特征的把关人替代另一个把关人。"[②] 这种自主选择权仍然在把关人的信息源范围内，就像孙悟空跳不出如来佛手心一样。

3. 冲动型把关对象

传统文献中强调作为把关人的社会精英在生产信息上的能力。但互联网使得把关对象也能生产信息。网络平台提供商提供了各种生产、发布信息内容的渠道，如博客、播客、微博、邮件、即时通信（IM）、SNS、个人主页等，这些所谓自媒体的出现，预示着在生产信息的层次上，把关对象与把关人的界限进一步模糊，也出现了媒介占有的私人化趋向。大量出现的、随时可用的生产和设计内容的工具，以及信息生产的低成本和信息延伸的容易性，给予把关对象以更强大的信息生产能力，于是有了进一步成为把关人的冲动。此外，网络环境由于大量的接入点和生产平台，为非主流的个人和群体增加了影响公共讨论的机会，进一步削弱了主流媒介充当把关人的能力。

但网络本身并不完全是开放和民主的。首先，一些政治、经济、社会的因素会阻碍生产的内容到达其他用户。信息生产仅仅是信息发布的前提条件。由于网络提供商拥有生产发布平台的产权，把关对象信息生产的权力是被赋予的，

---

① WILLIAMS B A & DELLI C M X. Unchained reaction：the collapse of media gatekeeping and the Clinton-Lewinsky scandal. Journalism. SAGE Publications，2000，1（1）：62.

② BARZILAI-NAHON K. Toward a theory of network gatekeeping：a framework for exploring information control. Journal of the American society for information science and technology，July，2008：1503.

并依赖于把关人的设计和政策。一旦信息内容跨越了平台运营商的控制边界，将面临被屏蔽、追踪、阻挡、删除、封 ID、封 IP 等技术控制，这种媒介占有的权力随时可能被剥夺。其次，与控制了大多数注意力的把关人所传播的信息相比，把关对象独立创造、生产的信息只能受到有限的曝光。由于把关人拥有大量的把关资源如置顶、加精、排序等导引方法，他们比把关对象更可能创造对社会影响更大的大部分内容。

4. 挑战型把关对象

随着各种开源软件的兴起，独立的信息发布编辑平台大量涌现，如去中介化的维基（维基百科、维基新闻、维基解密）网站、独立公民新闻网站（如 ohmynews.com，Slashdot.org，drudgereport.com）。维基解密在 2010 年因先后公布有关伊拉克战争和阿富汗战争的秘密文件，引发最大泄密事件。OhmyNews 经常出现足以影响韩国舆论的重量级评论，如曾对美军装甲车碾死韩国女中学生事件进行了公正及时的报道，并在韩国大选中发挥了作用。Indymedia Center（IMC）是由于一些活跃分子组织担心主流新闻媒介不能充分报道抗议 1999 年西雅图世贸组织（WTO）的活动而建立的。"这样完全消除了传统把关人的新闻机构，依赖作为把关人和原创内容发布者的用户。这里新闻生产过程是完全透明的。……任何缺乏充分调查的或表达的文章仍然被看作是富有洞察的、增长见识的有用出发点。"[①]

尽管独立网站脱离了平台运营商的把关，挑战了把关人控制的霸权，但这种地位也是不稳定的，最终会受到基础设施提供者、政府、产业规制者、相关组织等外部环境的把关。与政治强权对抗，则面临整改、罚款、警告、追捕、法律限定等境况，如美国政府施压网上付款公司，让它们封锁维基解密的行为。有社会影响力的，则可能面临被资本收编，如新闻集团收购了社交网站 MySpace，雅虎并购了图片分享网站 Flickr，谷歌收购了极富创新意识的视频分享网站优兔。因此，拥有独立的信息平台未必会使把关对象成为把关人。

（二）把关关系：从训示到协商

包德维捷克与万卡姆（J. L. Bordewijk & B. van Kaam，1986）描绘了四种传

---

① BRUNS D A. Reconfiguring journalism: syndication, gatewatching, and multiperspectival news in Australian online journalism. In GOGGIN G（eds.）. Virtual Nation: the Internet in Australia. Sydney: University of New South Wales Press Ltd, 2004: 177 - 190.

播模式，并讨论了四种模式彼此之间的关联性，这些模式是训示、登陆、交谈、协商。① 包德维捷克与万卡姆的四种模式为我们理解把关关系提供了启示。在网络环境中，随着把关对象在媒介权力上的消长，把关人与把关对象也存在这种复杂而动态的关系。我们用支配关系、契约关系、互动关系和协作/对抗关系来大致对应包德维捷克与万卡姆的四种模式。

1. 支配关系

传统文献中，把关人和把关对象之间的关系主要是单向线性的，这强化了把关人对把关对象的支配权。由于假定了把关人和把关对象之间的传受关系或者说从上到下的关系，把关对象被认为不拥有任何重要的权力。从传者到受者的信息流动具有信源—信宿的方向。在很多情况下，信源被认为是把关人生产的，到达把关对象的信息被认为是信宿。"怀特将施拉姆的'信源—信息—受者'方法引入大众传播研究，这种范式非常适合把关的'渠道'理论，也由此奠定了传统文献对把关的单向关系的思维定式。"② 里斯和博林格（Reese & Ballinger，2001）也认为怀特的研究适用施拉姆阐述的理论范式。怀特设想的"工程学的发送者/接收者传统模式，将焦点集中于作出把关决策的个人"③。

罗纳德·博特（Ronald Burt，1995）结构洞理论有助于我们理解这种支配性的把关关系。他指出，结构洞是指两个关系人彼此之间没有直接联系，或者说，一个人拥有的关系对另一个人而言具有排他性，则他们之间就存在结构洞。通过打造和占有结构洞，使自己的利益最大化。结构洞包围的位置将控制唯一信息的接入，当那种信息是获取利益的一种手段时，信息源成了把关人。把关人垄断信息和维持结构洞，以获取自己利益的最大化。正式阶层制的稀疏关联创造了有利于把关人的结构洞。④ 在网络环境下，各种网络利益主体也总是尽可能在基础设施、应用软件、信息内容等方面打造自己的结构洞，以对网络用

---

① MCQUAIL D. McQuail's mass communication theory（sixth edition）. California：Sage Publications Ltd，2010：135 – 160.

② ROBERTS C. Gatekeeping theory：an evolution. Communication theory and methodology division. The Annual Conference of Association for Education in Journalism and Mass Communication，2005.

③ REESE S D & BALLINGER J. The roots of a sociology of news：remembering Mr. Gates and social control in the newsroom. Journalism and mass communication quarterly，2000，78（4）：641 –658.

④ BURT R. Structural holes：the social structure of competition. Cambridge：Harvard University Press，1995.

户产生一定的支配权。

2. 契约关系

格林斯坦（Greenstein，2010）认为，网络环境中的契约关系包括两种相关实践。① 一是卖主控制和管理着用户接近产权性内容，为接近而注册成为会员，在相关服务协议下索取费用。著名的实践者包括鲁伯特·默多克（Rupert Murdoch）。他的新闻集团不允许报刊文章不受限制地在线观看。他多次公开表示要阻挡搜索引擎索引他网站上的新闻信息，假如这种阻挡能带来更多收入的话。二是卖主用产权性代码控制和管理着用户、广告商的经历。这种方法的著名实践者是比尔·盖茨（Bill Gates）以及史蒂夫·乔布斯（Steve Jobs），他们对 iPhone、iPod、iPad 应用开发商的契约规则频繁改动，已引起了对限制性实践的关注。

因此，就决定内容和信息交流的产生而言，卖主普遍比周围的用户具有更多的控制力。把关人通过一些非直接的方式如提供个性化定制、购买优惠活动来提高把关对象的转移成本和回报效应。因而尽管把关对象有多种选择，但转移成本比能承受的成本还更高。不过，由于适合把关对象需要的选项的可能性和存在，也增加了把关对象讨价还价的余地。把关对象和把关人之间一旦缺乏互惠的契约关系，这类把关对象将难以处于把关人的管理羽翼下。把关对象会从一个把关人转移到另一个把关人，直到发现适合他们需要的网络、内容或技术。假如发现了这样一个能满足把关对象需要的把关人的话，他们会从中得到某种回报。

3. 互动关系

威廉姆斯（Williams，1988）等认为：互动是参与者在传播过程中，能够控制其相互的话语及其角色转换。詹森（Jensen，1998）认为，互动是对一种媒介能在多大程度上允许用户影响传播中介的内容及形式的潜在能力的测量标准。② 由此可见，互动实质上就是社会个体和群体与传统把关人在信息权力上的博弈、选择与交换。在传统媒介时代，传播者与受众之间始终是点对多的单向信息流动，缺乏实质意义上的互动性。自媒体技术的不断涌现，使得信息互动权日趋平等。正是在这种趋势下，才不断呈现了当代网络围观的景象。互动

---

① GREENSTEIN S. Gatekeeping economics. Micro, IEEE, 2010 (5)：102 – 104.

② KIOUSIS S. Interactivity：a concept explication． New media & society，2002 (4)：355 – 383.

水平使受众参与到信息、资料收集的建构中，甚至直接去核查事实真伪，驱使主流媒介逐渐提升新闻透明度。如 2004 年 CBS 新闻主持人丹·拉瑟（Dan Rather）在《60 分钟》报道了总统乔治·布什（George Bush）的得克萨斯空军国民警卫队服务。在广播 1 小时后，博主们对报告中用到的一个备忘录的真实性提出怀疑，结果证明博主们是对的：备忘录是伪造的。最终，四个 CBS 职员被解雇，丹·拉瑟在 2005 年 3 月从 CBS 晚间新闻主持人的位置上退下来。①

但同时我们应谨慎，互动的实现程度也依赖于某个中心或中介物的赋权。费尔德曼（Tony Feldman，1997）认为，"信息系统中的互动性赋予用户接近信息的一些影响，以及使用这一系统结果的一定程度的控制。……实际上，这通常意味着，系统以一种或另一种方式提供给用户选择。系统采取的决策影响用户跟随信息的路径。……在数字信息系统里，计算机程序创造的可能路径网络控制着用户接近信息。……在用户的掌握下，尽管这种交互性对接近和结果施加了一定的控制，但这种控制受到计算机软件所提供的交互性的严格限制。……软件决定了有多少十字路口，这些十字路口安装在哪里，提供多少路径选择。所有可能的路径因此都由软件设计来确定。用户仅仅基于他想从系统获得和传播什么的目的来作出可能的选择"②。

4. 协作/对抗关系

独立的信息发布编辑平台正成为大规模的、可靠的、创新的信息来源。我们所观察到的是，主流媒介与自主性网站将可能建立协作联系。事实上，自主性网站能促进传统媒介出口的权力。如 Digg 能帮助 FOX 新闻网站或纽约时报网站的文章在搜索引擎排名上攀升，因为 Digg 的人口统计学特征几乎完全是可成长性和男性（关键的广告目标）的。同样，脸书也和像纽约时报和华盛顿邮报之类的主流媒介达成交易：允许用户轻易地在他们的个人主页上链接和报道来自这些网站的文章和图片。由此，信息生产应"定义为一个共同的而不是排他的努力"③。这种"共同的努力"主要表现在多维新闻学（Multiperspectival

---

① MURLEY B & ROBERTS C. Biting the hand that feeds: blogs and second-level agenda setting. Southern political science association, Atlanta. Project for excellence in journalism, 2007: 9 – 10.

② FELDMAN T. An introduction to digital media. New York: Routledge, 1997: 13 – 14.

③ SINGER J B. Stepping back from the gate: online newspaper editors and the Co-Production of content in campaign 2004. Journalism and mass communication quarterly, 2006, 83 (2): 265 – 280.

News）或者开放新闻学等概念的兴起。著名新闻学者甘斯（Gans，2003）认为，"多维新闻包括了反映所有可能观点的事实和意见。在实践上，它意味着在新闻中为没有表达的观点、没有报道的事实和极少报道的人群留下了一个空间"①。另一新闻学者伯拉斯（Bruns，2003）提出，开放新闻与开源运动的发展和协作式媒体的涌现紧密相关。与传统封闭的收集模式相比，开放协作的收集模式能产生更透明的新闻。② 这些概念接近海基拉和库勒里尔斯（Heikkilä & Kunelius，2002）所说的"商议新闻学"（Deliberative Journalism），强调从不同的方面建构议题。他们认为，"在本质上，主流新闻学提供作为产品的新闻：收集基于调查研究的易于消费的报道；而公民新闻提供作为过程的新闻：持续而未必完成地报道需要用户参与的话题和事件，旨在实现所谓的'商议新闻学'"③。因此，自主性网站在一定程度上有助于弥补主流媒介的"新闻洞"。

但是，两者的日益协作并不意味着权力持有者正在完全接受自主性网站的内容，而是存在一种能产生新的媒介现实的相互矛盾过程，这种新媒介现实的轮廓和效果将最终通过一系列政治和商业权力斗争来决定，因为通信网络的所有者为了他们的商业伙伴和优先的客户已经将自身置于控制接入和流量的位置上。曼纽尔·卡斯特（Manuel Castells，2007）认为，权力持有者正在重新确立他们在传播领域控制权的意图。一旦他们承认制度在主导权威方面逐渐削弱的能力，权力持有者将通过各种规制机制，直接或间接进入并控制自主性网站，传播空间中的新一轮权力制造正在发生。④

当然，除了以上四种关系模式，还有一种整合类型：这四种模式彼此之间相互补充，互相比邻而接。其实信息交流模式之间的边界差别，并不像表面上那么明显。由于技术和社会的原因，会产生重叠和聚合的现象。同样的技术可呈现上述四种模式的任何一种把关关系。

---

① GANS H J. Deciding what's news: a study of CBS evening news, NBC nightly news, Newsweek, and Time. New York: Vintage Books, 2003: 103.

② BRUNS A. Gatewatching, not gatekeeping: collaborative online news. Media international Australia incorporating culture and policy, 2003 (107): 41 – 42.

③ HEIKKILÄ H & KUNELIUS R. Access, dialogue, deliberation: experimenting with three concepts of journalism criticism. The international media and democracy project: theoretical foundations. (2002 – 07 – 17). http://www.imdp.org/artman/publish/article_27.shtml.

④ CASTELLS M. Communication, power and counter-power in the network society. International journal of communication, 2007: 259.

（三）把关机制：从单一到多元

把关机制指用于执行把关过程的一种工具、技术或方法。在传播学文献中，传统把关理论把"把关"界定为"媒介工作中作出选择的过程，尤其决定是否让一个特定的新闻故事通过新闻媒介的门卡进入新闻渠道"①。由此，把关机制主要是一种编辑选择机制，众多文献研究中的把关人也主要以编辑角色作为考察对象，如怀特（White，1950）以美国一家非都市报的电讯稿编辑人员为研究对象，分析了把关人的新闻选择过程②；麦克内利（Mcnelly J.，1959）试图通过描述在国际新闻事件与最终接受者之间存在的各种中介传播者来反映新闻选择的流动过程③；巴斯（Bass，1969）将把关过程分为新闻采集（记者、地方编辑）和新闻加工（编辑、审稿员）两个阶段④；盖尔顿（Galtung）和鲁奇（Ruge）将新闻流动或把关行为看作是一个连续选择过滤的过程，而该过程是根据若干影响理解新闻事件的新闻价值或标准进行的⑤；迪米克（Dimmick，1974）认为编辑决策者需要一个模式减少他们的不确定性以决定什么是新闻⑥。克莱曼和雷森纳（Steven E. Clayman & Ann Reisner，1998）发现，为了维持同事之间的关系，会议室中报纸编辑对稿件的评价整体地呈现了适度偏向的评价。⑦

值得关注的是，唐纳修等人（Donohue，Tichenor & Olien，1972）跳出传统文献的窠臼，认为"把关"不仅仅是选择的过程，还包括所有的信息控制形式，诸如塑造（Shaping）、展示（Display）、时间选择（Timing）、隐瞒

---

①　MCQUAIL D. Mass communication theory：an introduction（third edition）. London：Sage，1994：213.

②　WHITE D M. The "Gatekeeper"：a case study in the selection of news. Journalism quarterly，1950：383 – 390.

③　MCNELLY J. Intermediary communication in the flow of news. Journalism quarterly，1959：23 – 26.

④　BASS A Z. Refining the gatekeeper concept. Journalism quarterly，1969（46）：69 – 71.

⑤　GALTUNG J & RUGE M H. The structure of foreign news. Journal of peace research，1965（2）：64 – 91.

⑥　DIMMICK J. The gate-keeper：an uncertainty theory. Journalism monographs，1974，37.

⑦　CLAYMAN S E & REISNER A. Gatekeeping in action：editorial conferences and assessments of newsworthiness. American sociological review，1998（63）：178.

（Withholding）和重复（Repetition）等。① 不过这些信息控制形式（把关机制）仅局限于传统媒体领域，而网络语境中的信息控制形式则更为丰富。卡芮·芭兹莱－纳昂（Karine Barzilai-Nahon，2005）总结了网络语境中多元化的把关机制②，具体包括：

（1）编辑机制：类似于传统的选择机制，如议程设置、技术控制、内容控制、信息内容设计工具等。传统文献已深入考察了这种编辑们使用的常规机制。在网络语境中，这种编辑机制包括网页版式设计技术、在线新闻聚合工具（RSS）、内容发布管理系统（CMS）等。

（2）导向机制：如搜索引擎、导航、内容分类目录和超链接等，旨在分配和吸引把关对象的注意，将它们传送到指定的渠道中来。注意稀缺性使得内容创造者依赖在线把关人将他们的文化产品导向内容消费者，让用户依赖这些服务找到获取网络内容的路径。

（3）审查机制：包括过滤、阻挡、区域划分、删除信息等手段，旨在抑制或删除任何被认为令人反感的或不受欢迎的信息，即设想"不受欢迎"的信息不会进入或逃出或流传于把关人的网络中。

（4）安全机制：如密码、Cookies、数字签名等身份认证，旨在设法管理好把关人网络中信息流动的保密性、可获得性和完整性。密码确认一个人是否得到使用系统或接近信息的授权。Cookies可以将登录信息（用户ID、密码、浏览过的网页、停留的时间等）保持到用户下次与服务器的会话。数字签名指当用户进入网站时，服务器在开启密码短语或生物统计设备后自动核实证书和授权信息。

（5）增值机制：包括个人化、语境化、定制化、信息整合工具等，通过提供增值产品和服务来增加把关人网络对把关对象的吸引力，从而实现信息控制。增值机制也可作为一种锁定机制来吸引潜在的把关对象进入网络或阻止把关对象退出网络。

（6）成本效应机制：如加入成本、使用成本、退出成本。加入成本指把关

① DONOHUE G A，TICHENOR P J & OLIEN C N. Gatekeeping：mass media systems and information control. In KLINE F G & TICHENOR P J. Current perspectives in mass communication research. Beverly Hills：Sage，1972：41 - 70.

② BARZILAI-NAHON K. Gatekeeping in networks：a meta-theoretical framework for exploring information control，pre-print version will be presented in the JAIS sponsored theory development workshop，2005：11 - 12.

对象控制和维持的基础设施成本、把关对象连接到基础设施的成本。使用成本包括需要获取技能以在把关人网络中进行操作的成本。退出成本主要关注当把关对象试图离开把关人网络时把关人施加的成本。

（7）基础设施机制：如网络接入、宽带/流量、技术通道、网络配置等。这种机制利用网络基础设施的构成要件和特点来控制信息和把关对象的行为。其中，全球 13 台根域名服务器可以指挥 web 浏览器和电子邮件等程序控制互联网通信。由于根服务器中有 10 台设置在美国，美国政府对其管理拥有很大的发言权。

（8）用户互动机制：如直接的或添加的导航工具、下载软件等。应用软件充当把关对象和网络的中介。这些机制主要存在于界面层。通常情况下，把关对象意识到它们的存在，也会主动地同意运行它们（如安装浏览器时设定默认的主页，获取内容时要求安装把关人开发的下载软件）。

（9）规制机制：如在全球、国家、组织或个人层面上的各种规则、约定、协议、合同或备忘录等，旨在控制和指导传播行为，确保信息安全、隐私保护、版权保护、言论自由等，主要包括合作规制和自我规制等形式。

三、网络时代把关理论结构性研究的趋势

当前新闻传播界对网络把关存在两种论调：一是强化论，认为网络媒介对受众的控制不但没有减少，反而不断增加；二是弱化论，认为"把关人"在网络传播中的整体功能实际上是明显弱化了。这两种观念都没有看到网络语境中把关层次的复杂性和多元化，如把关对象、把关关系、把关机制就呈现了不同程度的把关状况，而且这三种把关要素之间也具有一定的连接性。我们可以用表 1 表示这三者之间的大致关系。从纵向来看，反映了每个要素在不同情境中的序列变化；从横向来看，反映了各要素之间的可能联动效应。当然，这种结构体系并非一种简单对应的关系，我们需要看到这种结构中所隐含的三种把关趋势。

表 1　随把关权力递增把关对象、把关关系、把关机制之间的关联性

把关权力	把关对象	把关关系	把关机制
媒介接触	沉默型	支配关系	安全机制、基础设施机制等
媒介选择	潜在型	契约关系	增值机制、导向机制、成本效应机制等
媒介生产	冲动型	互动关系	编辑机制、导向机制、审查机制等
媒介占有	挑战型	协作/对抗关系	规制机制、基础设施机制等

（1）把关的动态性：网络所具有的开放式、分布式结构，使得把关永远没有终结，永远是个过程。这种把关的动态性使得信息的流向、流速、流量、流质、流面等呈现出变换无穷的状态，也使得各个把关要素始终处于流变中。如大多数行为者可替换地从把关人转变成把关对象的角色，我们不能把他们看作永恒的把关人。因此把关人需要谨慎地控制信息，因为语境决定了他或她的角色。把关人和把关对象在利益相关者的语境中不是固定不变的社会和政治实体，他们的把关角色随着他们与谁互动和他们所处的语境而变化。在一个动态的语境里，利益相关者的目标不断变化，把关行为、把关对象、把关关系和把关机制也是如此。因此，"要确认把关主体的身份，重要的是把网络边界确认为语境的一部分；谁对这些边界负责，谁就管理着这个网络中的游戏规则和讨论"①。

（2）把关的透明度：网络所具有的开放式、分布式结构，也使得新闻信息的传播呈现出多维度、立体性的网状非线性结构。辛格（Singer，2006）承认，"互联网公然违背了整个'门卡'概念"，"这种媒介的开放特性消除了专业新闻人员决定人们能看到或不能看到什么信息的传统观念"。② 大量的网民正在挑战新闻人员在认为信息是可信的或行为是伦理的方面所具有的独有权力，作为"不死之神"的客观性再一次受到动摇。因此，"透明度"和可信性的概念也就提供了与当今媒介环境相呼应的变化路径。透明性能削弱过去被认为职业成员

---

① BARZILAI-NAHON K. Toward a theory of network gatekeeping：a framework for exploring information control. Journal of the American society for information science and technology，July，2008：1506.

② SINGER J B. Stepping back from the gate：online newspaper editors and the co-production of content in Campaign 2004. Journalism and mass communication quarterly，2006，83（2）：265 - 280.

在新闻传播领域相对无挑战的、合法性的把关权威。尽管主流媒介不习惯，或者说在某种程度上反感这种作为网络时代精神一部分的"透明性"。但在网络时代，新闻透明度将比客观性更符合社会与民众在信息海量时代对媒介把关实践新标准的期待和要求。

（3）把关的复杂性：互联网作为复杂网络的典型代表，在信息传播上也体现了复杂性的诸多特点：网络传播过程是混沌分形的、非线性的、非周期的，具有偶然性、嵌套性、不可确定性和不可预测性，网络传播效果具有涌现性。显然，用传统的简单性方法论难以控制在网络环境中的复杂性现象或事件。"范式是一种成熟的科学共同体在某段时间内所接纳的研究方法、问题领域和解题标准的源头和活水。"复杂性思维也让我们看到复杂的网络传播背后具有一定的可控性：混沌中可以产生有序，无组织中可以产生自组织。如由于复杂网络本身的拓扑性质，网络传播的控制可以从牵制控制的研究中寻找灵感。牵制控制研究表明：通过有选择地对网络中的小部分节点（如主流媒体网站、门户网站等）施加控制而使得整个网络具有期望的行为。因此，在网络语境下，需要用复杂性这种方法论来研究处于"反常和危机"时期的把关范式。

四、结语

范式大师托马斯·库恩说："如果不是一门成熟科学的实际实践者，就很少有人会认识到一种范式给人们留下非常多的扫尾工作要做，而完成这些扫尾工作又是多么令人陶醉。"把关范式的这种结构性调适只是提出了一种初步的分析框架，对把关范式的完善还有很多"扫尾工作"要做，如对把关效果的进一步实证观察和操作化，产生可测试的假设；创造具体语境的把关模式；寻求把关对象在具体序列层次下操作的条件和环境；确定在与不同把关人发生关系时改变其地位的各种限制和动力因素等。通过这些"扫尾工作"，在整体结构体系下逐步实现对传统把关理论的调适，不断推动把关理论研究向一门"成熟科学"迈进。

（本文原载于《新闻与传播研究》2011 年第 3 期）

我国主流媒体网站管理现状与建议

主流媒体网站是网民活动空间、使用行为的关键节点。主流媒体网站自身的管理能力在一定程度上体现了整个网络行业自我调控与发展的能力。中共十七届六中全会关于深化文化体制改革的决定中明确指出，"支持重点新闻网站加快发展，打造一批在国内外有较强影响力的综合性网站和特色网站，发挥主要商业网站建设性作用，培育一批网络内容生产和服务骨干企业"。因此，主流媒体网站在积极引导网络舆论、建设中国特色网络文化、推动网络产业持续发展方面具有非常重要的影响。

一、关键概念

主流媒体网站是依据 2000 年 11 月 7 日发布的《互联网站从事登载新闻业务管理暂行规定》第五条和第七条规定，经过国务院新闻办批准而取得发布或登载新闻资质的网站，包括中央新闻单位、中央国家机关各部门新闻单位以及省、自治区、直辖市和省、自治区人民政府所在地的市直属新闻单位依法建立的互联网站（简称"新闻网站"）和非新闻单位依法建立的综合性互联网站（简称"综合性非新闻单位网站"或"商业网站"）。依此规定，主流媒体网站实际包括两层含义：一是指党和政府认可、主导的网站；二是指具有发布或登载新闻资质的网站。因而，"主流媒体网站"的称谓具有特指性，其界定具有一定的行政色彩和中国特色。

目前，国内学界对媒体网站研究的成果很多，但在全国范围内对网站高层管理者通过问卷和访谈的实证考察基本缺乏。媒体网站高管是互联网管理与中国特色网络文化建设的领头羊，他们所在的媒体网站在管理体制、员工管理、内容管理、经营管理等方面的现状，以及他们对网站管理的认识状况，直接反映了当前我国互联网的管理现状。

二、方法设计

2009 年 7 月至 2011 年 9 月，我们在全国范围内对主流媒体网站的高层管理者进行了抽样调查和访谈，调查涉及全国 16 个省市的 37 家主要网络媒体。通过对第一手材料的基本描述和分析，试图呈现当前网站管理的主要取向、问题和趋势。

研究采用结构式问卷为主、半结构式访谈为辅相结合的方法。调查问卷共分为网站基本状况、网站员工管理状况、网站内容管理状况、网站经营管理状况，以及被调查者的个人基本信息部分。课题组验证了问卷设计的科学性，几乎没有出现选项残缺、重复或歧义等技术问题。半结构式访谈采取面访形式，研究者对访谈的结构具有一定的控制，同时也允许受访者积极参与，研究者事先备有访谈提纲，使受访者所提供的信息大致限定在访谈目的之内，且所有访谈录音被转录成文本，并加以分析和解释。①

三、数据分析

（一）网站管理体制

网站管理体制，我们从四个方面来分析，即管理归属、管理目标、管理难题、政府支持。

1. 管理归属

管理归属是针对网站管理主体，即网站管理所属对象或形式。我们把这些对象与形式分为：党政机关、传统媒体、传媒集团、传统媒体与传媒集团、党政机关与传统媒体、独立运营等。

在调查有利于网站的管理归属上，结果发现（见图 1），网站总体倾向于"独立运营"和"传媒集团"。有 30% 的网站选择"独立运营"，显示了自我发展的愿望；24% 的网站倾向于传媒集团的管理归属；而选择"传统媒体"和"党政机关"的比例均只有 3%。

---

① 孟慧：《研究性访谈及其应用现状和展望》，《心理科学》2004 年第 5 期，第 1202 – 1205 页。

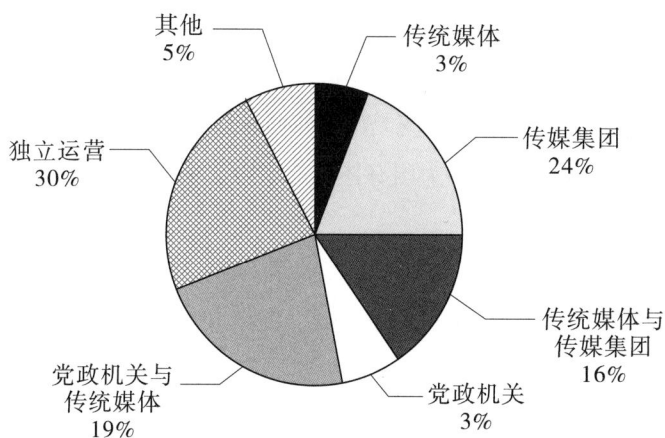

图 1　有利于网站的管理归属

经 Pearson 卡方检验（见表 1），不同性质的网站在管理归属上存在非常明显的差异（显著性概率为 0.007，小于 0.01）。商业网站倾向于独立经营，中央级新闻网站倾向于"传统媒体与传媒集团"，地方级新闻网站的选择倾向则介于两者之间。

表 1　不同性质的网站在管理归属上的差异

性质	管理归属							总计
	传统媒体	传媒集团	党政机关	传统媒体与传媒集团	党政机关与传媒集团	独立运营	其他（请指明）	
中央级新闻网站	1	2	0	2	0	0	0	5
地方级新闻网站	0	6	0	4	7	4	1	22
商业网站	0	1	1	0	0	7	1	10
合计	1	9	1	6	7	11	2	37

注：卡方检验值：27.337，显著性概率：0.007。

在访谈中，网站选择"传统媒体"和"党政机关"的比例很低，究其原因，一是国有体制带来的强力监管。"如有些属于灰色地带的图片、内容，商业网站可以上，新闻网站要求会严一些。"[1] 二是国有体制管理带来的形式弊端。不少地方级新闻网站高管坦承，新闻网站尽管外壳是有独立市场主体的公司，但实际上是母媒体的附属部门。三是国有体制管理带来的活力缺乏。"如当年各地电信公司兴盛的信息港，因为国有体制的原因，在 20 世纪 90 年代末商业网站上市后都逐渐式微了。"[2]

2. 管理目标

我们将管理目标设定为进行舆论导向、提高点击率、传播信息、扩大母体知名度、赢利等。调查发现（见图 2），"进行舆论导向"的目标意识在各大网站普遍较强（81.10%），显示了传统媒体管理意识在网站中的延续。但网站并没有忘记自身"传播信息"的基本功能（59.50%）。"提高点击率"（40.50%）和"赢利"（59.50%）的高位占比，反映了在政治宣传功能、传播信息的基础上获取经济利益和提高影响力的强烈内在愿望。

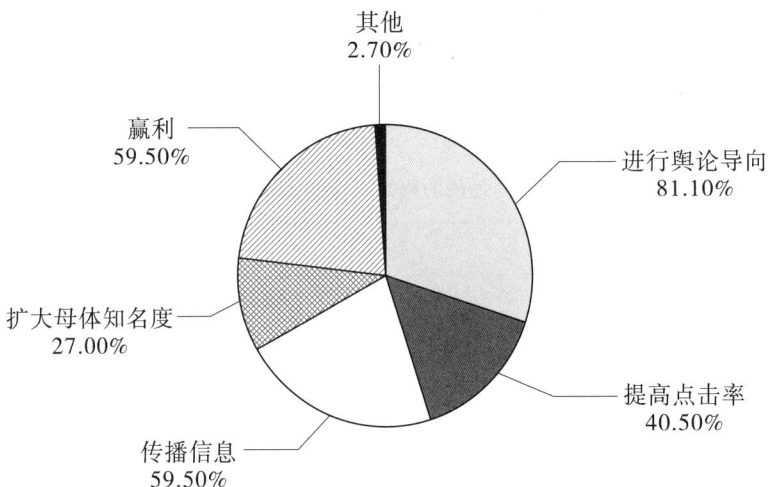

图 2　管理网站的主要目标

经 Pearson 卡方检验（见表 2），不同性质的网站在"进行舆论导向"（显著

性概率为 0.012）、"提高网站点击率"（显著性概率为 0.019）、"赢利"（显著性概率为 0.016）的目标上均存在显著差异。其中地方级新闻网站在"进行舆论导向""提高网站点击率"的目标选择上更为显著，中央级新闻网站和商业网站则在"赢利"的目标选择上更为显著。

表2 不同性质网站在管理目标中的显著性（%）（$n=37$）

	进行舆论导向	提高网站点击率	赢利
中央级新闻网站	100%（$n=5$）	20%（$n=1$）	100%（$n=5$）
地方级新闻网站	90.90%（$n=20$）	50.09%（$n=13$）	40.91%（$n=9$）
商业网站	50%（$n=5$）	10%（$n=1$）	80%（$n=8$）
卡方检验值	8.850	7.885	8.300
显著性概率	0.012	0.019	0.016

在舆论导向的目标选择上，主流媒体总体表现出高度的认同，都表示负有政治责任和社会责任，但商业网站目标意识相对比较淡薄。也有网站高管对当前舆论导向管理进行了理性的反思，提出了舆论导向管理的操作难度问题，比如说网络平台的复杂性（包括公域、私域）对管理方式的挑战，网民参与互动的开放性对管理成本的挑战。

3. 管理难题

我们将管理难题预设为经费不足、管理经验缺乏、经营权不明确、管理规范不全、员工多元化、网站定位不清等方面。调查显示（见图3），除了"经费不足"（51.40%）这个最大困难外，"经营权不明确"（10.80%）、"管理规范不全"（10.80%）仍然是管理体制的主要难题之选，由此也导致了"网站定位不清"（16.20%）。经 Pearson 卡方检验，不同性质的网站在面对管理困难的各个方面时均不存在显著差异，表明这些主要的困难是各网站共同面对的问题。

经费不足在地方级新闻网站中是最为突出的问题，不少高管为此急迫而无奈，"我们有好的项目，但缺少资金，上不了新设备"[①]。管理规范方面，网站高管也表现得束手无策，主要原因在于管理规范不清晰、不成熟，"管理最难的

——————

① 作者访谈，××网，2009 年 7 月上旬。

在于部门设置以及它和业务之间的关系。其次就是管理制度规范要达到的那个效果"①。

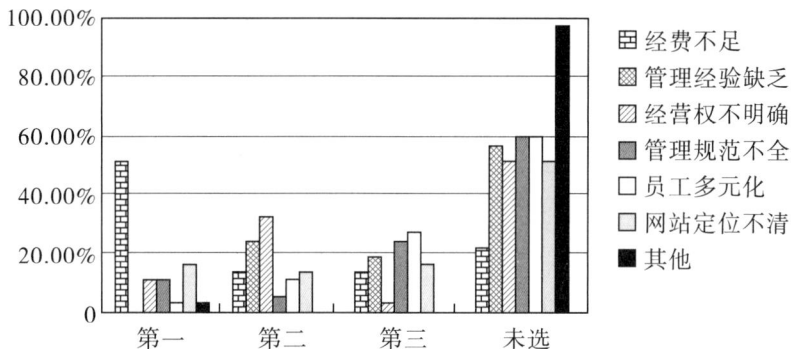

图 3　网站管理面对的困难程度排序

4. 政府支持

我们将政府支持预设为投入经费支持、给予政策保护、进行人力支持、提供信息资源、允许完全市场化等方面。调查显示（见图 4），在需要得到政府支持的项目中，依重要程度，"投入经费支持"（64.90%）、"给予政策保护"（51.40%）、"提供信息资源"（40.50%）、"允许完全市场化"（35.10%）均受到网站的重视，这些需求与前文提到的"经费不足""管理规范不全"两大困难是相呼应的。

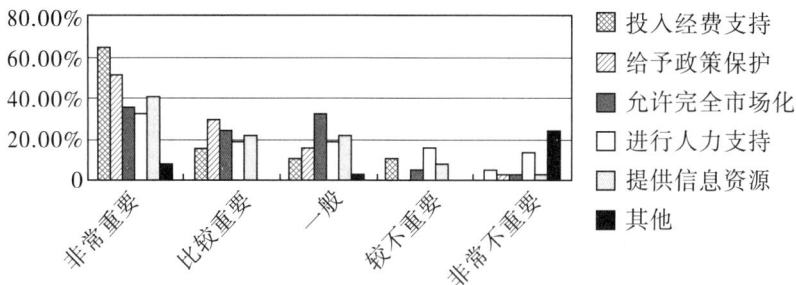

图 4　各项政府支持的重要程度

经 Pearson 卡方检验，不同性质的网站在"投入经费支持"方面存在非常

---

① 作者访谈，××网，2009 年 7 月 3 日。

明显的差异（显著性概率为0.001）（见表3）。地方级新闻网站对"投入经费支持"的愿望最为强烈，中央级新闻网站次之，商业网站的态度相对比较均衡。

表3　不同性质网站对"投入经费支持"倾向的显著性（$n=37$）

	非常不重要	较不重要	一般	比较重要	非常重要	总计
中央级新闻网站	0	0	0	3	2	5
地方级新闻网站	0	1	0	2	19	22
商业网站	2	0	4	1	3	10
合计	2	1	4	6	24	37

注：卡方检验值：27.638，显著性概率：0.001。

在政策保护方面，新闻网站最大的优势是拥有政策资源和新闻资源，拥有新闻采访权和新闻发布权是政策、体制赋予新闻网站的"尚方宝剑"，也是新闻网站与商业网站展开竞争的先天特权，而商业网站只有登载新闻的资质。当前新闻网站赢利主要来源于政策保护下的垄断资源，如依靠新闻采集发布权进行的版权交易、重大活动转播权、电子政府网站建设等。

在投入经费支持方面，和中央级新闻网站相比，地方级新闻网站显示出政府经费支持与市场化经营期待之间的利益矛盾。"我们想去走市场又走不了。应让我们做我们该做的事情，不做就没机会赚钱"，"但我们想在一些新产品上做好，和政府扶持是分不开的。政府管理部门应该给予资金支持。要想在国际上发出我们的声音，你没有投资是不行的"。[①]

（二）网站员工管理

关于网站员工管理，我们从以下几方面展开调研：年龄构成、员工流动、激励方式、招聘标准、人才培育与成长空间等。

1. 年龄构成

调查显示（见图5），81%的网站员工处于20～30岁阶段，显示了鲜明的年轻化趋势。这与网络行业从业人员年龄低（平均年龄为28岁）（美世咨询报告，2006）的整体状况大体一致。经Pearson卡方检验，不同性质的网站在"员

---

① 作者访谈，××网，2009年8月13日。

工年龄构成"方面不存在差异。

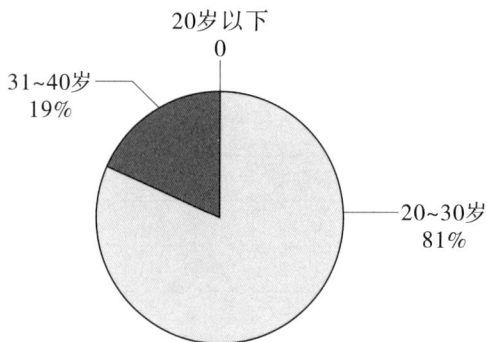

图 5　网站员工年龄构成

对于网站员工的基本构成，有网站高管概括得很精练，"员工是 80 年代的，中层一般是 70 年代的，领导是 60 年代的"①。年轻化的主体结构使得代沟成为员工管理的难点。如何建立合理有效的激励机制和培育企业文化认同感，适应"80 后"甚至"90 后"群体的现实状况，是各大媒体网站在人力资源管理上的重要议题。

2. 员工流动

调查显示（见图 6），总体员工队伍不太稳定，每年"比较频繁"流动的比例高达 16%，"一般"流动达到 24%，员工稳定性总体并不算好。这种状况与互联网行业员工自愿离职率高达 15.9%（美世咨询报告，2006）相比大致相当。经 Pearson 卡方检验，不同性质的网站在"员工流动"方面均不存在差异。

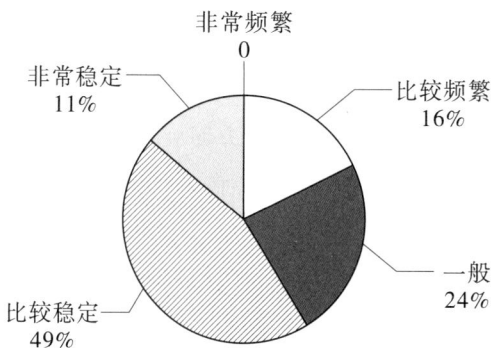

图 6　网站员工流动情况

---

① 作者访谈，天健网，2009 年 7 月 8 日。

在访谈中，我们了解到员工流动主要有如下原因：①"将员工分成 A、B、C、D 四类"[1]，不同类别员工的职业归属感不同，发展预期和行为方式自然也会有较大区别。处于 C、D 层次的员工流动性较大。②机构改革和组织调整也导致了员工的流动性增加。③"80 后""90 后"的员工自我意识较强，对跟自己价值观不吻合的事物认可度偏低，不满意就走人的情况较常见。但也有网站高管从"流水不腐，户枢不蠹"的角度，认为适度的流动比例是有利的，甚至对所在网站 3% 的人员流动非常不满意，认为正常的企业人员流动应该在10% ~ 15%。[2]

3. 激励方式

调查显示，"培养网站认同感"（59.50%）成为激励员工的最重要方式，因而必须重视和加强富有凝聚力的网站文化建设。"提高奖金水平"（35.10%）和"提高晋升机会"（27.00%）也是重要的激励方式（见图7）。经 Pearson 卡方检验，不同性质的网站在"激励方式"的各个方面不存在差异。

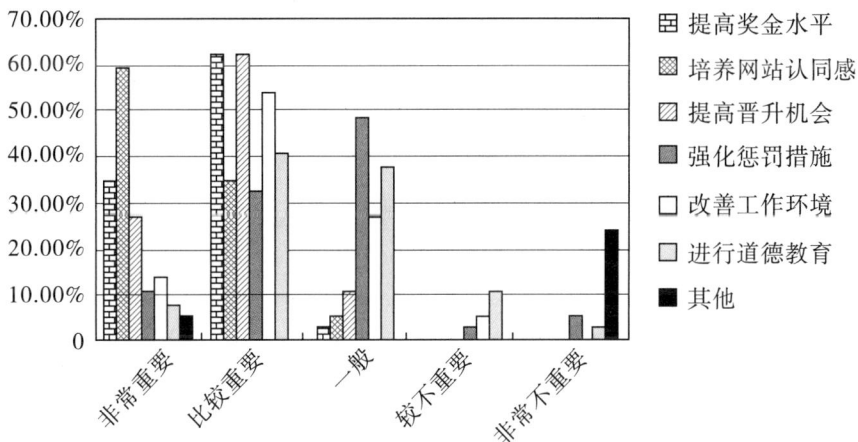

图7　激励员工方式的重要程度

在激励机制方面，各网站在经营方面有比较明确的量化指标，但采编方面的业绩难以明确量化。与商业网站比，新闻网站特别是地方级新闻网站的绩效考核相对薄弱。一是编辑部缺乏具体考核制度。二是考核量化指标过于简单。

---

① 作者访谈，××网，2009 年 7 月中旬。
② 作者访谈，××网，2009 年 7 月中旬。

三是团队缺乏职业经理人的引入。在培养网站认同感方面，有网站高管认为，企业文化的创造需要和年轻人的价值实现结合起来。

在奖励和惩罚制度上，商业网站有比较严格的评价机制。一般的网站都有试用期，会在试用期内对新员工进行帮助和辅导，但如果通过不了就得离开。正式加入以后，也要经历比较严格的考核程序，如果连续几个月打分都低的话，会有奖金倒扣甚至是辞退的处罚。

4. 招聘标准

调查显示（见图8），"政治敏感、新闻敏感"（81.10%）和"专业技能"（48.60%）是招聘网络编辑时非常重要的标准，显示了传统媒体的专业素质在网络媒体业务中的延续性。"工作经验"（24.30%）和"网络技术"（16.20%）也被认为是适应网络媒体环境的两个特殊、重要的要求。经 Pearson 卡方检验，不同性质的网站在招聘标准的各个方面不存在差异。

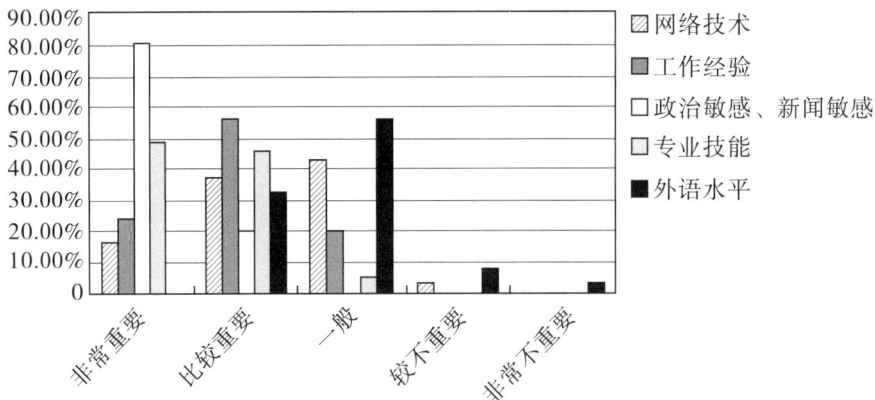

图8　招聘网络编辑标准的重要程度

"政治敏感、新闻敏感"作为传统媒体人员的重要素质，在主流媒体网站中得到了高度重视。很多网站高管认为，网络编辑等同于"官方代言人"。只有具有高度的政治敏感，才能保证网络编辑在海量的信息中判断出哪些信息是违法违规的，才能在言论自由和信息安全之间找到一个平衡点。与此同时，专业素养，或者说新闻敏感性，也是招聘网络编辑人员的重要指标。依靠新闻敏感快速选取网民真正感兴趣的新闻和热点，是对网络管理员的一个重要业务要求。

"工作经验"也是许多网站在招聘时较为看重的因素，部分网站认为高校专业教育应加强学生的实践动手能力，加强复合型人才的培养。[①] 在"专业技能"方面，网站高管认为，招聘网络编辑比传统媒体编辑有更高的要求，既要有丰富的从业经验，又要有娴熟的网络技术。[②] 与传统媒体网站不同的是，商业网站除了强调政治敏感外，还十分重视网络编辑的赢利意识。

5. 人才培育与成长空间

"进行专业培训"（56.80%）是提高网站编辑素质的最重要方法。"提高奖励水准"（29.70%）和"委以重要岗位"（13.50%）位居其次，进一步说明人才培育机制和激励机制的建立与完善是提高网站编辑素质的重要举措（见图9）。经 Pearson 卡方检验，不同性质的网站在"人才培育"的各个方面不存在差异。

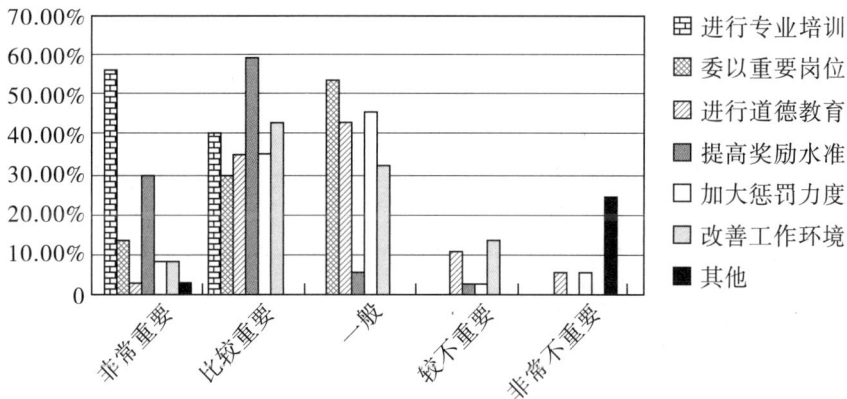

图9 提高网站编辑素质的方法重要性

主流网络媒体培训员工的主要方式有两种：一是网站内部针对新员工的上岗培训和对员工的常规培训，二是政府新闻出版管理部门每年定期举办的业务和政策培训。培训内容一般分成两部分：一是公共知识培训，如怎样做一个合格的媒体工作者，包括一些基本业务素质培训；二是专业培训，比如网络编辑怎么做好专题，怎么排图片，广告人员如何做营销等。[③]

————————

① 作者访谈，搜狐，2009 年 7 月 14 日。
② 作者访谈，大洋网，2009 年 8 月 13 日。
③ 作者访谈，人民网，2009 年 7 月 18 日。

（三）网站内容管理

关于网站内容管理，我们从栏目设置、新闻栏目特色、内容版块、内容功能、管理手段、引导形式、影响网络舆论的因素、重大事件报道措施、互动措施方面进行调查。

1. 栏目设置

调查显示（见图 10），"受众需求"（67.60%）和"地域特色"（62.20%）是网站设置栏目时考虑的首要因素，表明了"受众中心意识"和"本土化战略"仍然是有效的竞争法宝。"扩大知名度"（48.60%）和"增加流量"（56.80%）是前两个首要因素的内在驱动因素。

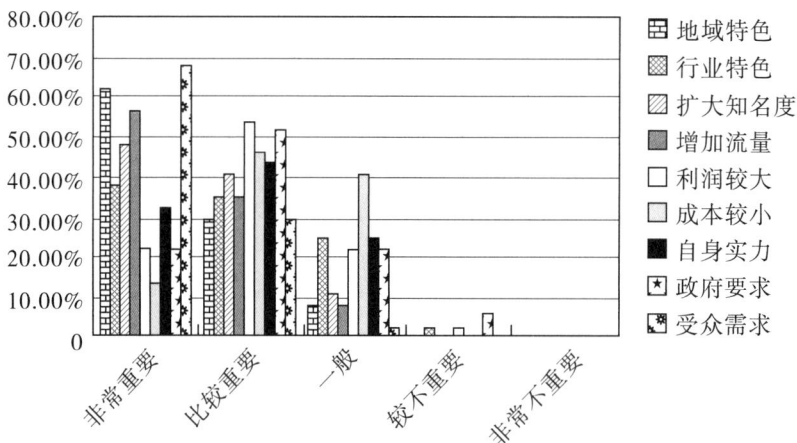

图 10　设置栏目考虑的重要因素

经 Pearson 卡方检验，不同性质的网站在考虑"地域特色"方面存在非常明显的差异（显著性概率为 0.000），在"行业特色"（显著性概率为 0.048）、"增加流量"（显著性概率为 0.039）方面存在差异（见表 4），地方级新闻网站对"地域特色""行业特色""增加流量"的强调更为强烈，中央级新闻网站和商业网站表现相对平淡。

表 4　不同性质网站在栏目设置中的显著性（ $n = 37$ ）

	地域特色				行业特色			增加流量		
	一般	比较重要	非常重要	较不重要	一般	比较重要	非常重要	一般	比较重要	非常重要
中央级新闻网站	1	4	0	0	0	2	3	0	3	2
地方级新闻网站	1	1	20	1	6	4	11	0	6	16
商业网站	1	6	3	0	3	7	0	3	4	3
合计	3	11	23	1	9	13	14	3	13	21
卡方检验值	20.983				12.695			13.266		
显著性概率	0.000				0.048			0.039		

在访谈中我们了解到，地方级新闻网站都想强调自己的本土化，通过多种方式来提升社区感。有高管谈道，"对于首页新闻的选择，优先考虑本地一些重要和可读性强的新闻"[①]；"本地的一些商家会在我们特定的版块做广告"[②]。

2. 新闻栏目特色

调查显示（见图 11），"具有地域特色"（27.00%）和"富有权威性"（21.60%）是网站新闻栏目最想突出的两大特色。但真正体现网络特性或网站竞争力的时效性和原创性并没有得到应有的重视，而原创性的缺乏直接导致了当前我国媒体网站在信息内容上的严重趋同。经 Pearson 卡方检验，不同性质网站在新闻栏目最突出特色的选择方面不存在明显差异。

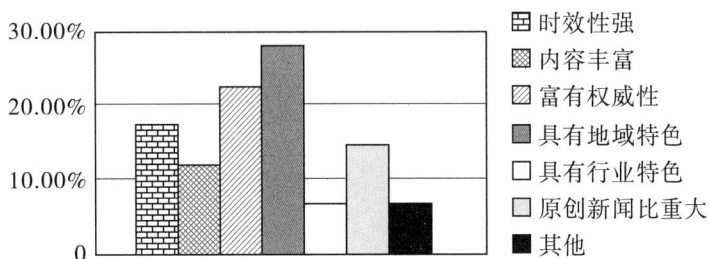

图 11　网站新闻栏目最突出特色

---

① 作者访谈，大洋网，2009 年 8 月 13 日。

② 作者访谈，武汉热线，2009 年 7 月 4 日。

关于新闻来源，所有高管均强调三个来源：国新办和省新闻办提供的可供转载新闻的媒体名单、政府部门网站和所在地区的重点新闻网站。可见政策限定对媒体网站新闻来源的重要影响，也由此导致了强调地域性、权威性的特色取向，而原创性和时效性的意识在政策规制下相对谨慎。

访谈了解到，新闻网站由于有母媒体作后盾，基本上也没有自己的原创性新闻。一是新闻网站被看作附属于传统媒体的机构；二是原创新闻具有政治风险；三是追求原创内容成本相对较高。但也有新闻网站表达了升格成为采访中心来增加原创内容的愿望。商业网站由于只有刊载新闻的资质，一般通过购买、授权、互换等方式获取新闻信息，在原创性和时效性上基本是在政策框架内实施边缘突破策略，生活、娱乐方面的内容相对来说原创性更多，如大型商业活动、境外明星等的采访策划等，而对时事政治类事务一般比较谨慎。

3. 内容版块

调查显示（见图 12），"新闻"信息是最受重视的内容版块，以大比例（78.40%）高居首位，表明新闻信息在作为媒体的网站中的主体核心地位。而其他版块则明显处于因新闻信息而带来的从属地位。经 Pearson 卡方检验，不同性质的网站在最受重视的内容版块选择方面不存在明显差异。

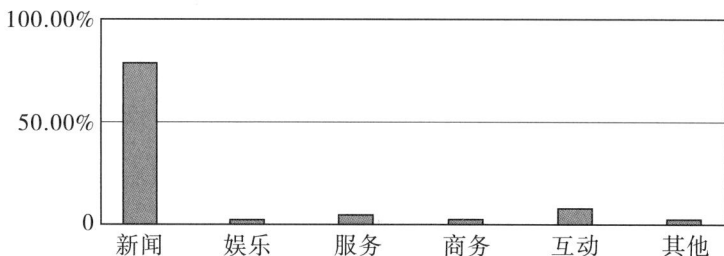

图 12　最受重视的内容版块

各大媒体网站普遍重视新闻信息的基础作用及其带来的黏附效应，强调新闻频道是重点开发的频道，认为新闻是打造权威性和公信力的途径。不少网站采取了一些重要措施，如"特地增加新闻协调部，这是很重要的机制"[1]；"打造大新闻——财经、体育、娱乐"[2]。商业网站比较侧重娱乐、服务、商务、技

---

[1]　作者访谈，人民网，2009 年 7 月 18 日。

[2]　作者访谈，搜狐，2009 年 7 月 14 日。

术等。如搜狐"一直坚持核心技术战略,主营业务第一是游戏,第二是搜索引擎"①;腾讯"推出一站式互联网服务","希望是集新闻信息、互动社区、娱乐产品和基础用户为一体的一个门户型网站"。②

4. 内容功能

调查显示(见图13),"信息汇总"(67.60%)是最受重视的内容功能,这与前述的新闻信息是最受重视的内容版块是一致的,进一步突出了主流媒体网站在新闻信息传播方面的重要功能。但这种总体单一性也反映了其他内容功能还处于非常薄弱的阶段。经 Pearson 卡方检验,不同性质的网站在最受重视的内容功能方面不存在差异。

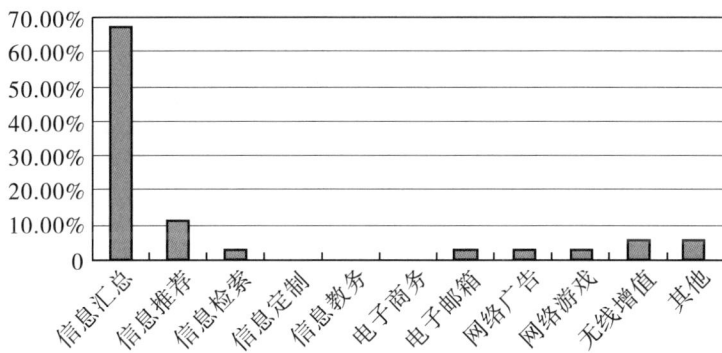

图 13　最受重视的内容功能

内容功能结构上的单一性,折射了当前大多数媒体网站还处于信息经营的初级阶段,导致信息栏目设置的严重同质化。内容同质化是目前网站发展中突出的现实,其原因是利益的驱使和网络空间的廉价以及优质内容的缺乏。也许能从某高管的回答中找到某种答案:"很多重点新闻网站什么频道都有,比如房产频道只是在上面放了些图片,做得好不好是另一回事。放了这些图片,频道也没什么损失。没准哪一天我整个网站的品牌成立了以后,还可以卖出个价。"③

当然,不少媒体网站也在努力规避同质化,在信息的深度加工、开发利用方面不断尝试创新。一是立足于"媒介融合"的趋势,实施跨媒体发展策略。

① 作者访谈,搜狐,2009 年 7 月 14 日。
② 作者访谈,腾讯,2009 年 8 月 21 日。
③ 作者访谈,××网,2009 年 7 月。

二是手机、iPad 等新媒体终端成为媒体网站今后重要的发展方向，尽管在开发利用过程中也存在不少制约因素。

5. 管理手段

调查显示，"稍加引导"（54.10%）和"疏导"（43.20%）被认为是最合适的内容管理手段（见图 14）。而"顺其自然""听从上级指示"和"封堵"这些简单、僵化、极端化的手段则完全不被看好。经 Pearson 卡方检验，不同性质的网站在管理手段的倾向上不存在差异。

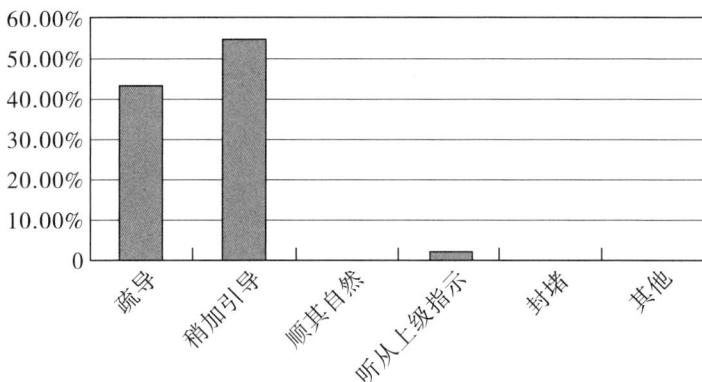

图 14　最合适的内容管理手段

在访谈中，对于违反国家明令禁止的 13 条规定的内容，各网站所采取的措施主要包括"删除""审核""过滤""查封"等方式。当前各大网站都实行了 24 小时的先审后发制度，建立了多重监管机制。对违反国家明令禁止的信息，坚决删除。对于一些不属于国家明文禁止，但又比较敏感、不好把握的信息，有些网站出于风险成本的考虑也会采取"封堵"措施。

对网上各种不同的声音，有些网站在不违法的底线下会进行一定程度的疏导：一是恪守中立原则，二是及时提供事实真相，三是引导网民理性思考。

对于当前网络内容的管理方式，一些网站高管也进行了具有启示意义的反思。一是认为管理应该符合网络传播规律。如在突发事件或群体性事件中，"以封、堵为主的传统宣传模式，会引发网民的反感"[①]；"我们网站一天平均接到

---

① 作者访谈，××网，2009 年 7 月。

两到三条禁令，大部分都是代表某些局部利益"①；因此，"在管理方式方法上，如何偏柔性一些，是一个重要课题"②。二是认识到过度介入管理会影响网络媒体的发展。有高管认为，"如果完全封杀不同言论的话，对于媒体的公信力来说是一种伤害。我们把握的这个度还是比较松的，但是红线是绝对不允许碰的"③；"你管得太严又没人说话，太松又不好。我们希望论坛整体的气氛是往比较温和的方向去发展，而不是一上来就讨论社会、政治问题"④。

6. 引导形式

"网站时评"（32.40%）、"论坛主帖"（21.60%）、"即时新闻"（24.30%）被认为是最重要的网络舆论引导形式（见图15）。经 Pearson 卡方检验，不同性质的网站在网络舆论引导形式方面不存在差异。

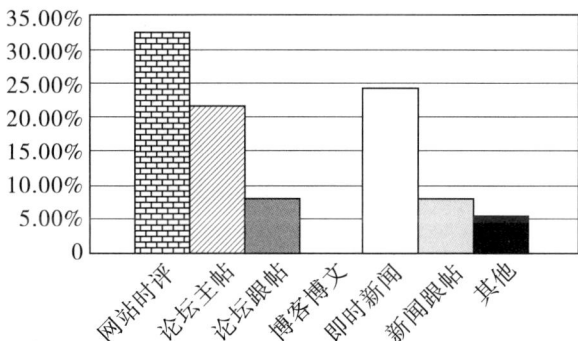

图15　最重要的网络舆论引导形式

大部分网站在实际工作中创造性运用各种引导方式，如"注意避免一边倒的言论立场"，"把博客、论坛中一些重要的帖子推荐到主页"，"重点推荐一些理性网友的分析"，"派记者核实和采访"等，强调即时新闻的重要性，认为缺乏时效性将带来舆论引导上的被动，并在突破时效性限制和加强评论员队伍方面作了一些探索。

也有网站指出了不重视网络时评的原因：一是难度大，二是害怕触碰禁区，三是担心曲高和寡。在实际引导过程中，一些网站高管表示政策尺度难以准确

①　作者访谈，××网，2009 年 8 月。
②　作者访谈，××网，2009 年 7 月。
③　作者访谈，××网，2009 年 8 月中旬。
④　作者访谈，××网，2009 年 8 月中旬。

把握，时常处于左右为难的境地。一位高管表示，在发生热点事件后，"我们比较苦恼的一件事情是，到底是做还是不做，到底怎么做，这个尺度怎么把握，我们也把握不准"①。

7. 影响网络舆论的因素

调查显示（见图16），"网络议程和引导手法"（59.50%）是影响网络舆论的最重要因素。因而如何有效设置网络议程，创新引导手法，是网络舆论管理中的核心论题。经 Pearson 卡方检验，不同性质的网站在影响网络舆论的因素选择方面不存在差异。

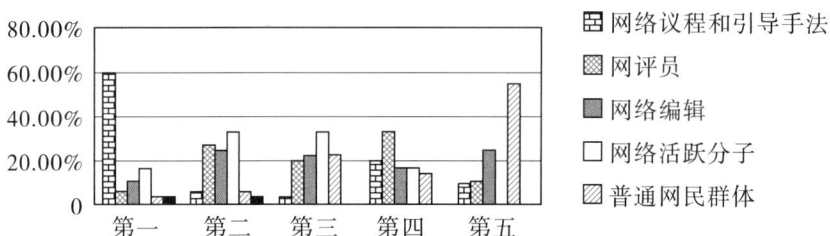

图16 影响网络舆论因素的重要性排序

各大媒体网站普遍重视设置议程，但对于引导方法，各网站有不同的理解和做法。一是概括网民意见中的热点加以引导。二是从网友角度，用网友语言来引导。三是利用归谬论证法并提供准确信息。

如何充分发挥网络意见领袖（活跃分子）的积极作用？一些网站在实践中逐渐积累了自己的一些经验。一是培养自己的意见领袖，使之成为一个喉舌化的群体。二是建立"舆论统一战线"，选择"接近现有体制但不能离体制太远的人"②。在此基础上尽量发挥意见领袖的正面作用，并避免意见领袖的负面作用。

8. 重大事件报道措施

调查显示（见图17），发生重大或突发事件时网站经常会"强化新闻报道"（94.60%）、"引导互动版块"（94.60%）、"组织网评员写评论文章"（83.80%）。这些措施有助于在重大突发事件中积极引导网络舆论，把握舆论主动权。

---

① 作者访谈，××网，2009 年7月初。
② 作者访谈，××网，2009 年8月下旬。

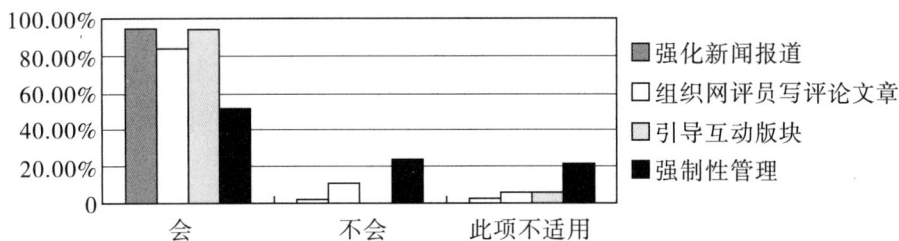

图 17　发生重大或突发事件时网站采取的报道措施

各大网站都重视新闻报道在发生重大或突发事件时的作用，如某高管所说，"你网站 6 个小时不发消息，网民自己会发消息。你如果 12 个小时没有正面声音的话，基本是谣言占据主流。'快'很重要，而且'快'的同时要给那个消息翅膀插上正确的舆论风向标。我们形成了非常深刻的共识——自己发比别人发好，主动发比被动发好，先发比晚发好"[①]。新闻网站一般会及时转发母媒体采写的报道。商业网站一般会在核实后转载。主要核实方式有"按照新闻办下发的白名单来核对"，"通过广播、电视等多渠道寻求真实性"，"通过百度和谷歌来了解这个事件的最新信息"。如果所得不同信息出入较大，一般以新华网、人民网等权威渠道为准，或等传统权威网站发布相关新闻后再发布。

经 Pearson 卡方检验（见表 5），不同性质的网站在"组织网评员写评论文章"方面存在显著差异（显著性概率为 0.017）。绝大多数新闻网站选择会"组织网评员写评论文章"，而商业网站对此做法不太重视。

表 5　不同性质网站在"组织网评员写评论文章"方面的显著性（$n = 37$）

	不会	会	此项不适用	总计
中央级新闻网站	0	5	0	5
地方级新闻网站	1	21	0	22
商业网站	3	5	2	10
总计	4	31	2	37

注：卡方检验值：12.022，显著性概率：0.017。

---

① 作者访谈，××网，2009 年 8 月下旬。

9. 互动措施

"设置互动版块"（73%）是增进与网民互动的最有效措施，"和网民举办活动"也达到16.20%（见图18）。经 Pearson 卡方检验，不同性质、不同地区的网站在"互动措施"的各选项上没有显著差异。

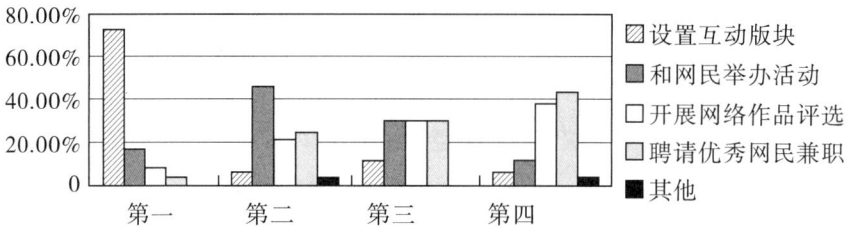

图18　增进与网民互动的措施有效程度排序

互动版块并不停留在网民发帖和上传视频等传播行为，很多网站已经将线上线下结合起来，在活动策划中实现网民之间、网站与网民之间的互动。如"广州视窗"的互动版块运作比较成功，并因此被誉为"最地道华南地区门户网站""2008中国最佳区域门户网站"。中国互联网协会官方数据（2009年6月）显示，其黏着率为94.70%。也有不少网站指出了互动版块管理存在的一些障碍。一是人手不够，二是各种"绿色通道"干扰，三是微博、论坛、即时通信等社交媒体难以控制。

（四）网站经营管理

关于网站经营管理，我们从经费来源、收入来源、赢利方式、经营困难等方面进行考察。

1. 经费来源

调查显示（见图19），总体来看，网站经费来源相对狭隘，多元化不足。依靠"母体单位投资"（41%）是网站（主要是地方级新闻网站）运营经费的主要来源，其次是"政府拨款"（主要为新闻网站，占24%）和"自主经营"（主要为地方级新闻网站和商业网站，占35%），社会股份及其他资本缺乏。经 Pearson 卡方检验，不同性质的网站在运营经费主要来源的各选项上没有显著差异。但仔细分析表6，商业网站几乎没有得到政府的拨款，而在自主经营上的比例（60%）远高于新闻网站（中央级新闻网站为20%，地方级新闻网站为27.27%）。

社会股份
0

政府拨款
24%

自主经营
35%

母体单位投资
41%

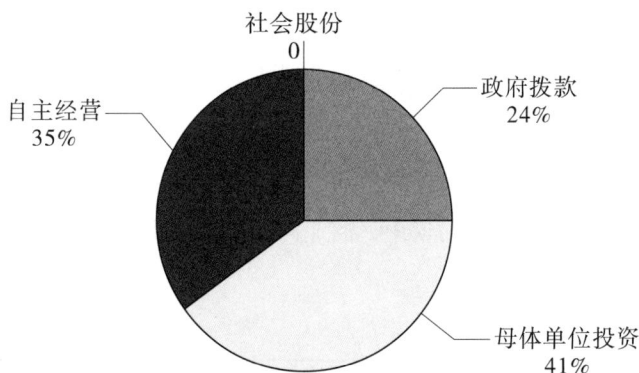

图19　网站运营经费主要来源

表6　不同性质网站对运营经费主要来源倾向的差异（$n=37$）

	政府拨款	母体单位投资	自主经营	总计
中央级新闻网站	40%（$n=2$）	40%（$n=2$）	20%（$n=1$）	100%（$n=5$）
地方级新闻网站	31.82%（$n=7$）	40.91%（$n=9$）	27.27%（$n=6$）	100%（$n=22$）
商业网站	0（$n=0$）	40%（$n=4$）	60%（$n=6$）	100%（$n=10$）

　　国有资本背景的网站在收入来源上一般集中在政府拨款或母体单位投资上。对于重点新闻网站，国家有关部门给予补贴，一般每年3 000万元到4 000万元。省级新闻网一年大约70万元。[①]

　　尽管国家已在推动新闻网站转企改制上市，但改制政策是在保证传统媒体控股的情况下允许国有资本进入，对风投尚未开放。[②] 当前改制背景的尴尬是：一方面想要政府政策、资金扶持；另一方面光靠政府的投入又不够，有了政策但没有保障风险投资、风险基金的机制。[③]

---

　① 作者访谈，××网，2009年7月上旬。
　② 作者访谈，××网，2009年7月中旬。
　③ 作者访谈，××网，2009年7月上旬。

2. 收入来源

调查显示（见图 20），网站收入来源相对单一，"广告收入"高居首位（91.43%），增值业务（如会员定制）有所增加（占 31.43%），"交易收入"（如电子商务、信息内容销售，占 14.29%）和其他收入来源仍处于起步探索期。经 Pearson 卡方检验，不同性质、不同地区的网站在"收入来源"的各选项上没有显著差异。但在实际访谈中，商业网站的收入来源普遍要比新闻网站更为广泛。

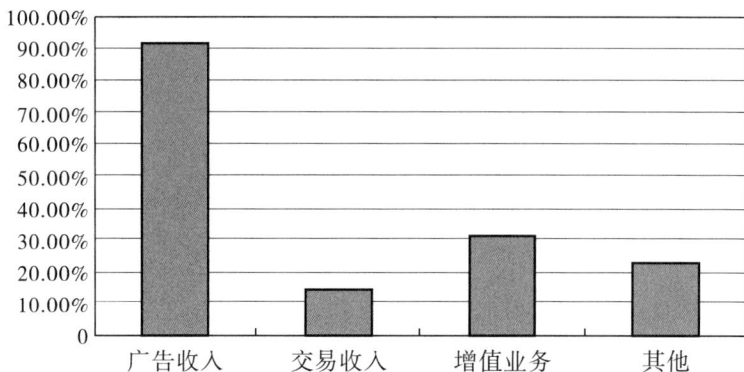

图 20　网站经营收入主要来源

新闻网站以广告为主的收入结构非常鲜明，但应看到，多数新闻网站在努力走向市场化，以摆脱拨款不足的尴尬现状。新闻网站拓宽收入渠道大致有三招：一是丰富本地特色的内容；二是提供本地商家信息，为用户提供便民购物信息；三是对商家收费。① 少数地方级新闻网站由于有母媒体和政府拨款，市场意识不太强烈，甚至有网站高管直接说："因为我们不是商业性网站，也谈不到经营，所以这个（收入来源问题）没办法回答。"②

商业网站在收入结构上则更为多样。有些网站的增值收入、游戏收入远远超过广告收入。如 21CN 网收入构成的多元化水平，就明显高于传统媒体或有政府背景的新闻网站（见图 21）③。腾讯的"广告收入占整体收入比较低，增值业务是最核心的赢利模式。收入来源中 40% 是游戏，13% 来自广告，其他的

---

① 作者访谈，呼和浩特信息港，2009 年 7 月下旬。
② 作者访谈，××网，2009 年 7 月下旬。
③ 作者访谈，21CN 网提供 PPT。

是我们的增值收入，收入大概占 80%"①。

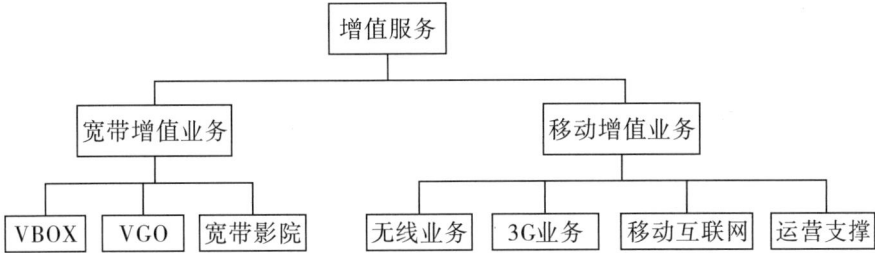

图 21　21CN 网增值服务构成

3. 赢利方式

数据显示（见图 22），出现在第一位的赢利方式主要有"在线广告"（64.9%），可谓"一枝独秀"，出现在第二位的主要为"企业信息化服务"（29.7%），其次是"移动增值"（24.3%）和"内容销售"（16.2%），其他赢利方式贡献率相对较低。经 Pearson 卡方检验，不同性质的网站在赢利方式的各选项上没有显著差异，趋同性较强。

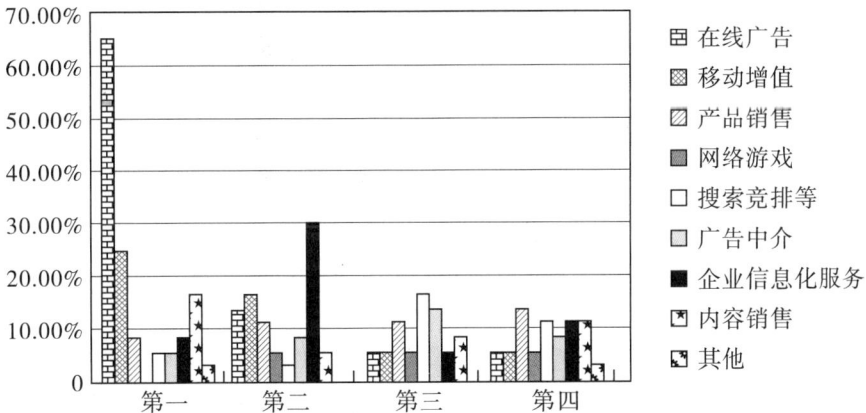

图 22　赢利方式的重要性排序

我们在实际访谈中了解到，商业网站的赢利方式要比新闻网站更为多样，也更成熟。新闻网站特别是地方级新闻网站总体很尴尬，正如某高管所言，赢

---

① 作者访谈，腾讯，2009 年 8 月 21 日。

利方式"是关键问题，也是个难题，目前我们还处在寻找阶段，但尚无具体创新"①。从当前情况来看，很多赢利方式都是依靠政策垄断资源。

商业网站如腾讯、网易在赢利方式上呈现了立体化布局，特别是网络游戏赢利已经进入相对成熟阶段。如网易，2008 年收入 30 亿元，网络游戏占了 25 亿元。② 而后起的腾讯，游戏业务发展也很迅速，2008 年第三季度已超过网易。③ 但也有网站管理者担忧，商业网站过分倚重网络游戏的赢利方式将给社会特别是青少年带来危害，认为这是"一种带血的暴力模式"④。

4. 经营困难

数据显示（见图 23），"经费不足"是网站经营的最大困难。"经费不足"在经营困难中占据首位（54.1%），其次为"管理体制不清"（24.3%），两大困难也反映了"政策控制多"和"市场化不充分"的问题。经 Pearson 卡方检验，不同性质、不同地区的网站在经营困难的各选项上没有显著差异。

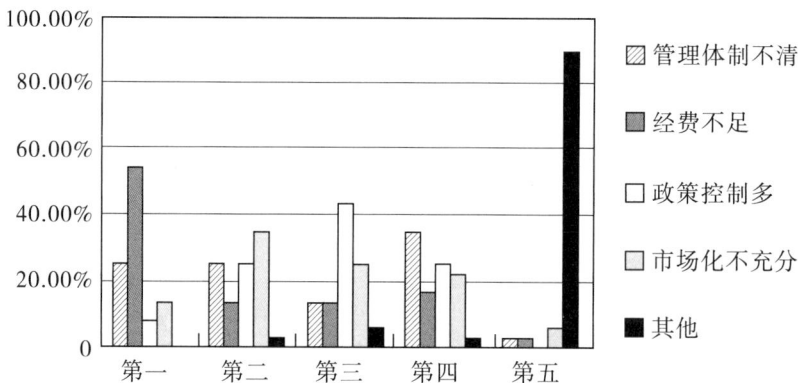

图 23　网站经营中碰到的困难程度排序

我们在实际访谈中发现，国有体制下的媒体网站在经营中碰到的困难程度要比商业网站大。除了前文反复提到的"经费不足"问题外，"管理体制不清"也是束缚媒体网站发展壮大的主要障碍。"管理体制不清"主要表现在两方面：

---

① 作者访谈，呼和浩特信息港，2009 年 7 月下旬。
② 作者访谈，网易，2009 年 8 月 14 日。
③ 作者访谈，腾讯，2009 年 8 月 21 日。
④ 作者访谈，××网，2009 年 7 月中旬。

一是网站作为媒体还是技术推广平台定位不清①；二是网站作为事业单位还是企业身份不明②。

四、基本结论与对策建议

（一）基本结论

通过对问卷和访谈的深度分析，我们发现，当前我国网站管理现状尚存在一些亟须解决的问题：

（1）管理体制：在管理归属上，目前大多数新闻网站还依附于传统媒体或集团甚至党政机关，"独立经营"的管理归属相对缺乏；在管理目标上，地方级新闻网站的"赢利"意识、市场导向不显著，商业网站在"舆论导向"意识上不显著；在管理难题上，"经费不足""经营权不明确""管理规范不全"是大多数网站共同面对的主要问题。

（2）员工管理：员工队伍上，年轻化特色鲜明，流动性偏高，员工队伍总体不稳定；人才招聘上，缺乏传统媒体经验和网络媒体技能的复合型人才；人才培育和激励方式上，缺乏合理有效、可操作性强的考核评价机制。

（3）内容管理：在新闻栏目上，真正体现网络特性或网站竞争力的"时效性"和"原创性"并没有得到应有的重视；在内容功能上，"信息汇总"功能的总体单一性，也反映了其他内容功能还处于非常薄弱的阶段；在舆论引导上，特别是在发生重大或突发事件时，如何把握尺度和政策界限，如何防止管制过度介入，成为网络内容管理的棘手难题。

（4）经营管理：经费来源单一，由于政府对新闻网站的资本来源、构成有明确限制，"自我造血"功能严重不足；在收入来源上，过分依赖广告收入，其他收入来源仍处于起步探索期；在经营困难上，"经费不足"成为网站经营的最大困难，"管理体制不清"也导致了"政策控制多"和"市场化不充分"的问题，严重限制了网站的可持续发展。

---

① 作者访谈，××网，2009 年 8 月中旬。
② 作者访谈，××网，2009 年 8 月中旬。

（二）对策建议

1. 在管理体制上，加快推进新闻网站的转企改制的步伐，强化商业网站的舆论引导意识

（1）加快推进新闻网站转企改制的步伐。促进产权制度改革，实施股份制改造，完善法人治理结构和资本运作机制。按照现代企业制度的组织框架和经营模式对新闻网站进行改制，理顺政府、母体、网站之间权、责、利之间的关系，真正摆脱体制性怪圈，在逐步脱离政府资助的基础上鼓励新闻网站参与市场竞争。

（2）强化商业网站的舆论导向意识。商业网站应增强社会责任感，在追求经济利润时应强化经济伦理和社会公德建设。目前大多数有影响力的网络社区由商业网站创办，它们在网络舆论的生发上具有重要的影响力。政府可通过政策扶持、经济奖励等多元手段，推动商业网站增加正面的舆论引导意识和能力。

2. 在员工管理上，健全合理的人才培育激励机制，建立多元化的考核评价机制

（1）加大对员工的专业培训力度，特别是重视对复合型专业人才的培育。为员工进行职业规划，鼓励员工积极参加国家职业能力考核，构建全面、科学的培训体系，增强员工可持续发展的能力。充分考虑网络媒体从业者年轻化的现实，从"80后""90后"新一代青年的心理和个性出发，营造适合青年群体的工作氛围，注重企业文化内部建设，进一步"提高奖金水平"和"培养网站认同感"。

（2）实行全员聘任制，制定多元化的考核评价机制。通过竞争上岗、双向选择，形成能上能下、能进能出、合理流动、优胜劣汰的用人机制；在人员考核评价机制方面，新闻网站应该多向有市场经验的商业网站取经。PV（页面浏览量）、UV（独立访客）、流量，并非考量业绩的唯一对象，很多商业网站建立了比较全面立体的评价机制。

3. 在内容管理上，应强调差异化定位和原创内容，全面权衡信息自由而安全的流动

（1）强调差异化定位和原创内容。新闻网站应坚持新闻和服务并举、网上与网下相结合的发展思路，要善于依托权威性、及时性新闻信息，整合网民资源、信息资源和政府资源，积极进行信息服务的相关开发。决策部门应考虑赋予商业媒体一定范围内的采访新闻信息权利，并对其义务和责任进行明确的界

定，以便更主动、及时地把握舆论导向。中国新闻奖的评选在确保舆论导向的基础上，应考虑将商业网站纳入。在评选项目上可参照国外网站评优的标准，进行中国特色的本土化改造。每年的中国新闻奖评审，把商业网站排除在外，事实上并不利于掌握舆论引导上的主导权和推动网络产业的健康发展。

（2）全面权衡信息自由而安全的流动。在内容管理上应符合网络传播与发展规律，改变传统的宣传主导型模式。在强调信息安全流动的前提下确保信息自由流动是网络内容管理的关键。政府在内容管理上的主要任务是制定规则和强化监管，加强全面细致的规制分析，任何网络管理规制的目的、手段、结果、成本、收益、程度和范围等都需要进一步考察。

4. 在经营管理上，通过多种渠道拓展资金来源，积极寻求适合自身发展的赢利方式

（1）通过多种渠道拓宽资金来源。随着新闻网站的实力增强，在确保主办单位控股的前提下，资本来源应由"国有战略投资者"向民营资本、私人资本、国外资本逐步放开。可以尝试上市融资、股权转让、收购兼并等方式，以整合和配置资源，扩大网站发展规模，实现网站的跨越式发展。

（2）积极寻求适合自身发展的赢利方式。新闻网站应积极构建赢利模式，增强赢利能力，努力将网站打造成为具有强大竞争力的新型互联网企业。应在明确党和国家的重要舆论工具这一定值的同时，积极依托自身独特的核心资源，改变现有依靠广告生存的单一模式，在内容版权交易、电子商务、电子政务和社交媒体等增值业务方面开拓更大空间。当前，新闻网站面对的难题是在正确舆论引导下如何尽可能地实行有效的商业化运作。

（本文原载于《新闻与传播研究》2012 年第 1 期。作者：钟瑛、罗昕）

云计算时代数字出版的优势、问题与对策

云计算正在激发数字出版的潜能，基于"云"的数字出版具有自身独特的优势，但同时也面临着版权保护、数据安全、商业模式、行业标准等主要问题。为此，应强化政府规制和合作规制以保护版权，推进技术创新和制度创新以确保数据安全，打造产业链形成共赢的商业模式，加强政府引导和各方协商以制定行业标准。

一、云计算时代数字出版的优势

"云计算"是一种 IT 基础设施的交付和使用模式，指通过网络像消费水、电、煤等基础设施一样，以按需使用和付费的方式获得所需的服务或资源。提供资源的网络被称为"云"。最简单的云计算技术在网络服务中已经随处可见，例如搜寻引擎、数字图书馆等，使用者只要输入简单指令就能得到大量信息。云计算的真正价值在于，它可以基于计算能力的虚拟化和资源调配的自动化，为用户提供虚拟的计算、存储和网络资源。

在成本压力增加和收入来源减少的困境下，基于云计算的软件解决方案为全球出版商提供了一种令人兴奋的替代性选择。我们将看到"云"不仅对包括报纸杂志等传统出版的生产流程产生影响，也对不断出现的诸如平板电脑和电子阅读器的出版服务产生巨大影响。基于"云"的数字出版具有自身独特的优势：

（1）信息转移迅速容易：将信息转移到云计算的解决方案中是直接的，不需要安装新硬件或配置软件，所有技术由云服务提供商来操作。如将一份杂志转变成 iPad App 版的实际预付投资将是微不足道的；将《纽约时报》1851—

1982 年一千一百万份报纸文章转移到"云"中，只需 24 小时和大约 3 000 美金。①

（2）大大节省运行成本："云"的自动化集中式外包管理，使大量出版商无须负担日益高昂的数据中心管理成本，如主机服务托管费减少，IT 硬件和软件费用减少，需要更少的职员来维护网络平台，"按使用付费"定价减少出版成本。

（3）提升编辑生产效率：内容管理系统（CMS）允许编辑共享不同出版物的内容。编辑能在任何有互联网连接的地方使用文件、信息和应用。编辑能同时操作和共享相同文件、图片或信息，确保在一个地方就能捕捉到所有的更新和变化。基于"云"的出版使得出版商更专注于提升内容产品质量。

（4）在出版商、经销商和客户之间有更多的协作：销售云（Sales Cloud）允许出版商了解每个成员是怎样黏附着出版产品的，从而调整销售，生产为他们所需要的信息，实现销售业绩的持续增长。服务云（Service Cloud）可以通过电话、网络论坛、在线社区网络或社交网站控制所有的客户交互活动，通过联网的知识共享和卓越的协作功能，允许职员更便捷地与同事、合作伙伴和客户分享信息。云计算在使出版商对市场变化作出更多响应时起到了关键作用。

（5）系统灵活性和可扩展性：当出版需求增加甚至达到高峰时，不用担心购买和配置新的硬件或软件。"云"的规模可以动态伸缩，快速分配资源以满足应用和用户规模增长的需要。云计算支持用户在任意位置、使用各种终端获取应用服务，因为用户所请求的资源来自"云"，而不是固定的有形的实体。

二、云计算时代数字出版的主要问题

（一）版权保护面临更为严峻的挑战

互联网发展了这么多年，我们在数字版权保护等方面的法律还显得滞后，没有在立法层面得到很好的解决。仅仅谷歌、百度两个搜索引擎公司引发的众多版权纠纷就折射出数字出版行业的版权乱象。数字资源的版权保护一直是数字出版过程中最核心的问题。在授权多个渠道发行时，如何实现数字资源的安全发行，是数字出版产业迫切需要解决的主要议题。

① JAEGER P T, LIN J & GRIMES J M. Cloud computing and information policy：computing in a policy cloud. Journal of information technology & politics，2008，5（3）：269 – 283.

基于"云"内容的去中央化，对数字版权保护提出了更加严峻的挑战。我们即将生活在计算机存储去中央化的转型期。当这一时期结束时，从"云"中可接近一切的时代也就不遥远了。人们开始关注云服务的可靠性、开放或封闭、包容或排外潜能等问题。出版商尽管已经从过去的媒介、音乐和电影业版权纠纷中学习到了丰富的经验，但是这次"等着瞧"的方法也许不起作用了。假如消费者开始期待在任何地点任何时间接近他们的内容（或所有的内容），出版商将需要满足这种期待，否则将看到非附属的公司或产业介入所带来的风险。①

（二）数据安全存在被控制的危险

从个人、商业数据安全来看，卡尔（Carr, 2008）在《大转换》中就描绘了云计算不太光明的一面。他认为云技术既是解放的技术，又是控制的技术。尤其是当系统变得更加集中化时，个人数据被越来越多地暴露；数据挖掘软件越来越专业时，控制之手将占上风，系统将变成监视和操控人类的绝佳机器。如谷歌隐私政策规定：如果该公司因"善意的理由"必须提供相关数据，以满足"任何可适用的法律、法规、法律程序或者强制执行的政府要求"，那么它将与政府共享数据。② 高德纳（Gartner）咨询公司副总裁兼分析家戴维·西尔利（David Cearley）关注了商业机密保护问题，"使用云计算的局限是企业必须认真对待的敏感问题，企业必须对云计算发挥作用的时间和地点所产生的风险加以衡量"③。企业通过减少对某些数据的控制来节约经济成本，意味着可能要把企业信息、客户信息等敏感的商业数据存放到云服务提供商的手中，对于信息管理者而言，他们必须对这种交易是否值得作出判断。

从国家信息安全来看，随着云计算技术的发展，人们拥有了一个异常强大而自由的通信网络，不再受制于某些通信节点的限制，诸如网关、路由器、DNS 等。人们可以随时随地选择地球上任何一个通信节点接入网络。美国云计划的战略目标是将包括中国在内的 30 亿人口的未来数据，直接接到美国的

① SLOCUM M. Cloud computing's potential impact on publishing. ［2008 - 07 - 22］. http://radar. oreilly. com/2008/07/cloud - computings - potential - imp. html.

② CARR N. The big switch: rewiring the world, from Edison to Google, W. W. Norton & Company, 2008.

③ SCHWARTZ E. The dangers of cloud computing. ［2008 - 07 - 11］. http://www. infoworld. com/d/cloud - computing/dangers - cloud - computing - 839.

"云"上，最终得以实现从根服务器、自主核心应用软件到数据内容出版整个网络层次上的全面控制。当前，以 Rackspace 为主导的几大全球云计算中心均在美国。基于开放源代码的谷歌、Apple（苹果）、Amazon（亚马逊）等大公司均在大力部署、实施云出版战略。他们将成为这场内容数据争夺战的赢家。当前，在国外"浓云密布"的渗透下，"中国数据中心市场呈现客户大量外流及国外数据中心强势进入的形势"①，国家信息安全问题进一步面临挑战。

（三）商业模式缺乏通力协作的产业链

从产业价值链来看，目前，出版商、渠道商、技术服务商等数字出版产业链出现断裂，如出版商多持观望态度，技术和资金仍然是最大瓶颈；渠道商过多摸索商业模式，导致版权纠纷不断；技术服务商处于圈地运动阶段，云出版平台并不成熟。出版商、渠道商、技术服务商在数字出版产业链中如何定位，保证三者之间的协调，是数字出版行业中一个很重要的课题。这个课题处理得好坏，关系到基于"云"的数字出版行业能否搭建一个符合市场规律的商业模式。

目前我国数字出版产业的利益分配机制还不完善，掌握主要内容的传统出版企业在产业链中话语权较弱，进入流通渠道的优质数字化内容不足，产品吸引力不够。出版企业要寻求与云计算技术应用相适应的新的赢利模式。盈利模式是我国数字出版业发展的瓶颈。我们许多出版业人士都认识到数字出版是个朝阳产业，但就是没办法实现盈利，造成目前进军数字出版业口号声高、脚步声小的局面。因此，我们利用云计算来发展数字出版业的关键问题，是要摸索一条适合数字出版自身发展的赢利模式。

（四）缺乏统一开放的行业标准

自从诸如 Apple 的 iPad 和 iPhone，基于 Android（安卓）的手机和平板电脑，Amazon 的 Kindle，Barnes & Noble（美国最大的连锁书店）的 Nook，Sony（索尼）的 E-Reader 等电子阅读终端出现后，这些终端的兴起构成一种困境：数字内容需要为具体的终端特定销售。以往为每个目标平台创造独立的出版内

---

① 张东升：《未来 10 年互联网竞争集中在云计算等领域》，《网络与信息》2011 年第 5 期，第 36 页。

容的时代很快要结束。云计算技术的存在允许出版商在单一的数据库中创造内容，然后将所有或部分内容发送到指定平台上。由于 PC、手机、iPad 等电子阅读终端支持的电子书格式不同，"云"中的数字资源不能在这些终端上实现共享。

当前，数字出版产业缺乏统一开放的行业标准，难以互联互通、强强联合、共享资源，在一定程度上造成了数字出版产业链的断裂，成为制约数字出版产业发展的主要瓶颈。版权机构、终端厂商和网络运营商都各自去获取内容，很多都只生成了自有格式，要想在不同终端上阅读这些内容，就要在系统里安装各种阅读器软件，加大了内容重复加工的成本。这样的封闭格式导致内容资源的利用率低下，不能让更多不同阅读终端的用户平等拥有所有内容。即使有一些开放格式，也不能让所有终端都适配。

三、云计算时代数字出版的对策

（一）强化政府规制和合作规制以保护版权

沙茨金（Shatzkin，2008）认为，当所有内容进入"云"中，没有或很少内容"停留"在个人配置的硬件驱动中，这改变了传统的内容传送模式。内容数字版权管理（DRM）和来自盗版的威胁的讨论将被取代，它们似乎变得不必要或不相关了。[①] 诚然，用户希望能在任何时间任何地点，不受云提供商或第三方限制下接近和使用"云"，但这种接近和使用的前提除了平等，还有合法，其中尊重知识产权是重要的一个选项。

出版商需要控制自身的数字内容，这赋权给出版商为新的商业机会迅速地开发利用所有内容。所有产品和许可应促进和强化这种地位。首先，应以政府规制为主导，推动国家相关法律法规升级修订，以适应数字出版产业发展的需要。其次，应建立行业合作规制。在云出版服务平台上，各个出版单位应拥有版权，建立自己的电子出版平台，通过公共平台发布，进行数据交换。版权单位决定价格和交易方式。只有具有基于技术商业模式的独立知识产权的出版产业就数字出版产业链各方达成一致，才能赢得数字出版的未来。

---

① SHATZKIN M. On cloud computing and publishers. http://www. publishingtrends. com/2008/09/cloud - computing/，September 2008.

（二）推进技术创新和制度创新以确保数据安全

政府部门在国家信息安全方面应加强引导，让主流文化回归到正确的轨道。一是推进技术创新。我国《新闻出版业"十二五"时期发展规划》明确指出："研发一批拥有自主知识产权，具有战略性、引导性和带动性的前沿技术，掌握一批具有支撑作用、保障作用的基础技术"，其中就包括重点支持的云出版技术。数据安全主要是解决云计算基础设施、平台和软件的自主创新问题，缩小与国外云出版的技术差距。全球化浪潮加剧，数字出版业面临着全球化的竞争，需要强化自主品牌的塑造和自主知识产权的技术创新。云出版的可靠性、完整性不仅仅需要云计算技术，还需要其他科技尤其是先进通信技术的支持，如光纤到户、新一代移动通信技术、卫星通信技术、IPv6、物联网技术的创新发展。

在制度创新上，首先要继续完善网络环境下的数据安全保护法规，切实保障涉及个人隐私、商业机密甚至国家安全的敏感数据。其次要推进网络中立的规制创新，按互联网规律开放竞争，既要防止网络提供商为索取高价而切断、阻止云提供商之间的连接或倾向于自己的垂直云服务，也要鼓励云提供商在合法平等基础上优化自身的服务。最后要重点扶持一批国家级重点云出版平台研发基地和全球云计算中心，扭转当前客户大量外流及国外数据中心强势进入的形势，真正改变在数字出版和数据存储方面的严重不均衡。

（三）打造产业链以形成共赢的商业模式

与传统出版业不同，数字出版业涉及的产业链比较长，需要多环节共同努力才能做大，共同打造数字出版产业链。各方在产业价值链中应有明确分工，各司其职。产业链上的参与者，共同研究解决格式标准、版权保护标准、利益分成以及定价原则等重要问题，形成一个行业参与者共赢的商业模式。只有在以自主知识产权技术为基础的商业模式上达成共识，数字出版产业链上的各方才能一起共赢数字出版的未来。

在云计算时代，需要依靠云出版平台将整个产业链串起来，为数字出版的发展铺好路。为此，应由政府相关部门牵头、由产业链各方分工协力组成云出版联盟，共同推出"云出版服务平台"。该平台将为数字出版产业链上的各环节带来价值提升：对于出版商而言，通过该平台，可以实现数字资源的自主授权渠道、自主选择商业模式、安全发行和透明结算；对于渠道商而言，通过该平台，可以快速搭建数字资源运营平台，及时获取正版资源并实现为读者提供多终端、跨媒体阅读服务。[①] 只有把内容（可以出版的作品）、通道（电信、移动等互联网或者移动互联网服务商），以及个人终端（阅读器、手机、PSP、平板电脑等产品）这几个环节的关系处理好，真正形成"内容服务 + 通道 + 终端"的商业模式，才是数字出版发展的长久之计。

（四）加强政府引导和各方协商以制定行业标准

2009 年美国"开放云计算宣言"（Open Cloud Manifesto）曾经提出了六条基本原则[②]：①云计算提供商必须合作，确保能通过公开合作和适当采用标准来应对采用云计算所面临的挑战，包括安全性、集成、便携性、互操作性、治理、测量与监控等方面。②云计算提供商不得利用其市场地位把用户锁定在自己特定的平台内、限制用户选择云计算提供商。③云计算提供商必须在适当情况下，采用现有的标准。IT 业已经在现有标准和标准组织上进行了大量投资，没必要重复投资或重新制定已有标准。④需要制定新标准时（或需要修改现有标准时），我们必须审慎、务实，以免制定过多的标准。我们必须确保标准能促进创新，而不是抑制创新。⑤社区围绕云计算所做出的任何努力都应该由用户的需求驱动，而不仅仅是云计算提供商的技术需求，而且这些结果都应该根据实际的用户需求进行检测或认证。⑥云计算标准组织、倡导者团体和社区都应该互相合作、互相协调，确保各项成果不会冲突或重叠。该宣言得到了很多公司的支持，包括 Sun、AT&T、Ciseo、IBM、Rackspace 等。但 Amazon、Google、Microsoft 和 Salesforce 这些关键厂商却不在签署者之列。这种阵营的分裂实质是不同利益主体对云服务标准进行控制或开放的博弈。

我国《新闻出版业"十二五"时期发展规划》明确指出："加快新闻出版行业标准化建设步伐，推进数字出版相关标准制定与推广工作，编制完成行业基础性标准，研究编制新业态核心标准"。因此，倡导统一开放的数字出版行业

---

① 小竹：《共同享受云服务——方正阿帕比推出云出版服务平台略记》，《中国出版》2011 年第 9 期，第 48 页。

② Open cloud manifesto，2009：6. http://www.opencloudmanifesto.org/.

标准，帮助用户提出有关云计算互操作性的正确问题，成为基于云的数字出版发展的重要策略。一个统一开放的数字出版行业标准，需要在政府引导下，通过数字出版产业链上的各方共同参与、互相协调才能得以顺利制定和执行。

（本文原载于《出版发行研究》2011 年第 11 期）

网络舆论生态治理

…… ……

从网民结构看网络民意与真实民意的偏差问题

互联网日益深度嵌入人们的生活，网络民意也越来越受到政府和社会的广泛关注。但同时应注意到，网络民意并不能等同于真实民意。由于受到不同方面的网民结构特征的影响，网络民意与真实民意存在一定的偏差。正确认识这些偏差，能够帮助政府部门更好地把握民情，进行更为科学民主的公共决策。

一、网民人口统计学特征带来民意非理性偏差

真实民意应该是理性的、深思熟虑的。民意所反映的应该是他们经过一定的思考所产生的想法和愿望，而不是在资讯不足和本能反应下的偏见。我国现阶段网民的"三低"特征影响了网络民意的理性表达，造成了与真实民意之间的偏差。

从我国现阶段网民的人口统计学结构特征来看，我国网民的总体素质仍然偏低。年龄低、学历低、收入低的"三低"用户在网民整体规模中占了很大比例。第 44 次《中国互联网络发展状况统计报告》显示，我国网民以 19 岁以下群体为主体，共占比 20.9%，其中学生群体规模最大，占比 26%；小学及以下学历占比 18%，初中学历占比 38.1%，高中/中专/技校学历占比 23.8%，且继续向低学历人群扩散；网民中月收入在 2 000 元以下的群体占比 39.4%，几乎有 1/3 网民的收入水平普遍偏低。①

一方面，年轻群体已经成为网络民意的主要发声群体。② 尤其在涉及爱国

---

① CNNIC：《中国互联网络发展状况统计报告（第 44 次）》，https：//www.cnnic.net.cn/hlwfzyj/hlwxzbg/hlwtjbg/201908/P020190830356787490958.pdf.

② 《2016 年网络舆情生态研究报告》，http：//jour.cssn.cn/xwcbx/xwcbx_pdsf/201612/t20161201_3298484_4.shtml.

表达的热点事件中，年轻群体表现出了强大的自我动员与组织能力。但由于他们年龄、学历偏低，大多心智不成熟，经历尚浅，不具有理性看待和分析问题的能力。因此，他们在涉及公共事件表达时常常缺乏判断，易受煽动，过于情绪化。例如，在"美韩部署'萨德'反导系统"事件中，不少网民在网络中辱骂同胞、逢乐天必反、转发诸如"中国黑客向韩国宣战"的谣言等。这些行为典型反映了后真相时代对情绪和观点的追捧而不问事实真相，体现了网络民意的情绪化和非理性化。

另一方面，低收入群体以及现实社会失意者利用互联网宣泄不满。现阶段我国处在社会转型期，社会结构不平衡，利益群体分化，社会矛盾日益尖锐，政府与社会的信任机制有待完善。互联网上衍生出了大量的"网络喷子"，将互联网当作发泄不满情绪的平台，在讨论问题时，断章取义，胡搅蛮缠；言语粗俗，满嘴脏话，为了批评而批评，甚至演变成网络暴力。2015 年 9 月 3 日，歌手范玮琪在微博发了亲子照，立即有大量网民攻占其微博评论区，攻击她"不爱国"，并要求其道歉，其中不乏不堪入耳的侮辱性词汇。网民这种负面情感的抒发，造成了网络民意的非理性。

二、网民数字鸿沟带来民意代表性偏差

真实民意应该是大多数人的共同意见。"民意不单单是人民范畴中某个群体或某个个体的政治主张和思想愿望，是人民这个集合体的意向趋势，它所反映的总是社会上绝大多数人的共同意志"[①]，但是由于网民数字鸿沟的存在，网络民意仍无法完全代表真实民意。

"数字鸿沟"是指"信息富有者和信息贫困者之间的鸿沟"。它表现为信息富人与信息穷人在拥有硬件、网络接入、信息服务等方面的差距，还可以表现为公民在社会政治生活中能否使用数字资源和信息技术参与公共事务的决定。[②]

在硬件和网络接入方面，我国仍有大量的非网民，且大部分分布在农村。截至 2016 年 12 月，我国共有网民 7.31 亿人，互联网普及率为 53.2%；城乡互

---

① 吴顺长、张凤：《民意学》，天津：天津人民出版社，1991 年。

② 袁峰、顾铮铮、孙珏：《网络社会的政府与政治：网络技术在现代社会中的政治效应分析》，北京：北京大学出版社，2006 年，第 89 页。

联网普及差异从 2015 年的 34.2% 扩大为 36.0%，[1]这说明中国仍有将近一半的人未能接入互联网，城乡互联网普及差异仍然较大且持续扩大。农民、民工等群体是我国不可忽视的一个重要群体，但他们因为硬件设施落后、上网技能缺失等原因被排除在网络之外，他们的利益无法在网络民意中得到充分体现。

在数字资源的利用方面，不同群体之间在技术资源的掌握和互联网使用水平方面也存在鸿沟，导致了不同群体在表达切身利益诉求时存在落差。拥有优势资源和较高互联网使用水平的人能够更准确地表达自身诉求，从而影响政府决策，实现自身政治愿望。相反，信息贫穷者却因为缺乏资源和互联网使用水平低，无法有效地通过互联网向政府和社会表达自身权益诉求，导致多元的民意难以被全面呈现。

三、网民影响力结构带来民意主流性偏差

真实民意应该是自主的、平等的，是不受到他人影响的或听命于人的。然而，网民影响力结构层次不一，话语权不平衡，主流民意常偏向少数意见领袖或社会中间阶层。

根据影响结构来看，可以将网民分为沉默者、一般参与者、活跃者、领袖者。沉默者是网上的围观者和潜水者，一般只浏览信息而不发表言论。据喻国明、李彪（2015）研究发现，在某个新闻的跟帖中，只有不到 8% 的人会点赞、评论和转发等，真正经常发言的网民不超过 2%，大多数网民是沉默的。[2]一般参与者多为点赞者、转发者，偶尔跟随外部意见或简单发表言论，但并不积极。根据 CNNIC 报告，我国 7.31 亿网民中，只有约 1 462 万人会对舆情事件积极发声，而这 1 462 万网民很难代表其余 98% 的民众的意见与呼声。[3]活跃者是小部分的中 V、小 V 和评论者，他们有一定的粉丝，在网络平台上较为活跃，

---

① CNNIC：《中国互联网络发展状况统计报告（第 39 次）》，http：//192.168.20.22/files/21100000033876E3/www.cnnic.net.cn/hlwfzyj/hlwxzbg/hlwtjbg/201701/P020170123364672657408.pdf.

② 喻国明、李彪：《社交网络时代的舆情管理》，南京：江苏人民出版社，2015 年，第 77 页。

③ CNNIC：《中国互联网络发展状况统计报告（第 39 次）》，http：//192.168.20.22/files/21100000033876E3/www.cnnic.net.cn/hlwfzyj/hlwxzbg/hlwtjbg/201701/P020170123364672657408.pdf.

会参与时事讨论、发表观点、分享生活等。领袖者包括金 V、大 V、网红、主播、答主等意见领袖，他们拥有高人气和网络威望度，能动员网民、制造话题、引领舆论，甚至进而影响决策。可见，大部分网民是"吃瓜群众"，经常随波逐流、人云亦云，极小部分意见人士掌握着话语权，现实中的边缘民意在网络空间中有可能演化为主流民意。

从阶层分布来看，网络言论更多代表的是中间阶层的"民意"。有学者研究发现，占我国人口总数 33.13% 的社会中间阶层拥有 68% 的网络话语权，而占人口总数 64.8% 的"产业工人""农业劳动者""无业失业半失业人员"阶层只拥有 12% 的网络话语权。① 网上发声的中等收入群体的特点，第一是利益诉求偏向马斯洛需求层次理论中较高级的社交需求、尊重需求和自我实现需求，其生理需求和安全需求已得到保障。新华网发布的《2016 年度社会热点事件网络舆情报告》指出，以中产等为代表的群体，参与社会性公共事务的热情持续增高，其舆论诉求将更加着眼于权利实现。② 第二是网络运用能力强，在技术操作、人际沟通、话语表达上都有一套修辞框架体系或模式。第三是我国当前中间阶层也处于发展"雏形"或"成长"期，带有一定的不成熟特征，即所谓的"中产阶级焦虑"导致行动上的焦躁。而对于网络媒介素养较低的工农阶级来说，他们不一定能准确通过网络表达意见诉求。因此，中间阶层能通过较高的网络素养主导网络舆论，将民意偏向自身阶层的利益诉求，但是由于自身阶层的不成熟，不仅会使自身意见表达存在问题，而且还可能导致他们在为弱势群体"代言"中出现信息的失真甚至扭曲。

四、网民利益取向结构带来民意客观性偏差

真实民意应该是基于客观存在的事实，而不是被他人操纵的。从网民利益结构上看，网民具有不同的利益诉求，包括公共利益、私人利益和社团利益。一些人为了追求特定的利益，就有可能捏造谎言，操纵民意。

卢梭认为"公意永远是公正的，并且永远以公共利益为依归"，但有时网

---

① 赵云泽、付冰清：《当下中国网络话语权的社会阶层结构分析》，《国际新闻界》2010 年第 5 期，第 63 - 70 页。

② 《2016 年度社会热点事件网络舆情报告》，新华网，http://news.xinhuanet.com/yuqing/2017 - 01/04/c_129432155.htm.

络空间中表面上的"民意"并非公意，而是某种私意或众意（个别意志的总和），是一部分人出于对自身或所在群体利益的考量。这些意见在传播过程中会被传播者根据自己的意愿加工、改变，甚至加入一些臆造的成分。特别是，有些网络民意的事实基础并不存在，是人为策划或炒作、捏造、绑架的。其一是网络谣言，其编造者或怀揣某种不良动机，或唯恐天下不乱，有意进行恶作剧，炮制出种种"内幕消息""惊天秘闻""科学发现""阴谋论"等耸人听闻、煽动情绪、渗透思想的虚假信息，紧扣热点、紧抓人心，引来众多辨识力差的网民进行病毒式传播扩散。其二是假新闻，它较谣言相对内敛，但因为打着"新闻"的旗号而欺骗性更强、影响面更广。如一些网络媒体与自媒体通过捕风捉影、截取加工、解释歪曲等手法发布失真失实信息，蒙蔽大众，作为"第四权力"的媒体摇身变成弄权者。其三是收买专业的网络水军、网络推手发帖、评论、炒作营销、攻击对手、刷分刷榜等。这些阴影长期潜伏在网络各个空间中暗箱操作、混淆视听、制造假象，欺骗网民去支持或反对某些事物。

绑架、操纵网络民意，既可能出于政治利益，也可能出于商业利益。政治利益方面，一是政治地位，一般体现在西方政客操纵选民上。古希腊就有"蛊惑民心的政客"（demagogue）这个词，而在现代西方民主下，"政治总是依赖于操纵人民的情感与偏见"的观点依然有一定市场。在 2016 年美国总统大选中，无论是特朗普个人的推特炮轰言论，还是网络和社交媒体上围绕两党派系的众多谣言、假新闻，不难想象其背后难以摆脱政治利益。二是政绩表现，如个别地方政府有时为了维稳和政绩表面工程，也会在网络民意上做表面功夫，或网络舆论引导不当，遮蔽民意，或单纯为了寻找"民意支撑"而在一些网络民意调查中设置选项、立场先行，绑架民意，甚至在一些评比中组织力量进行网络刷票，歪曲民意，这种情况曾经发生在"感动中国十大人物"评选中。三是政策商定，地方政府在制定公共政策时会征求网民意见，这时一些政策相关利益者就有可能通过各种手段为己方呐喊，如 2017 年 2 月网上关于"开放代孕合法化"的争论，与此相伴的是各种似真似假的代孕故事、似理非理的伦理和法律讨论，其中就不乏有一些地下代孕公司在兴风作浪、煽风点火。商业利益方面，大部分网络水军、网络推手、网络炒作等都是为了牟利，获得流量变现，其背后有专业公司和团队，如地方房地产开发商会形成所谓自媒体联盟，恶意炒作当地房价过低从而达到误导地方决策、谋取不当利益的目的。一些网络媒体也在"眼球经济"的市场规律指导下制造舆论，获得轰动效应。虽然有时商业资本力量未必真正想改变网民对公共事务的意见，但客观上影响了网络舆论生态，进而影响了真实民意的体现。

五、网民行为结构带来民意共识性偏差

真实民意应该是整体性共识，而不是碎片的、分散的、撕裂的。不同类型的网民在发表意见时，有各自的关注点和利益取向，其言语行为也有不同的影响。网络虽众声喧哗，却杂乱无序。

互联网为人们型塑了一个有别于线下现实社会却又与之密切关联的活动空间，全新的生活界域和活动场景导致了各种全新社会行为的产生。具体来说，依据网民网络行为的不同目的，可将网民的网络行为区分为信息型、社交型、娱乐型、自恋型、逃避型、自我实现型、交易型、求助型。① 以下简述几种对网络民意影响较大的行为类型。第一是娱乐型。虽然娱乐可以说"使网上下充满了快活的空气"，但不能忽视尼尔·波兹曼在《娱乐至死》中的告诫：电视让"一切公众话语都日渐以娱乐的方式出现"，"其结果是我们成了一个娱乐至死的物种"，网络比电视有过之而无不及。诚然，网上存在许多过度娱乐的行为，包括围观、起哄、低俗、恶搞、戏谑等后现代亚文化，如有些网民拿国家领导人制作表情包。过度娱乐，只图一时快活，而不去思考真正对个人、社会和国家有价值的严肃话题，理性民意也无从谈起。第二是自恋型。这类网民以"秀"为常态，以自我为中心，甚至于自以为是、自欺欺人，看不到主流风向，听不进他人声音，拒绝公共意见交流，不利于形成共识、整合民意。第三是逃避型。一些人将网络空间当作逃避现实世界的场所，线下被压制得越厉害，线上就越容易肆意宣泄。极端者想当然地把网络看作自由之境、世外桃源、法外之地，出现欺骗、谩骂、侮辱、人肉搜索等网络越轨行为，使网络民意充满戾气。第四是自我实现型。这类人追求实现自我价值、获得承认与尊重，互联网技术赋权使得他们能够利用自己的"麦克风"参与和组织动员公共事务。这类网民是网络民意的积极表达者和推动者，但也容易引起争议。

因此，网络民意充满各种调子，形成众多的圈子或小团体，圈子之间或隔

---

① 钟瑛主编，罗昕、张军辉、范孟娟副主编：《网络传播导论》（第2版），北京：中国人民大学出版社，2016年，第188-190页。

阁忽视，或对立斗争，使网络民意表达成为一场狂欢盛宴，却很少有实质性的共识达成。如2016年初的"帝吧出征Facebook"事件中，以"帝吧"成员为主力的大陆网民通过"翻墙"，到台湾地区领导人蔡英文、台湾绿媒等的Facebook账号下刷屏。网民群体中，有为实现自我想象中的"英雄主义"而摇旗呐喊的"帝吧"成员和各路支援，有围观起哄、恶搞戏谑而并不真正思考两岸关系的"吃瓜群众"，也有自视甚高、将之斥为闹剧的批判者，更有趁机暴力宣泄情绪、辱骂两岸网民的喷子。这种相互撕裂而缺乏共识的网络民意，充其量是一场娱乐狂欢，在推动两岸关系的改善上并无多大作用。可见，在弥合网络民意与真实民意的鸿沟这一问题上，仍然任重而道远。

（本文原载于《当代传播》2017年第6期，作者：罗昕、黄靖雯、蔡雨婷。有删改）

重大突发事件的微博传播影响力评估指标体系建构

微博在中国社科院发布的 2011 年《社会蓝皮书》中被评价为"杀伤力最强的舆论载体",其一大特点就是"强烈关注时事"。[①] 重大突发事件发生后,微博以其独特的"裂变循环式"传播方式,形成公共话语空间和强大的传播影响力,从而引发线上和线下舆论的强烈关注,在一定程度上、一定范围内影响了重大突发事件的进展与治理。如何正确评估重大突发事件的微博传播影响力,需要一套比较全面完整的评估指标体系。

一、微博传播影响力评估指标确立的方法来源

为比较科学、合理地建构重大突发事件的微博传播影响力评估指标体系,我们选取层次分析法(AHP)、概念提炼法和事件分析法(EA)作为方法来源。其中层次分析法从理念上将重大突发事件的微博传播影响力评估指标体系确立为一个多目标、多层次的模型,并能对这一模型进行可操作性的实施和验证。概念提炼法基于"传播影响力"核心概念,从宏观上将传播影响力分为知名度、活跃度、名誉度和反应度四个一级指标。事件分析法从微观上对这四个一级指标进一步细分考察,使构建的层次模型更具严谨性和针对性。

(一)层次分析法

层次分析法是由美国匹兹堡大学教授萨蒂(T. L. Saaty)在 20 世纪 70 年代提出的,是一种定性和定量分析相结合的综合性研究方法。它主要将复杂的问

---

① 汝信、陆学艺、李培林:《社会蓝皮书:2011 年中国社会形势分析与预测》,北京:社会科学文献出版社,2011 年,第 187-208 页。

题分为因素，而这些因素又可进一步进行细分，按照目标层、准则层、指标层排列起来，形成一个多目标、多层次的模型①。

层次分析法一般有以下六个步骤：①建立层次结构模型；②构造两两比较判断矩阵；③设计专家权重咨询表；④问卷回收与数据统计；⑤层次单排序；⑥层次总排序。在构造两两比较矩阵的时候，需要邀请专家对各影响因素的重要性进行评定，依据的是 T. L. Saaty 1 – 9 标度评分标准（见表1）。

表1　T. L. Saaty 1 – 9 标度评分标准

对比分值	相对重要程度	说明
1	同等重要	g 因素与 h 因素同样重要
3	稍微重要	g 因素比 h 因素略重要
5	相当重要	g 因素比 h 因素较重要
7	非常重要	g 因素比 h 因素非常重要
9	绝对重要	g 因素比 h 因素绝对重要
2、4、6、8	两相邻程度的中间值	折中时采用的分值

注：g 相对 h 的重要性与 h 相对 g 的重要性刚好相反。

（二）概念提炼法

我们可以从"影响力"这个核心概念的内涵中挖掘出几个相关的主体指标。影响力是"一事物对其他事物的无形作用力的总和"，其实质就是"有意或无意、显性或隐性地发出各种信息，干预受影响者的认知、判断、情感、决策和行为"。影响力是难以直接测定的，特别是难以在短时间内对相关的人进行无干扰的测定。但是，我们可以通过影响力所造成的后果，尤其是通过对有关事物的反映来决定影响力的范围、大小、性质、走向与结果等。② 据此，我们可用知名度来考察影响力的范围或大小，用名誉度来考察影响力的性质（积极

---

① 杜占江、王金娜、肖丹：《构建基于德尔菲法与层次分析法的文献信息资源评价指标体系》，《现代情报》2011 年第 10 期，第 10 页。

② 吴力群：《影响力的信息测度》，《现代情报》2009 年第 4 期，第 75 页。

还是消极评价），用活跃度来考察影响力的走向，用反应度来考察影响力的结果等。

（三）事件分析法

美国加利福尼亚大学教授维威克·辛格（Vivek K. Singh）等人（2010）提出了基于微博的事件分析法。事件分析法指即时按照时间、空间、主题等要素将分散的用户数据结合起来，同时将大量的异类数据转换成为人们可认知的知识以应用于自动化的控制和反应。事件分析法的六个方面包括结构（Structural）、时间（Temporal）、空间（Spatial）、信息（Informational）、经验（Experiential）、因果（Causal）等（见图1）[①]。结构主要考察人口统计学特征，时间主要考察传播的速度或时长，空间主要考察传播的范围，信息主要考察议题敏感性、意见倾向性、议题裂变性等，经验主要考察资历、号召力等（如粉丝数量），因果主要考察传播引发传统媒体的报道或政府相关部门的反应等。

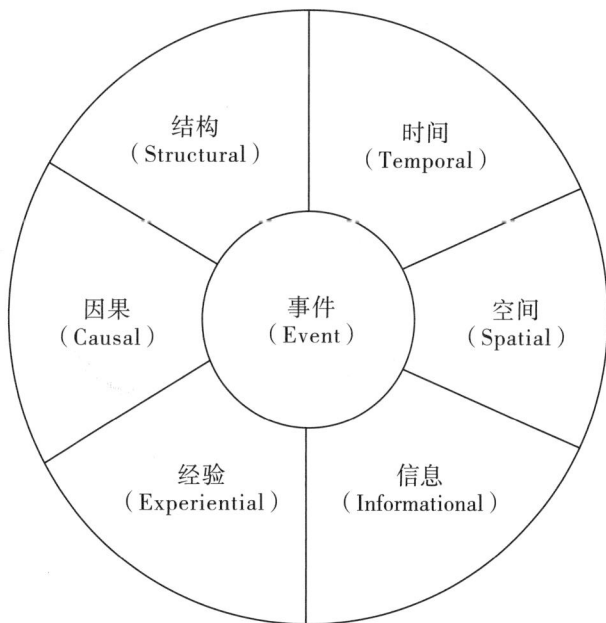

图1　事件分析法的六个方面

---

① SINGH V K, GAO M & JAIN R. Event analytics on microblogs. World wide web, 2007 (10).

二、微博传播影响力评估指标体系的建构

（一）评估指标的具体设定

以三个主要的思想来源为基础，结合目前网络舆情研究的相关成果，通过考察众多重大突发事件在微博上的传播状况，我们初步尝试建构了重大突发事件的微博传播影响力评估指标体系，共分为4个一级指标、11个二级指标、35个三级指标。

1.（传者）知名度

该指标考察传者的相关信息，即影响力的范围或大小。从数量和质量两方面看，知名度可分为传者的粉丝数量和人口统计学特征。粉丝数量指标又可细分为意见领袖粉丝数、媒体粉丝数和普通用户粉丝数。一般而言，意见领袖和媒体的粉丝数大于普通用户的粉丝数。人口统计学特征指标，细分为职业结构、学历结构和地域分布三个指标。通过该指标，可以了解传者相关的信息，及时把握传播的源头、主体、范围等方面的实时信息。

2.（传播）活跃度

该指标考察传播过程的状况，即影响力的走向，可分为发布量、回复量、转发量和传播载体。发布量指用户针对某一突发事件发布的信息或评论的数量，具体通过总发布量、日均发布量和最高日发布量三个指标进行衡量。回复量主要指微博用户对其他用户所发布的信息进行评论的数量，通过总回复量、日均回复量、最高日回复量三个指标来衡量。转发量主要考察微博用户对某一信息进行转发的数量，包括总转发量、日均转发量、最高日转发量。传播载体主要考察信息在微博平台上是以何种方式传播的，包括文字、图片、视频和多媒体等。

3.（议题）名誉度

该指标考察传播议题的状况，即影响力的性质，涉及议题敏感性、态度倾向性和议题裂变性。议题裂变性主要考察重大突发事件的四个主要类型（自然灾害、事故灾难、公共卫生和社会安全）衍生交叉出现的状况。议题裂变性可能仅仅限于事件的本身类型，也可能由单一类型衍生为多种类型的危机事件，如日本海啸这样的自然灾害事件裂变为事故灾难（如核辐射）、公共卫生事件（如食品安全）和社会安全事件（如抢盐）。某一事件可裂变为其他的类型越多表明该事件影响力越大。议题敏感性主要反映微博用户评价该事件时指向某领域的敏感程度，可以从政治性、经济性、社会（道德）性三个方面考察。态度

倾向性主要指受众对某一事件的看法是支持、中立还是反对的态度。

4.（效果）反应度

该指标考察传播效果的状况，即影响力的结果。当微博中关于突发事件的讨论形成舆论时，一方面会引起政府相关部门的重视并作出相关反应，包括政府回应、实际调查、解决问题等方面；另一方面会引起境内的传统媒体、网络媒体以及境外媒体的关注并进行报道。以上两方面在很大程度上体现了微博传播的效果。

（二）评估指标的权重排序

在比较全面、具体地确立微博传播影响力评估指标后，需要通过层次分析法的关键步骤对这些指标进行权重排序。我们设计了微博传播影响力权重咨询表、等级咨询表和两两比较判断矩阵的调查问卷，通过微博私信、邮件、当面派发等方式邀请专家学者填写问卷，共邀请到来自复旦大学、中国传媒大学、武汉大学、华中科技大学、上海交通大学、兰州大学、云南大学等 18 位网络传播学研究学者。实际派发问卷 18 份，回收有效问卷 15 份，回收率为 83.3%。本研究主要利用层次分析法软件对数据进行处理。首先将 15 位专家的问卷数据录入该软件，计算出指标体系中目标层、准则层和指标层的权重结果，从而计算出总排序权重，即④（总排序权重）=①（一级指标权重）×②（二级指标权重）×③（三级指标权重）。通过对问卷数据的整理统计、归一化处理和一致性检验，最终确定各个影响因子的权重与排序（见表 2）。

表 2　微博传播影响力评估指标的权重排序

一级指标	权重①	二级指标	权重②	三级指标	权重③	总排序权重④	排序
知名度 A1	0.364 4	粉丝数量 B1	0.617 7	意见领袖粉丝数 C1	0.502 3	0.113 063	1
				媒体粉丝数 C2	0.350 4	0.078 871	2
				普通粉丝数 C3	0.147 3	0.033 156	11
		人口统计学 B2	0.382 3	职业结构 C4	0.432 0	0.060 182	3
				学历结构 C5	0.356 8	0.049 706	4
				地域分布 C6	0.211 2	0.029 422	15

（续上表）

一级指标①	权重①	二级指标	权重②	三级指标	权重③	总排序权重④	排序
活跃度 A2	0.172 1	发布量 B3	0.264 7	总发布量 C7	0.400 4	0.018 240	22
				日均发布量 C8	0.326 4	0.014 869	25
				最高日发布量 C9	0.273 2	0.012 446	29
		回复量 B4	0.257 8	总回复量 C10	0.431 8	0.019 158	19
				日均回复量 C11	0.298 6	0.013 248	27
				最高日回复量 C12	0.269 6	0.011 961	30
		转发量 B5	0.307 6	总转发量 C13	0.428 9	0.022 705	18
				日均转发量 C14	0.318 4	0.016 855	24
				最高日转发量 C15	0.252 7	0.013 377	26
		传播载体 B6	0.169 9	文字比例 C16	0.159 3	0.004 658	35
				图片比例 C17	0.230 7	0.006 746	34
				视频比例 C18	0.292 3	0.008 547	32
				多媒体比例 C19	0.317 7	0.009 289	31
名誉度 A3	0.256 8	议题敏感性 B7	0.444 4	政治性评价 C20	0.343 4	0.039 189	8
				经济性评价 C21	0.260 7	0.029 752	14
				社会性评价 C22	0.395 9	0.045 181	6
		态度倾向性 B8	0.337 4	支持数量 C23	0.460 7	0.039 917	7
				中立数量 C24	0.210 7	0.018 256	21
				反对数量 C25	0.328 6	0.028 471	16
		议题裂变性 B9	0.218 2	自然灾害 C26	0.139 1	0.007 794	33
				事故灾难 C27	0.224 0	0.012 552	28
				公共卫生 C28	0.309 5	0.017 342	23
				社会安全 C29	0.327 5	0.018 351	20

（续上表）

一级指标	权重①	二级指标	权重②	三级指标	权重③	总排序权重④	排序
反应度 A4	0.206 7	部门重视 B10	0.493 3	政府回应 C30	0.224 7	0.022 912	17
				实际调查 C31	0.301 3	0.030 722	13
				解决问题 C32	0.474 1	0.048 342	5
		媒体报道 B11	0.506 7	传统媒体 C33	0.315 7	0.033 065	12
				网络媒体 C34	0.354 3	0.037 108	9
				境外媒体 C35	0.330 0	0.034 563	10

从表 2 中我们可以看出，微博影响力的一级指标中，知名度占 36.44%，活跃度占 17.21%，名誉度占 25.68%，反应度占 20.67%。二级指标中，粉丝数量（0.617 7）、议题敏感性（0.444 4）、部门重视（0.493 3）、媒体报道（0.506 7）等指标的权重都接近或超过了 0.5，直接左右着重大突发事件的微博传播影响力。三级指标中，意见领袖粉丝数（0.502 3）、职业结构（0.432 0）、总发布量（0.400 4）、总回复量（0.431 8）、总转发量（0.428 9）、支持数量（0.460 7）、解决问题（0.474 1）等指标也占有重要的比重（都在 0.4 以上），在突发事件的微博传播影响力上也不可小觑。

（三）传播影响力的评价等级

突发事件微博传播影响力评价分为四个等级：轻度级、警示级、严重级、危险级，分别用蓝、黄、橙、红四个颜色加以区分。根据综合分值大小确定其对应的区间，可得出影响力监测级别，并适时做出动态预警，为决策者提供决策支持。根据专家的赋值（分值在 0~1 之间），我们最后确立了突发事件的微博传播影响力的评价等级（见表 3）。

表3　突发事件微博传播影响力的评价等级

Ⅳ级（蓝）	Ⅲ级（黄）	Ⅱ级（橙）	Ⅰ级（红）
轻度级	警示级	严重级	危险级
0~0.25	0.26~0.50	0.51~0.75	0.76~1

三、重大突发事件中微博传播影响力的实证分析

为验证重大突发事件的微博传播影响力评估指标体系及其权重赋值和评价等级的合理性，我们以2011年下半年发生在广东的两个重大突发群体性事件——乌坎事件和海门事件为例进行实证分析。

（一）数据统计

我们连续跟踪了两个重大突发群体性事件的进展，通过新浪微博实时搜集相关信息资料。其中，乌坎事件的信息搜集从2011年9月21日开始统计，到2011年12月30日截止，搜索关键词有"乌坎事件""WK"等。海门事件的信息搜集时间为2011年12月20—24日，搜索关键词有"海门事件""海门＋环境污染"等。对于我们无法获得的个别数据，我们只能凭主观经验进行赋值。由于各指标的单位不统一，因此在计算传播影响力时必须首先进行归一化处理：具体的做法为：将每项指标中值最大的数据作为1，其他数据按比例计算；然后将计算所得的值与该指标权重相乘再求和。最终结果显示为，乌坎事件总得分为0.530 223，表明该事件处于严重级；海门事件总得分为0.453 002，表明该事件处于警示级。

（二）比较分析

根据乌坎事件和海门事件中具体指标的数据统计，两者微博传播影响力的形成基于如下几方面的原因：

第一，（传者）知名度方面，普通用户粉丝数得分都比较高（权重分别为0.6和0.8），分布的地域比较集中，大多为广东省用户（权重分别为0.9和0.8），可见两起事件的影响力主要在省内，并没有成为全国性事件，地域性比较显著。但意见领袖方面，乌坎事件中有@于建嵘（粉丝数133万）、@笑蜀（粉丝数36万）、@徐昕（粉丝数8万）等名人，而关注海门事件的意见领袖明显少于乌坎事件，致使两者的权重相差较大（前者为0.7，后者为0.3）。

第二，（传播）活跃度方面，无论是哪个指标，乌坎事件的指标权重都要超过海门事件，基本上都处于0.6以上，表明乌坎事件传播的活跃度高于海门

事件。

第三，（议题）名誉度方面，两者都属于社会安全类突发群体性事件，但关注的领域不同，乌坎事件的评论大多衍生到政治、经济等领域，对该事件的发生持支持态度的权重达到0.7，远超海门事件的0.2。

第四，（效果）反应度方面，传统媒体大多表现失声，境外媒体表现活跃（权重均达到0.8）。乌坎事件和海门事件发生之后，因存在各方阻力，传统媒体未能及时介入报道，省内特别是当地媒体也选择沉默。相反，境外媒体表现活跃，香港主要媒体、英国卫报、日本报社、英国BBC等都进行了报道。在政府反应方面，乌坎事件中，地方政府对事件的真相一直未公开，导致整个事件拖延较久，直到省委省政府介入后才逐步得到缓解。海门事件之后，当地政府能够及时听取群众的利益诉求，有效采取应对措施，使整个事件得以尽快平息。

（三）对策建议

影响重大突发事件的微博传播影响力的因素众多，对重大突发事件的微博传播管理也需要多方合力。在这两个重大突发事件中，就政府角色而言，要有力地控制传播活跃度和提高议题名誉度，可从传者知名度和效果反映度方面，有针对性地采取一些措施减少微博传播影响力带来的消极影响。

第一，（传者）知名度方面，要尽量利用好"意见领袖舆论场"和"传统媒体舆论场"，必要时公开邀请意见领袖、相关媒体、草根网民组成观察调查团到现场了解事件处理的过程。这些观察人员的微博相当于当地的一个新闻发布会，让事件的来龙去脉处于直播状态，既消除了民众对事件的不确定性，也减少了网民对事件和政府非理性的负面评论。

第二，（效果）反映度方面，要巧妙地处理好信息控制和开放的关系，地方政府部门要有网络媒介素养和网络执政能力，建立微博舆情信息发布、监测、应对机制，要适度、灵活、有节奏地传播真实、有效的信息，防止"一控就死、一放就乱"的局面，及时介入调查，并采取有力措施促进事件的解决。

四、结语

重大突发事件的微博传播影响力评估指标体系还存在一些不合理的地方，有待于今后不断完善修正。微博传播影响力的研究还需要自动采集、分析和处理微博舆情信息，这涉及互联网搜索、统计分析、数据挖掘以及人工智能等领域，而在这个过程中，将会遇到一些技术上的难点与问题，需要我们接下来进一步去探究。

（本文原载于《新闻与传播研究》2013 年第 3 期）

微博自组织机制的形成与管理
——以某重大突发事件中的谣言为例

　　微博以其操作简单、页面简洁、开放性强等特点，迅速在社交类应用上占据重要地位。在微博风靡全民之际，诸如谣言、舆论暴力、群体极化等弊端也开始显现。特别是在群体性事件、重大突发事件发生后，微博往往成为各种信息和意见的聚散地，成为考察社会舆论的风向标。微博如何管理，成为当前社会关注的重要议题。从自组织理论来考察微博所具有的功能属性，将为微博管理提供另一种认识视角。

一、微博自组织机制形成的可能条件

　　自组织理论就是研究系统如何在没有特定外力的情况下，自发组织起来，并从无序走向有序或从低级有序走向高级有序的规律。20世纪90年代以来，自组织理论在人文学科领域得到了积极的运用。一般来说，自组织机制的形成需要具备一些基本的条件。根据这些基本条件，我们认为微博信息传播过程中也具有自组织的可能性。

（一）系统开放
　　一个系统是否开放要看系统和外部环境之间信息交换的情况，即信息是否能够同时进行输入和输出。微博功能包括发布、评论、转发等，充分地实现了信息输入和输出的双向传播。

（二）远离平衡态
　　"判断一个系统是否远离平衡态的方法要研究其各个组成部分是否均匀一

致，体系的各个部分之间的差异越大，体系远离平衡态就越远。"① 微博用户都是各具个性的个体，这些个体在微博这一平台上传播信息，交流思想，因其个体的巨大差异而形成各种讨论，从而引起对某一话题的涨落变化。

（三）达到阈值

阈值又叫临界值，是使对象发生某种变化所需的某种条件的值。微博具有裂变式的传播模式，当关于某一事件的大量信息涌现时，这一传播体系将在某一时段达到舆情高峰。

（四）非线性

判断一个体系是否非线性，就是要研究体系的组成部分，不仅在数量上，而且在性质上要相互独立且有相当的差异。微博各个用户之间是独立而具有差别性地存在着的，且通过关注、转发、评论等动作与另一个用户产生联系。这种联系包括一对一、一对多、多对一以及多对多等多种传播模式。

（五）涨落和非稳定性

"涨落表现了体系的非稳定性的一个因素，逐渐地远离平衡也表现了体系的非稳定性的一个方面，非线性反映了体系内部的非稳定性。外界输入的渐增激励着非稳定性，当这种输入达到一定阈值时，意味着体系的非稳定性已经达到临界状态，再稍稍越过一点点儿，体系立刻就会跃迁到新的有序状态。"② 微博热门事件在达到其关注高峰时，通常以一个或多个权威意见领袖的微博为转折点。这些涨落会使整个事件的进展发生突变，从而跃升至一个新的有序状态。

二、微博自组织机制形成的实证考察

微博尽管具备了自组织机制形成的理论条件，但传播实践是否呈现了这样一种构想，我们还需要通过具体的案例来进一步加以证实。

---

① 吴彤：《耗散结构理论的自组织方法论研究》，《科学技术与辩证法》1998 年第 6 期，第 23 页。

② 吴彤：《耗散结构理论的自组织方法论研究》，《科学技术与辩证法》1998 年第 6 期，第 24 页。

（一）抽样

个案抽样：以日本地震中小泉纯一郎去世假消息为例。2011 年 3 月 12 日晚，微博出现日本前首相小泉纯一郎在日本地震中去世的消息，在一段时间内被网友疯传。最终此事被证实系谣言。

平台抽样：在新浪微博平台公开可搜索的时间轴上，实时跟踪该事件发展过程中信息传播的涨落态势，及时完整地收集相关帖子（由于事件发生的偶然性不可避免地仍有一些帖子被遗漏，如最受关注的一条微博原文被删）。

（二）数据分析

1. "移情信息" 的诞生

新浪微博搜索结果表明，提及小泉纯一郎在地震中去世的第一条微博出现在 2011 年 3 月 12 日晚 19：09，"山东渔人"发的"最新消息：小泉纯一郎在这次地震丧生"。随后 5 小时内又有两条相关内容的微博发布：20：51，"鲁义章"发的"据传小泉纯一郎在此次地震中身亡了！……"；22：40，"马轩"发的"特大消息：据日本 NHK 电视台 3 月 12 日消息，日本警察厅最新报告，在日本岩手县发现日本前首相小泉纯一郎尸体，身份已经确认！我正在确认这条新闻的真实性！"其中"马轩"为新浪认证的加 V 用户，粉丝数为 3 454。但这 3 条微博并未引起大规模的转发，推测与博主"真实性未确认"的态度有关。

2. 向阈值逼近

这个"移情信息"真正引起转发热潮，是出现在当晚 23：00 左右的一条微博。新浪认证用户"金乾生"发布了一条当时最完整的微博，并且不包含求证或质疑等文字内容。因原微博旋即被删未能及时保存，笔者在当晚 23：09 搜索到的第一条转发"金乾生"原博的微博是：

急了也能跑：求真相！转：@金乾生【特大消息】据日本 NHK 电视台 3 月 12 日消息，日本警察厅最新报告，在日本岩手县发现日本前首相小泉纯一郎尸体，身份已经确认！深感震惊，顺致哀悼！

"金乾生"的粉丝数为 10 485，发布微博的时间也正值网民上网高峰期，使得这条微博能被更多的网民看到，直到隔天凌晨（13 日 00：00）前还被疯狂转发。其中包括不少粉丝过万的认证用户，包括著名导演高群书、时任凤凰卫视中文台执行台长刘春等名人。我们在3月12日23：09至3月14日9：56进行了实时跟踪。统计数据表明，在事件初期（3月12日23：09—23：23），微博数从3条/分钟增长至6条/分钟，随后（23：23—23：32）又降至3条/分钟。"金乾生"微博发出的一个小时内，集中发布的微博数量最大，骤升到约150条/小时。而随后的34小时里即骤降为5条/小时。

3．涨势逐渐回落

事发一周后的3月19日，我们再次进行了一次实时数据统计（见表1）。经过一周数据变化的比较发现，与小泉纯一郎去世假消息一事相关的微博总数、传谣微博数、中立微博数都迅速减少，在3月19日成为最低点，并且未呈现任何回升的迹象。辟谣的微博数量在5天后尽管有少量增加，但随着话题本身的关注度下降而最终渐渐减少。

表1　微博信息类型分布变化

时间	传谣	辟谣	中立	总数
3月12日22：40—23：57	23	30	52	105
3月13日00：00—9：00	4	4	15	23
3月13日9：00—3月14日9：56	19	22	28	69
3月14日9：56—3月19日8：00	0	8	3	11

注：统计时间为3月19日9：56。

（三）研究发现

自组织是一个持续处在运动中的机制，在不断地变化中达到有序。而所谓的"有序"也不过是一个暂时的状态。在充满移情信息的微博空间中，一旦出现"有前途的涨落种子"，就会引起另一轮巨涨落。但每一次涨落之后形成的耗散结构都会维持在一个特定的阈值内。

微博谣言的自我纠正功能应当体现于此。这种自纠功能不是纯粹地指谣言会在微博上自动消灭。由于其开放性、非线性、远离平衡态的特点，各用户的各种信息和观点会在这个自组织里得到充分交流和碰撞。而在经过短时间的相互博弈之后，新的有序结构就会慢慢呈现。微博谣言的信息传播就在其湮灭和再生的过程中实现着从无序到有序，再到新的有序的变化过程。第一条引起热推的微博，作为"有前途的涨落种子"，将推动某一信息的传播，形成强大的舆论主体。一旦出现了较大规模的移情信息，即另一较大尺寸涨落种子出现时，新的舆论方向又将通过移情信息的涨落放大而达到新的主流地位。

以日本地震中小泉纯一郎去世假消息为例，"金乾生"的原始微博作为一个"有前途的涨落种子"，发布了"小泉纯一郎在地震中遇难"的信息。其他用户通过转发和评论此微博，使涨落不断放大，从而形成了主流舆论。而在当晚23：15，用户"作业本"发出第一条辟谣微博：

传在日本岩手县发现前首相小泉纯一郎尸体，属于胡扯谈，微博传假者真够无聊的。

这条微博作为移情信息出现，成为一颗新的"涨落种子"。随着正反两方在微博上的博弈，这一"种子"也开始迅速涨落放大，并在不断的求证、转发和评论中得到认可，形成了主流。

值得注意的是，这里的"形成主流"并不是真正意义上引起新的涨落。在谣言传播的案例中，跟在辟谣信息之后形成的新的耗散结构，并不表现为与传谣类似的集中转发和评论。多数人在新一轮的涨落中会选择停止转发、删除传谣性原帖等方式迫使谣言停止传播。只有一部分为数不多的人会对辟谣性的信息进行转发。

三、微博自组织机制的影响因素与管理

正如普里戈金所说，自组织最终的走向，不是经典力学的可逆、可预测的理想世界。对这个体系加入的任何干预都可能导致其发生不可期的巨变。正如物种的进化，没有一个宏观的力量预知了今日的繁华。进化的每一个节点都有一颗涨落种子促成了偏离原始轨道的变化。因而人类于斯，亦未知明天。然而，侵入自组织体系的运作固然是危险的，但也并非只能对其袖手旁观，任其肆意，尤其是当一些具有特定目的的群体已经公然干扰了微博自组织的运行时，如果不加以控制，其后果是无法预知的，同时也是危险的。

（一）微博信息传播自组织的影响因素

尽管微博自组织在运行中总会达到一个新的有序状态，但在具体的社会环境下，其运行会受到一些客观因素的干扰，因此如何确保其运行环境的正当性成为最大的挑战。

1. 外力干预过度

在重大突发或群体性事件中，微博可谓是出尽风头，对事件的解决起到了强大的舆论监督作用。然而微博的巨大影响力也挑动了政府的神经。著名博客作者"安替"说："如果政府能正确看待这个无法阻止的传播渠道的革新，政府的公开和透明是可以通过这个工具来推动的。Twitter 在美国，已经成功地使国会、白宫和各个政府部门更直接地面对广大群众。"①

如果说作为自组织的微博，因其在自主运行的过程中产生的负面影响而采取过度的干预手段，并非正确的微博治理策略。在一定程度上，信息传播的涨落经过酝酿、发展和爆发后也将可能达到一种可预期的有序状态。然而，在不可预知的外来因素干扰下，作为具有一定自组织功能的微博将会发生怎样的改变，无可预知。

2. 网络水军操纵舆论

网络水军也称"网络打手"，在中国是一种非常特殊的网络营销行为。不少公司以"网络公关""网络营销""网络推广""品牌维护""网络口碑"的名义，在利益驱动下帮助客户策划网络事件，操纵网络舆论，由此也出现了一个庞大的网络推手或网络打手群体，形成了一个潜伏于"网海"中的灰色产业链。然而目前并没有专门的法律对网络打手进行监管。

微博自组织的运行要视个体自由发声的环境，以使各种思想和信息互相传播，从而达到一种动态的有序。网络水军进行恶意干扰的行为，使自组织正常的运行遭到破坏，从而使信息传播的走向具有不可控性。

3. 网民素质堪忧

2019 年 8 月 30 日，中国互联网络信息中心（CNNIC）发布的第 44 次《中国互联网络发展状况统计报告》指出，在年龄结构上，19 岁以下的网民占比

---

① 张守刚：《饭否歇了，Twitter 的晚餐在哪》，http://blog. sina. com. cn/s/blog_470c56e 30100e8ay. html。

20.9%，约占据着整体网民的1/4。在学历结构上，2019年上半年，我国网民中低学历网民比重很大，初中及以下学历网民占比56.1%。在职业结构上，网民中学生群体占比最高，达到26%。在收入结构上，无收入群体网民占比5.8%，月收入在1 500元以下的网民占比为31.7%。

由此可见，我国网民群体呈现出基数大、低龄化、学历低等特点，总体素质让人堪忧，网民主体是思想较不成熟、对社会认知度较低的初中及以下学历网民群体，容易受到环境和他人的影响，缺乏理性的辨识能力，这对微博自组织的良性发展有一定的负面影响。

（二）微博自组织机制的管理

1. 依法治理违法现象，打造宽松网络环境

微博由于发表门槛低，参与者良莠不齐，需要一定程度的管理和规范。因此，微博不可能是一个绝对的自组织机制，对其管理应"软硬结合"。一方面，管理部门要给其一定的自由度，让其通过自组织实现自我净化。自组织、原生态的发展，更加有利于网络生态的自我净化。而过度的介入和干预，可能反倒会破坏这种自我净化机制。① 另一方面，对于违反相关法律法规的行为，应该及时介入和处罚。微博具有其本身的特性和运行方式，但遵循的规则与现实世界并无不同，适用于现实世界的公民法律同样适用于微博用户。

2. 微博运营方主动监测并进行适当处罚

新浪微博设置了"不实信息辟谣专区"，针对三类信息提供举报并进行辟谣：①虚假信息：不存在的事实或张冠李戴信息，尤其是灾难、求助等方面。②不准确信息：为了提高网友关注度，故意夸大、夸张事实真相。③商家利用有奖活动骗取粉丝和转发，被网友举报的信息。对于以上信息，网友可以通过专门的邮箱或私信向微博辟谣、系统管理员、微博小秘书等新浪官方账号举报。针对举报的信息，微博运营方应在调查事实后积极干预，并进行适当处罚，如暂时性地禁止造谣者发布微博，严重者可永久性地封锁其账户。而对于参与传谣者也应当进行提醒或警告，如公布参与者的账号，或通过私信告知，等等。

3. 加强网民媒介素养，提升理性批判能力

近年来，真实性作为新闻的本质属性正在受到挑战与冲击，并有让位于时

---

① 宋铮：《互动、自组织和自我净化》，《青年记者》2008年第5期，第12-13页。

效性、轰动性的迹象。① 尽管微博用户模糊的自律意识让部分网友开始注意自身的言论和表态，但不够彻底的新闻专业意识，却使这些看似权威和公正的信息源在追捧之下更容易扩散。网民即使在明确得知原信息为谣言的情况下，也多采取消极方式转发谣言。只有小部分网民会积极参与到辟谣信息的转发中去。在一定的时间段内，谣言得不到最快最有效的遏制。这就要求网民提高媒介素养，尤其是增强自媒体责任感和信息批判能力，具有理性和建设性思维，以使微博自组织有更良性的运行空间和发展前景。

（本文原载于《聊城大学学报》2012 年第 1 期，部分数据有更新）

---

① 吴焰：《警惕"宽容失误"下的"媒体失范"》，《新闻记者》2009 年第 7 期，第 38 页。

网络舆论暴力的形成机制探析

2006 年以来，网络舆论暴力事件此起彼伏，如"虐猫"事件、"铜须门"事件、"流氓外教"事件、魔兽"脱衣门"事件、"烧狗"事件。网络舆论暴力的形成速度之快、覆盖范围之广、造成伤害之大、社会影响之深是人们所意料不及的。然而我国对互联网这一新媒体的管理措施尚处于探索阶段，由于网络的虚拟性、网民身份的匿名性、网络证据的难以留存获取性、网络管辖的难以确定性，使受害人难以运用法律武器来维护自身的合法权益。因此，网络舆论暴力事件绝大多数都是以网民的全面胜利而告终，这就更加助长了"网络暴民"的气焰，致使网络舆论暴力事件越演越烈，出现恶性循环的现象。

一、网络舆论暴力的概念

"暴力"是一种"强制的力量，特指国家的强制力"[1]，主要是从肉体伤害来说的。随着时代的发展，"暴力"在词义上扩展为"凭借某种特殊形式对他人造成思想、人格或利益侵害的一种不公正的力量"[2]。本文的网络舆论暴力是指在一定的时间和空间内，多数网民通过网络言语和现实行为对网络最新事态中的当事人表达非理性的基本一致意见，从而造成人格侵权的不公正力量。概念的界定包含如下几个要素：①网络舆论暴力的主体是多数网民。网民既是舆论暴力的挖掘者也是推动者，是网络舆论暴力的主导力量。多数网民显示了对网络最新事态的主要意见。②网络舆论暴力的来源是网络最新事态，主要包括私人事件和公共事件。由于网络空间的独特环境，网络最新事态的主要特征为不确定性、及时性、新异性。③网络舆论暴力的形式是网络言语和现实行为，

---

[1] 中国社会科学院语言研究所词典编辑室编：《现代汉语词典》（第 5 版），北京：商务印书馆，2005 年。

[2] 王纯：《"暴力"新解》，《语文建设》2005 年第 10 期，第 55 页。

两者在一定程度上都是网民表达对网络最新事态的意见，是虚拟空间向现实空间的自然延续与扩散。④网络舆论暴力的性质是不公正。一方面，网络舆论暴力是网民对违背传统伦理道德的事件表达怨恨的方式和实现正义的手段；另一方面，网络舆论暴力以"道德和正义"的名义对当事人造成人格权上的侵犯。

网络舆论暴力是网络舆论与网络暴力的结合体，但又不等同于网络舆论和网络暴力。网络舆论暴力是网络舆论的极端非理性表现。网络暴力除了舆论暴力，还有游戏暴力、视频暴力、技术暴力等。网络舆论暴力是网络空间中一种集体性的暴力，是群体心理互动的结果。"虽然没有统一的法则规范所有集体暴力，但是在不同的综合因素与情境之中存在相似的原因。集体暴力有点像天气，复杂、易变，而且在很多方面难以预测，但是，这些变化来源于相似的原因在不同时间与地点的综合。如果这些原因、综合因素以及情境被找到，就会帮助我们解释集体暴力以及它的许多类型。"① 本文力求对众多网络舆论暴力事件的可变性作出解释，探求导致变化的稳定机制和过程，为更有针对性地制定有效的管理措施提供理论参考依据。

二、网络舆论暴力形成的关键过程

（一）网络空间孵化自我议程设置

以 BBS、博客、社区为代表的网络空间，作为网络舆论的主要生成与集散地，逐渐成为网络舆论暴力事件的温床。无论是私人事件还是公共事件，最新事态一旦具有某种新闻价值的特性，在网络空间的孵化下都将可能成为具有轰动效应的网络事件。网络舆论暴力的起源在于议程设置在网络环境下的嬗变。"无论在什么地方或者在什么时候都是经济的条件和资源帮助'暴力'获取胜利，没有它们，暴力就不成其为暴力。"②

在网络空间里，多元化的传播者、开放式的传播渠道、滚雪球的传播方式以及复合型的传播形态，在某种程度上弱化了传统媒体为公众设置议程的效果，强化了网民"自我议程设置"的功能。网络空间作为"观点的自由市场"，是公众自我议程设置的绝佳场所。在浩如烟海的网络信息海洋中，要想某一议题

---

① ［美］蒂利著，谢岳译：《集体暴力的政治》，上海：上海人民出版社，2006 年，第 4 页。

② ［德］恩格斯著，曹汀译：《恩格斯 暴力在历史中的作用》，北京：人民出版社，1951 年，第 129 页。

备受网民关注，必须具备一个"引爆点"，以吸引众多网民的眼球。格拉德威尔的引爆理论包括三个法则①：第一是个别人物法则，如联系员、内行和推销员的推动作用；第二是附着力因素法则，即流行物本身所应具备的要素，它至少应具有给人留下深刻印象的力量；第三是环境威力法则，强调发起流行的环境极端重要。纵观当前被炒得沸沸扬扬的网络舆论暴力事件，在其中总能找出一两个"引爆点"（见表1），且明显符合引爆理论的三个法则。

表1　2006—2008 年典型网络舆论暴力事件

时间	事件名称	"引爆点"
2006 年 2 月	"虐猫"	血腥暴力
2006 年 4 月	"铜须门"	一夜情、婚外情
2006 年 8 月	"流氓外教"	诋毁民族感情
2007 年 4 月	"烧狗"	残杀生灵
2007 年 7 月	"后妈虐童"	家庭暴力、恶毒后妈
2007 年 11 月	"后妻博客骂前妻"	恶毒刻薄的第三者
2008 年 1 月	"很黄很暴力"	媒体造假

（二）边界激活强化群体极化

暴力在意象上分为两极对立的阵营：一个阵营经常窝藏着形形色色的不义，另一个阵营则到处插遍正义道德的旗帜。网民随着发布的网络帖子不断地互动变化，逐渐地形成我们—他们的单一边界，并将内部边界互动与交叉边界互动进行区分。冲突风险的增加、信息不确定性的增强、更多网民的准入都促进了边界激活。

在"铜须门"事件中"丑闻"帖发布后的五天内，笔者对网民在"魔兽网"留下的1 082 条留言进行了情感态度分类统计②（情感态度分类标准以帖子关键词和整体表意的倾向性为依据，剔除部分废帖和重复IP 的帖子），分析得

---

① ［美］格拉德威尔著，钱清等译：《引爆点》，北京：中信出版社，2006 年。

② http://comment. duowan. com/wow_comment/2EJGM3EL. xhtml.

出网民舆论倾向大致走势图（见图1）。

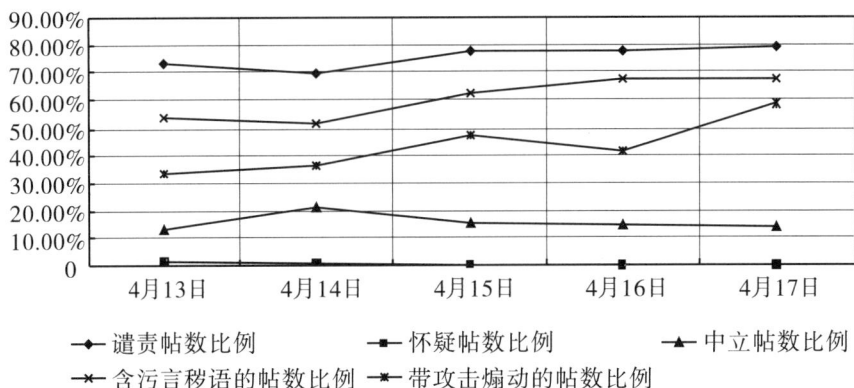

图1 "铜须门"事件前五天的网络舆论

由此可见，众多网民在几乎没有怀疑事件真实性的情况下，情绪极端化的言论成为事件的"主旋律"。本来所占比例就不大的怀疑、中立性言论随着边界激活的加剧而逐渐消减，而带攻击煽动、污言秽语、谴责性质的言论则以极快的速度增长。非理性言论的比例与中立性言论的比例差距不断拉大，进而产生了"群体极化"。"网络中的群体极化现象更加突出，大约是现实生活中面对面时的两倍多。"① "极化一般促进集体暴力的产生，因为它使我们—他们边界变得更加显著，挖空了独立的中间地带，强化了边界冲突，提高了输赢赌注，增加了领袖发动行动反对他们敌人的机会。"②

网络"群体极化"主要表现为群体聚集和群体盲从。古斯塔夫·勒庞认为，群体以一种类似磁场的引力，又或类似瘟疫的传染力度，将某一心理倾向传播、感染给分散隐匿、缺乏免疫力的个体。"群体感情的狂暴，尤其是面对异质性群体时，又会因责任感的彻底消失而强化。"③ 这种群内同质化、群际异质化的群体聚集讨论极容易造成群体舆论极化。在"交流暗示缺乏"的网络环境中，人们很容易获得某种想象的群体认同感，出现"镜式知觉"和"假一致"等认知偏差。置身其中的人往往倾向于把意见群体的规模夸大、力量夸强、

---

① ［美］华莱士著，谢影、苟建新译：《互联网心理学》，北京：中国轻工业出版社，2001年。
② ［美］蒂利著，谢岳译：《集体暴力的政治》，上海：上海人民出版社，2006年，第20页。
③ ［法］古斯塔夫·勒庞著，冯克利译：《乌合之众——大众心理研究》，北京：中央编译出版社，2005年，第33页。

分布夸广，从而实现自我肯定，进而更自信、更积极地传播极端观点，出现"偏听偏信"的群体盲从，导致情绪型的极端舆论在网络中不断弥漫。在强势极端化言论前，少数异见派迫于群体的压力逐渐消失了身影，导致网络中同样出现"沉默的螺旋"。

（三）舆论定势催化"哄客"表演

"铜须门"事件中，猫扑网独家发布"郑某澄清丑闻视频"，声明自己是无辜受害者，舆论一度愕然后顿时又一片哗然，谴责和搜索愈加升级，猫扑网和天涯网再次创造近百万的点击率。之后"锋刃透骨寒"再次现身猫扑网论坛，发表《最后声明》的帖子，承认关于"丑闻"帖子及 QQ 聊天内容等多为杜撰。疯狂了八天的网民不愿意相信自己被"忽悠"了的现实，他们竭力从事件各方面挖掘证据，以证实"铜须门"事件确实发生过。截取魔兽世界网民对"郑某澄清丑闻视频"后的回帖（3 155 条）与"锋刃最后声明"后的回帖（2 123条）进行质疑态度方面统计①，得出七天的舆论走势图（见图2）。

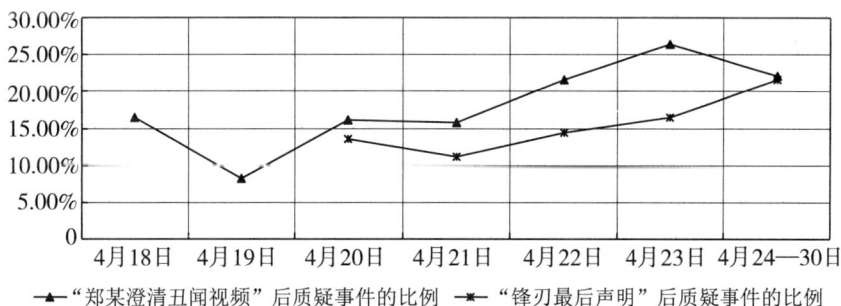

图2　"郑某澄清丑闻视频"与"锋刃最后声明"后网民对"铜须门"事件的质疑态度

图2 中显示，舆论走势并没有因"郑某澄清丑闻视频"和"锋刃最后声明"而发生多大变化，网民对事件真实性的质疑比例一直很低，70% 以上的网民仍然相信网络事件的客观存在，由此产生有对象针对性的网络舆论定势。在遵循某种道德方程式的思维框架下，众多网民的思考判断简单化、固执化。"在网络环境里，志同道合的团体会彼此进行沟通讨论，到最后他们的想法和原先

---

① http://comment. duowan. com/wow_comment/2F1L8ENA. xhtml.

一样，只是形式上变得更加极端了。"① 类似的网络舆论定势在其他事件中也相继出现，如"后妻博客骂前妻"事件的丈夫殷某发表澄清事实的《致全体网友》博文后，网民更是加大对他和后妻张某的"暴扁"力度，更为赞誉前妻的善良和崇高。"卖身救母"事件的陈某在对网民的帖子《卖身救母的真相》进行澄清后，网友对她的责难再度升级。"很黄很暴力"事件中一位自称张某父亲的网友发出公开信后，大部分网友并没有"买账"，他们认为并不是真正的张某父亲写的。

在网络舆论定势的作用下，网络舆论暴力以"蝴蝶效应"式越演越烈，其间正是有一批"网络哄客"添薪助燃。"'哄客'是针对文化丑角的新式消费主体，享受丑角带来的狂欢，并通过收视率和点击率进行投票，在互联网上表达意见，发出震耳欲聋的声响。"② "网络哄客"可以分为"主哄"和"群哄"两类。"主哄"是指"哄客"中的舆论领袖，负责发表主导性言论，匿名伪装意识很强。"主哄"在暴力之前和期间发挥着关键作用，他们激活、联系、协同和代表参与者。"群哄"是指抱着"看热闹"的态度跟风表态、恶搞涂鸦，致力于提高"主哄"观点的点击率和回复率的追捧者。在事件的冲突双方中，当事人的沉默与"哄客"们的群情激昂，形成了鲜明对比。即便是当事人最具有发言权的私人事件，瞬间就被炒作成为最喧闹的公共事件。

（四）言论暴力演化行为暴力

"当激活、极化、竞争展示和信号螺旋在缺少监控、遏制和证明的情况下开始起作用时，争吵就出现了。"③ 舆论暴力波开始从旋涡向边缘扩散。"网络通缉令"是从虚拟言论暴力过渡到现实行为暴力的导火索，其主要表现形式为"江湖追杀令""通缉令""驱逐令""悬赏令"等，主要手段是"人肉搜索"，将当事人及其相关人的姓名、电话、邮箱、住址、照片等信息广泛散布于网络中，为对当事人的先前错误进行选择性现实报复做好前期准备工作。

当事人的真实身份被公布之后，酝酿已久的言语暴力迅速演变成行为暴力，

---

① ［美］凯斯·桑斯坦著，黄维明译：《网络共和国——网络社会中的民主问题》，上海：上海人民出版社，2003 年。

② 朱大可：《中国"哄客"的仇恨快意》，《中国新闻周刊》2005 年第 25 期。

③ ［美］蒂利著，谢岳译：《集体暴力的政治》，上海：上海人民出版社，2006 年，第155 页。

采取的主要手段表现为恐吓、勒索、骚扰、谩骂、恶搞、涂鸦、围攻等。演化的重要诱因是网民在自建网络法庭上对当事人进行的道德审判。迫使当事人在现实生活中受到最大的惩罚和打击，将所谓的"大逆不道者"送上现实的审判台，这才是网民联动施展网络舆论暴力的落脚点。网络道德审判产生了类似结果："铜须门"事件的郑某被迫休学；"卖身救母"事件的陈某在她母亲死后也被迫退学；"烧狗"事件的朱某夫妇被工作单位要求停职检查、家门被黑漆喷上"死""瘟"等大字、再也不敢回小区居住并向警方申请保护；"后妈虐童"事件的陈某跪求媒体洗冤；"后妻博客骂前妻"事件的后妻张某与丈夫殷某及其单位遭到电话攻击等。

（五）传统媒体裂化暴力走向

在网络舆论暴力过程中，网络媒体与传统媒体在一定程度上形成议程互动。议程互动的流向主要是网络媒体流向传统媒体，形成"溢散效果"。媒体之间的议程互动是"媒介间议程设置"效果的实践体现。1989 年，丹尼利恩和瑞斯（Danielian & Reese）运用内容分析法研究了 1986 年美国媒体对可卡因（Cocaine，一种毒品）的报道，发现不同媒介体系间（报纸、杂志和电视等）对这一事件的报道在方式与内容上都有高度的相似性，这就意味着各种媒介体系间同样存在"意见领袖媒介"（Opinion-Leading Media），他们正式把这种现象称为"媒介间议程设置"效果。[①]

因此，议程互动的前提是媒介间的异质性。在我国，网络媒体与传统媒体的异质性不仅体现为物理性的媒体介质的差异，而且体现为一种社会性的媒体制度的差异。网络媒体作为一种相对开放自由性的舆论空间，网民可以有更多的话语权。传统媒体作为一种高度而成熟的体制内部门，在信息传播的选择上有所为有所不为。网络舆论暴力讨伐报复的对象主要是违背传统伦理道德的事件，而不是时政、外交、国家安全、经济等敏感区域。正是在这样的临界点上，传统媒体对网络舆论暴力事件的报道表现出介入、跟进、推动、放大的活跃作用，这种活跃作用使网络舆论暴力可能呈现此消彼长的两种效应：一是网络舆论暴力具有新异性和社会性，符合传统媒体炒作的市场取向，对网络舆论暴力

---

① 董天策、陈映：《传统媒体与网络媒体的议程互动》，《西南民族大学学报》（人文社会科学版）2006 年第 7 期，第 135 页。

的高涨起着推波助澜作用；二是网络舆论暴力具有不确定性和非理性，要求传统媒体报道的权威确认，对网络舆论暴力的发展起着遏制撤销的作用。

三、网络舆论暴力的形成模式建构

根据网络舆论暴力形成的关键过程分析，网络舆论暴力的形成具有自身独特的传播规律（见图3）：

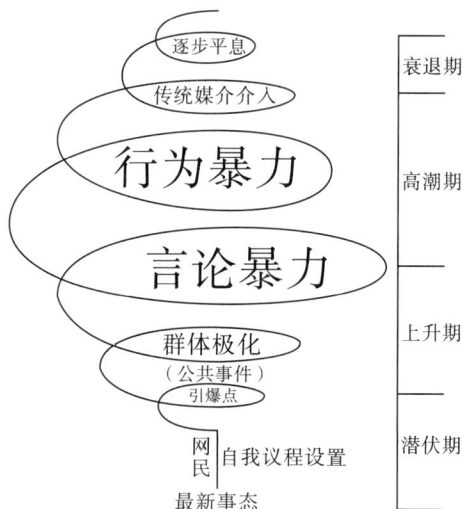

图3 网络舆论暴力的"龙卷风"模型

我们把这种传播模式命名为"龙卷风"模型。网络舆论暴力与龙卷风在特征上有着很大的相似性：形成速度快、持续时间短但力量强度大、社会伤害深。在形成过程上，网络舆论暴力和龙卷风大致相似，也经历了潜伏、上升、高潮、衰退阶段：①最新事态的反常性、不确定性、"引爆点"引发网民的自我议程设置，产生强烈的舆论征候，成为公共事件。②各种舆论征候在积聚、博弈中形成边界激活，导致群体极化。③随着强势舆论在网络中的蔓延和增强，激化裂变为言论暴力。④在舆论定势、网络"哄客"、网络通缉令多重因素下，舆论强度伸展到现实，形成行为暴力。⑤传统媒体介入，形成议程互动。网络舆论暴力因网民凯旋而迅速退隐。

尽管"暴力在历史中还起着另一种作用，革命的作用；暴力，用马克思的话说，是每一个孕育着新社会的旧社会的助产婆"①，但网络舆论暴力毕竟是一种"多数人的暴力"，它对当事人道德讨伐的力度超越了正常理性的法律正义限度。网络舆论暴力形成机制的改善——不确定性的下降、积极的信号螺旋、理性的网络"哄客"、社会力量的监督等——能够使剧烈冲突向更加非暴力形式方面转变。这种转变的最可行的行为集中在提高和重置社会控制方面。根据网络舆论暴力的"龙卷风"模型，结合每个阶段的形成特征，提出防范舆论暴力的可能对策就具有了较为清晰的立体思考路径。

（本文原载于《当代传播》2008 年第 4 期）

---

① ［德］恩格斯著，中共中央马克思恩格斯编译局译：《反杜林论》，北京：人民出版社，1973 年，第 181 页。

对抗性网络舆论的生成及引导

互联网越来越成为非制度化参与和表达的重要渠道。正如曼纽尔·卡斯特所言，"互联网将会在社会运动和政治进程中日益得到应用，成为行动、告知、招募、组织、占领与反占领的优势工具"①。当网民对现实生活感到不满时，互联网便成为其抗争动员、集聚资源的有效工具。当前一个值得注意的重要动向是对抗性网络舆论的出现。在发生突发事件乃至一般事件时，网民们在舆论表达时总是呈现出不同程度的不信任、对抗性，试图以对抗来改变和影响公共舆论的最终走向，常常能产生倒逼问题解决和政策改变的效应，但也可能由于"风险感知偏差"带来网络社会的失序，如网络谣言、网络民粹主义的盛行。因此，我们需要把握对抗性网络舆论的基本性质和形成机理，通过多种治理路径来减少对抗性舆论的负面效应。

一、对抗性网络舆论的概念

对抗性网络舆论，是一种非制度性或制度外的政治参与形式，是通过互联网对公共事务表达出来的大多数人的具有对抗性的意见、态度和情绪。对抗性网络舆论分为日常隐形对抗和直接显性或者软对抗和硬对抗。对抗性网络舆论往往会随着情势的变化综合出现多种类型的对抗形式。

对抗性网络舆论具有以下几个特点：①舆论表达主体泛在化。舆论表达主体不局限于直接当事人，大量网民与事件或当事人并无直接的利益关系，但他们通过强关系和弱关系，临时形成偶合群体，从最初的"陌生人"到"熟悉的陌生人"再到"我们一家人"，往往发挥着比当事人还更加重要的作用。②舆论表达内容冲突性。引发舆论的源头一般有自然诱因和社会诱因，社会诱因主

---

① ［美］曼纽尔·卡斯特著，郑波、武炜译：《网络星河——对互联网、商业和社会的反思》，北京：社会科学文献出版社，2007 年。

要有涉腐、涉权、涉官、涉富、涉名人等冲突性议题，以拆迁、征地、环保、城管、司法等涉及弱势群体的领域最为突出。③舆论表达倾向情绪化。在"想象共同体"的情绪传染下，网络空间弥漫着偏负性的情绪倾向，如炒作、闹大、暴戾、吐槽、起哄、调侃、恶搞、抹黑、习惯性质疑甚至谣言。④舆论表达渠道动员化。舆论动员具有无组织的组织性，两微一端一网尤其是社交媒体成为舆论动员的主要工具，音视频、恶搞图片、表情包、流行语、段子、漫画、动画、直播等新媒介更是舆论动员的催化剂。⑤舆论表达目的正义性。除少数人恶意使用非法非理性的表达手段外，大多数人把互联网作为"弱者武器"，以集体性的抵抗性话语方式旨在表达公平正义感。

对抗性网络舆论，作为一种新抗争策略的"以网抗争"，为抗争行动图景增添了重要一笔。对抗性网络舆论，是具有当代中国抗争特色的解释框架。"依法抗争""以身抗争""以理抗争""以气抗争""以势抗争""以闹抗争"等以往诸多抗争形式，都可以通过"依网抗争"得到放大、增强、统摄的效应，即互联网带来了新型机会结构和大规模社会支持，为弱势群体或受损群体创造了利益救济的机会和条件。

为什么说"不怕上报/上告就怕上网""上访不如上网""找警察不如找网络"？从理性选择理论看，人们的集体行为不是盲目理性的，而是有成本—收益分析的。尽管现实有复议、诉讼、信访等救济形式，但难以确保在短期内取得实际效果。选择"以身抗争""依法抗争"等传统抗争策略在既有的政治结构下是高成本、高代价的；而选择"以网抗争"，"以半公开、半政治、较低成本的表演行为引发社会和高层关注，施加政治压力，激活公共政策议程，试图实现权益救济与公正诉求"①。此外，从资源动员理论看，相对的政治宽容、多元的媒体格局、传统历史文化资源都为"以网抗争"提供了机会结构和资源支持。

二、对抗性网络舆论的生成机理

对抗性网络舆论的演化逻辑或内在生成机理，需要将"事件过程"和"关

---

① 王蒙：《当代中国政治中的表演式抗争：景观、结构与效能》，《西南大学学报》（社会科学版）2013 年第 5 期，第 28 页。

联要素"有机融合起来进行解析。一般来说，对抗性网络舆论要取得成功，议题设置、情绪传染和资源动员是三个核心的结构性要素，深刻影响和制约着对抗性网络舆论的发展走向。从信息进化论看，对抗性网络舆论在演化逻辑上经历了三条路径：生理遗传信息的进化路径、心理活动信息的进化路径以及行为结构信息的进化路径。这三条路径是综合协同、相辅相成的。

（一）生理遗传信息的进化路径：议题模因演变

"一个一般性的偶发事件如何发展成为引爆舆论的网络公共热点事件，并不断引发网络围观参与和持续性抗争动员，这其中议题的性质和议题框架的建构转换及扩展，具有重要的决定性影响。"[①] 也就是说，引发对抗性舆论的根源在于初始议题关涉背后权力关系和深层次社会机构问题，并且关涉每个行动者自身的直接或间接利益。因此议题模因的激活、复制、变异、转移和定势，以及议题框架的建构、转换、扩展、联结、共鸣等链条，决定了对抗性网络舆论的生命周期。

议题模因的激活始于初始议题的信息发布。模因具有选择性，某些模因更易于引起人们的注意，而另一些模因则从来得不到传播。马尔科姆·格拉德威尔（Malcolm Gladwell）归纳了引爆流行三法则：个别人物法则、附着力法则和环境威力法则。某个议题一旦具有引爆流行三法则，议题基因就开始了大规模复制。一些议题模因具有模式化的特征，可以在不同情景下被抗议者重复使用，如最近奔驰女车主坐在引擎盖上维权的抗争手法作为议题模因，在抖音平台发布后很快被其他维权车主纷纷仿效。

议题模因在经过网民和媒体的不断重构之后会产生议题变异。议题变异会出现两种现象：一是分蘖，即对初始议题的深层挖掘从而产生次议题，次议题再生成三、四级议题；二是散射，即议题模因在复制过程中偏离了初始议题的指向或发生性质上的变化，具体表现为对娱乐、恶搞、谣言、敏感点等吸引子的片面呈现，这些表现往往具有"节外生枝""击鼓传花"的效果。议题模因遵循着"适者生存"的生物进化规律，那些经过竞争、选择、淘汰保留下来的模因就是高质量的强势模因，能够引发社会更高的关注度。

---

① 倪明胜、钱彩平：《公民网络抗争动员的演化过程及其内在机理——基于近年来典型网络抗争性行动为例的经验研究》，《理论探讨》2017 年第 3 期，第 23 页。

（二）心理活动信息的进化路径：情感认同演变

促成对抗性网络舆论的形成，需要借助"情感表演"博取社会同情、道义、认同和支持等情感性资源，从而持续激发"非利益相关者"的加盟，实现"想象共同体"的情感共鸣和价值认同。正如特纳所言："人们通过执行'道德工作'和使用'正义框架'，把情感能量集中于这些外部现象上……并用'正义'来疏导情感，以使将要采取的任何行动合法化。"① "情感认同"的过程，经历了群体聚集、群体分类、群体盲从甚至群体极化的主要阶段。

议题模因一经互联网发布就会引发围观。"围观"现象会产生一批特殊的观众——"网络哄客"。这部分网民通常抱着事不关己的态度，在围观过程中或报以欢呼或施以嘲笑和谩骂。随着群体的聚集围观，在大量个人意见的不断交锋中，人们会自动站队归类，出现同类相吸、异类相斥的现象，形成对内群的偏好和对外群的偏见。人们基于"扶贫除恶""不平则鸣"的某种道德优先性，越发认为己方意见拥有优越性，强烈反对和抨击对立群体。

群体认同可能产生群体智慧，也可能导致群体盲从。协同过滤、过滤气泡和偏颇吸收的共同作用导致了人们浏览信息的同质化倾向，从而出现群体盲从。群体盲从在积累一段时间后有可能导致群体极化现象。群体极化导致的"非理性"，一方面，网民们会自动启动已有的刻板认知框架，按照非此即彼的二元对立关系，利用一切手段进行对抗性话语的再生产，包括借助谣言来填补某种"事实真相"的空缺，进而产生"对立认同"②；另一方面，会造成语言暴力甚至行为暴力，导致"多数人的暴政"，甚至被某些"推手"甚至不法分子利用和操控。

（三）行为结构信息的进化路径：集体行动演变

集体行动的资源动员能力是取得成功的重要因素，具体表现在集体行动的人员规模性、行为伤害的显著性和行为者之间的组织性。群体规模性影响到集体行动的压迫力程度，人员规模越大则行动意志力越强；组织化程度直接影响

① ［美］特纳·乔纳森著，孙俊才、文军译：《人类情感：社会学的理论》，北京：东方出版社，2009 年，第 172 页。

② 陈龙：《对立认同与新媒体空间的对抗性话语再生产》，《新闻与传播研究》2014 年第 11 期，第 76 页。

到行动的可持续程度，行动越无组织则越无持续性；伤害性程度直接影响到行动的风险程度，行动越具有伤害性则招致的风险系数越大。按照行动的组织性和伤害性建立坐标系的话，集体行动的演变经历了对话性行动、抗议性行动、对抗性行动和暴力性行动。

当议题被发布到网上，一部分网民便聚集并开始对话。网民对议题发布者的网帖（微博或其他）进行转发、点赞和评论，网民之间进行了一场大规模的对话行动。在广泛的对话下，不同的观点得到呈现，最终推动网民达成对议题的初步共识。议题模因完成大量复制，网民情绪高涨。如果涉事方处置不当，网民行动就会随之升级，从态度表达的对话性行动转向抗议性行动。抗议性行动是一种重要的网络动员形式，表现为网络签名、网络集会、网络结社等。

议题模因在升级阶段如果没有得到解决，抗议性行动便升级为对抗性行动，一般包括网络审判、人肉搜索、网络恶搞、网络流言等。网络审判是网络舆论监督的一种极端恶化现象；人肉搜索是以人工察访与群体讨论为基础的在线调查；网络恶搞是对于强势文化的反抗，带有"狂欢"的性质；网络流言即没有根据的网络信息。当网民认识到仅靠网络行动无法得到满意答复时，就很有可能将线上行动转化为线下行动。线下行动的"抗争剧目单"越来越丰富，出现上访、请愿、静坐、绝食、罢工、自杀、群体诉讼、示威游行甚至打砸抢烧等群体性事件。

三、对抗性网络舆论的政府引导路径

对抗性网络舆论，一方面通过"共意性社会运动"，向政府部门施加压力或提出诉求，倒逼政府产生"决策型回应"模式，客观上激发了社会治理的原生动力，推动了政府治理能力现代化；另一方面，在特定情况下也会加剧网络公共空间的撕裂与异化、影响政治社会稳定秩序、挑战现有制度规范、侵蚀政治合法性资源。对抗性网络舆论是"弥漫在新媒体空间的对抗性话语，是现实生活中各种社会病态的反应……在新媒体空间，这种不满和愤怒不论大小都有机会被放大成一种舆论，甚至是一种网络暴力"①。在减少对抗性网络舆论中，

---

① 陈龙：《对立认同与新媒体空间的对抗性话语再生产》，《新闻与传播研究》2014 年第 11 期，第 76 页。

尽管网络运营商的主体责任、主流媒体的监督责任、广大网民的参与责任都扮演着重要的角色，但政府部门的领导责任将直接影响对抗性网络舆论的演化逻辑和现实后果。政府部门应把握对抗性网络舆论的演化逻辑、形成机理，在治理理念、治理内容、治理方法上采取切实有效的措施。

（一）治理理念上要有互联网思维

在面对对抗性网络舆论时，一些政府部门还存在管理控制思维，往往采取"鸵鸟政策"、封堵删、寻找借口、否认辩解、转移焦点、事先声明和秒杀切割等简单粗暴、遮人耳目的方式，甚至出现雷人雷语，进一步增强了对抗性网络舆论的"声势"，使网络舆情应对处置更为复杂。

减少对抗性网络舆论，需要从管制思维转向互联网思维。互联网思维指在互联网新技术发展条件下，对社会治理、社会生产进行重新审视和定义的全新思维。舆情治理思维和互联网思维是紧密相关的，如用户思维强调信息发布的责任心；极致思维强调信息发布的精细严谨；换代思维强调信息发布的更新意识；社会化思维强调信息发布的开放互动；大数据思维强调信息发布的整体预见性；平台思维强调信息媒介的融合性；情感思维强调信息发布的人性化；场景思维强调信息发布的情境性等。只有树立互联网思维，才能突破转型期我国对抗性舆论的治理困境，实现公共利益的最大化。

（二）治理内容上要有制度化变革

当前公民参与的制度供给仍然短缺。由于制度化参与渠道狭窄、参与成本太高、民意表达机构功能虚化，因此非制度性政治参与成了现阶段弱势群体利益表达和诉求的主要途径。减少对抗性网络舆论，不应仅仅局限于应对具体微观的问题和矛盾，而是要在更高层次上加强系统性制度化变革。

首先要不断完善舆情应急处置机制。政府部门要完善舆情监测预判机制、热点敏感点问题及其基本应急预案、舆情回应发布机制、舆情报告机制、舆情应急处置机制、舆情评估与归档制度、舆情回应责任追究制度，尤其要落实重大公共决策、重大突发事件及社会热点事件的政府回应机制。主要负责人要带头接受媒体采访，表明立场态度，发出权威声音，当好"第一新闻发言人"。

其次要有效推进制度化的利益表达和救济机制。"协调利益关系的机制包括利益表达机制、利益博弈机制和制度化解决利益冲突的机制等。其中，首要的问题是利益表达，没有有效的利益表达机制，其他的利益协调机制都无从谈起。"①一方面，要畅通民众的利益表达渠道，建立官民协商对话机制，大力发挥主流媒体、政务新媒体的问政作用；另一方面，要健全民众的利益协调机制，拓宽已有的利益救济渠道，坚持以人为本、法律为上，妥善解决问题，切实维护好相关利益方的合法权益。

（三）治理方法上要把握时度效规律

把握时度效，就是掌握舆论格局中的话语权。这一方式能够影响对抗性网络舆论的生成机理，从而有效减少具体语境中的对抗性舆论。

（1）时就是要把握时机（包括及时与适时），解决"何时说"问题（关乎态度），掌握话语主动权。基本节奏：前期信息饥渴期，密集发布救援情况，不断消除谣言；中后期探求真相期，逐步发布事故原因；后期责任追究期，权威发布事故报告。防止"回应有力而处置乏力"、"解释"层面与"解决"层面脱节的突出问题（即烂尾现象）。

（2）度就是要掌握尺度（包括高度、厚度、深度、广度，力度、强度、温度、角度、进度、巧度、能见度、精准度、配合度），解决"怎么说"的问题（关乎技巧），确保话语主导权。

（3）效就是要注重效果，解决"说得如何"的问题（关乎影响力），提升话语引导力。回应话语要入眼、入脑、入心，信息发布要有理有据、释疑解惑，切实解决实际问题。

（本文原载于《人民论坛》2019年第19期）

---

①　孙立平：《博弈：断裂社会的利益冲突与和谐》，北京：社会科学文献出版社，2006年，第32－36页。

网络社交媒体治理

…… ……

虚拟社群信任网络的生成与维系

——以广州两个跑群为例

信任网络的生成与维系是虚拟社群生存发展的内在核心机制。虚拟社群的信任网络主要由成员对社群组织、成员对组织者、成员间三个信任层面构成。通过三个信任层面各影响因素在重要性上的描述性分析，人口统计学特征、成员行为特征与三个信任层面各影响因素的单变量方差分析，以及三个层面之间的相关性分析，研究发现交流环境、组织管理、专业指导、社会资本、忠诚度等因素是影响虚拟社群信任网络生成的重要因素。因此，要维系虚拟社群的信任网络，在成员对社群组织层面，应改善交流环境和组织管理；在成员对组织者层面，应发挥专业能力和社会资本；在成员间层面，应提高成员忠诚度和能力素养。

一、研究背景与动机

虚拟社群是"互联网上出现的社会集合体，人们在此讨论共同话题，成员间有情感交流并形成人际关系网络"①。当前国内外关于虚拟社群的研究，大多集中在社群特征、意见领袖角色、发展模式以及忠诚度等方面。涉及虚拟社群信任关系的研究也主要局限于电子商务类虚拟社群人际的信任关系，并未以一种融合的视角来考察虚拟社群信任网络各组成层次上的影响因素。

信任网络实际上是将一人际群体看作社会网络，并将这个网络中各个信任主体看作一个结点，把这些结点之间的所有信任关系看作一个集合。查尔斯·蒂利（Charles Tilly）认为，信任网络须具备几个条件：共同的纽带；成员的诉求得到关注并彼此扶助；共同承担着某重要而长期的事业；网络纽带源于将共

---

① RHEINGOLD H. The virtual community. Homesteading on the electronic frontier (2nd Ed). Cambridge MA : MIT Press; Revised edition, 1993.

同的事业置于其个体成员的失信、失误和失败的风险中。① 虚拟社群的信任网络有助于获得本体安全感、维护社群秩序和促进社群整合。"当信任网络的成员在一个有着各种机会和许诺的世界不断向外扩展时，信任网络是如何保持其凝聚力、控制力和信任度的？"② 或者说影响虚拟社群信任网络的主要因素有哪些？信任网络的生成与维系是虚拟社群生存发展的内在核心机制。寻找影响虚拟社群信任网络的主要因素，有助于虚拟社群的有效管理和可持续发展。

二、研究设计

（一）个案选取

为体现虚拟社群信任网络影响因素的可比较性，我们选择了广州的两个跑步 QQ 群，一个是规模最大、影响力最大的珠江跑群（以下简称"珠跑"），另一个是规模相对较小的士巴拿跑步俱乐部（以下简称"士跑"）。"珠跑"成立于 2010 年，成员规模 700 人左右（活跃成员 100 人左右），成员集中在 21～35 岁的年龄层，以具有大学本科学历的白领和学生为主。"士跑"成立于 2012 年，成员规模 100 人左右（活跃成员 30 人左右），成员集中在 21～25 岁的年龄层，学历、职业结构都比较混杂。

考虑到全国各地马拉松比赛的举办时间和两个跑群的活动组织大多集中在年底，因此研究以 2013 年 12 月至 2014 年 2 月为抽样时间段，通过实时观察两个跑步 QQ 群的聊天记录建立关系矩阵图，通过 Ucinet 软件对两个跑群的互动情况进行社会网络分析，发现在社群规模上，"珠跑"（见图 1）比"士跑"（见图 2）要大，且成员间相互交流的频率较高，关系结构相对紧密；在网络密度上，"珠跑"（0.203 4）要高于"士跑"（0.115 9）。需要进一步验证的是，两个跑步 QQ 群的不同社会网络状况与信任网络状况之间是否存在关联，即虚拟社群的规模和网络密度越大，其信任度也越大。

---

① ［美］查尔斯·蒂利著，胡位钧译：《信任与统治》，上海：上海人民出版社，2010 年。
② ［美］查尔斯·蒂利著，胡位钧译：《信任与统治》，上海：上海人民出版社，2010 年。

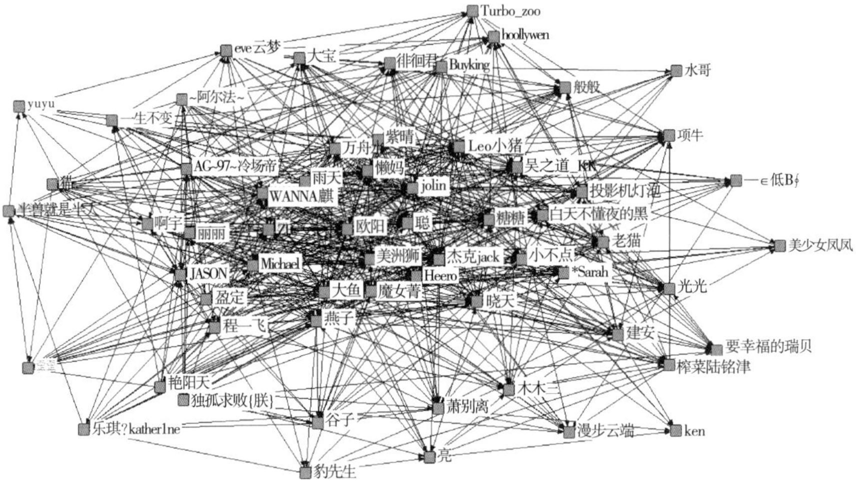

图 1 "珠跑"社群图

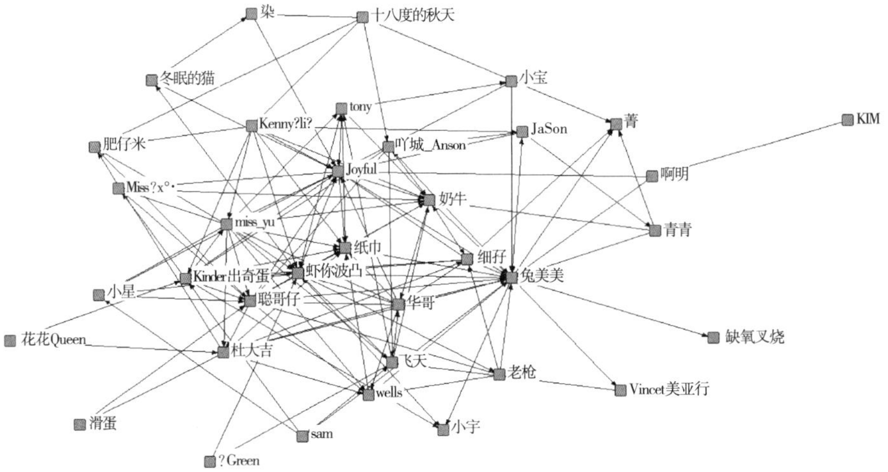

图 2 "士跑"社群图

（二）研究假设

当前有关虚拟社区信任影响因素的研究比较杂乱且多限于人际信任层面。从虚拟社群的多方利益主体关系看，信任网络一般由三个层次组成，即成员对社群组织的信任、成员对组织者的信任以及成员间的信任。本文在整合现有研究文献的基础上，以融合的视角从三个层面作出研究假设：

1. 影响成员对虚拟社群组织信任的主要因素有交流环境、组织管理

李郁菁、钱明辉等学者不同程度地发现了资讯质量、组织管理、品牌建设等因素对虚拟社群信任的影响。① 林秀芬、波特 C. E.、丹修 N.、赵玲、鲁耀斌、邓朝华等学者强调了成员嵌入性和互动交流对虚拟社群中的信任培育有积极影响，认为参与互动的满足感或社区归属感是成员信任虚拟社群的关键要素。② 吴志正等人则提出隐私政策对虚拟社群信任有重要影响。③ 可见，交流环境（如资讯质量、第三方熟人、互动交流、隐私安全等）、组织管理（如活动组织、管理制度、口碑等）是这一层次普遍关注的重要影响因素。

2. 影响虚拟社群人际信任的主要因素有能力、关怀、忠诚、相互了解、行动一致

有关影响虚拟社群人际信任主要因素的研究成果较多。雷丁斯 C. M. 等人提出影响人际信任三因素（能力、关怀、正直）的观点具有广泛的认同度。④ 赵玲等则在前人研究的基础上，发现对社区其他成员的熟悉感、感知到的与其他成员的相似性以及对其他成员的信任等因素影响着虚拟社区人际信任。⑤ 徐冬莉、江若尘则看到了关系资本对知识共享有直接的正向影响作用，关系资本的互惠和认同通过知识共享间接影响社区忠诚度。⑥ 赵竞等认为，"成员之间兴趣、能力、角色、价值观的相似性"，以及"网络使用行为之间的相互影响、

① 李郁菁：《影响虚拟社群成员忠诚度产生之因素探讨》，高雄：台湾中山大学硕士学位论文，2000 年；钱明辉、王川：《虚拟社区在线信任研究新进展及其启示》，《经济问题探索》2013 年第 5 期，第 156 – 161 页。

② LIN H-F. Determinants of successful virtual communities: contributions from system characteristics and social factors. Information & management, 2008, 45 (8): 522 – 527; PORTER C E & DONTHU N. Cultivating trust and harvesting value in virtual communities. Management science, 2008, 54 (1): 113 – 128; 赵玲、鲁耀斌、邓朝华：《基于社会资本理论的虚拟社区感研究》，《管理学报》2009 年第 6 卷第 9 期，第 1169 – 1175 页。

③ WU J-J, CHEN Y-H & CHUNG Y-S. Trust factors influencing virtual community members: a study of transaction communities. Journal of business research, 2010, 63 (9 – 10): 1025 – 1032.

④ RIDINGS C M, GEFEN D, ARINZE B. Some antecedents and effects of trust in virtual communities. Journal of Strategic Information Systems, 2002 (11): 276.

⑤ 赵玲、鲁耀斌、邓朝华：《基于社会资本理论的虚拟社区感研究》，《管理学报》，2009 年第 6 卷第 9 期，第 1169 – 1175 页。

⑥ 徐冬莉、江若尘：《关系资本、知识共享与虚拟社区忠诚的实证研究》，《经济问题探索》2012 年第 10 期，第 143 – 149 页。

交往时间、认同感以及交往情境中的临场感"，是影响网络人际信任的重要因素。① 总之，能力、关怀、忠诚、相互了解、行动一致是众多学者关注到的关键影响因素。

3. 影响成员对虚拟社群组织者信任的主要因素有专业指导、社会资本

作为虚拟社群的组织者具有类似于意见领袖的角色。不少学者认为，意见领袖的特质影响虚拟社区的维系。如索恩 Y. 认为，一些心理特征如消费者专业知识，专门领域的创新性和媒介习惯以及对在线品牌社区的态度是在线环境中意见领袖发挥影响力的重要因素。② 拉夫帕塞 V. 等学者则将个人和结构两个维度结合起来考察意见领袖在社区网络中的影响因素，个人特征维度包括专业能力和热心助人，社交网络结构维度包括与网络内部成员之间的直接关系、与外部网络之间的间接关系。③ 有关社交网络结构维度上两个影响因素的观点，实际已经接近于伯特 R. S. 的意见领袖社会资本论，即意见领袖是意见"经纪人"——在跨越群体之间的社会边界上传输信息。④

（三）问卷设计与开展

对人际信任的测量始于罗特 J. B. 所编制的人际信任量表（ITS）。该量表由25 个题项组成，主要测量被试者对他人行为、承诺陈述的可靠性估计。⑤ 霍姆斯丁 J. G. 和坦普尔 J. K. 编制的信任量表则主要测量关系亲密者的相互信任，共18 个题项。⑥ 李郁菁在虚拟社区忠诚度测量上，从资讯内容、社群经营、社群

---

① 赵竞、孙晓军、周宗奎等：《网络交往中的人际信任》，《心理科学进展》2013 年第 21 卷第 8 期，第 1493 – 1501 页。

② SOHN Y. Opinion leaders and seekers in online brand communities. The Florida State University, 2005.

③ RAGHUPATHI V, ARAZY O, KUMAR N, et al. The antecedents of opinion leadership indicators in social networks, proceedings of the 6th Workshop on e-Business (WeB), 2007, Montreal, Canada.

④ BURT R S. The social capital of opinion leader. The Annals of the American of political and social science. http：//faculty. chicagobooth. edu/ronald. Burt/research/files/SCOL. pdf, 1999.

⑤ ROTTER J B. A new scale for the measurement of interpersonal trust. Journal of personality, 1967, 35（4）：651 – 665.

⑥ HOLMES J G, REMPEL J K & ZANNA M P. Trust in close relationships. Journal of personality and social psychology, 1985, 49（1）：95 – 112.

品牌、人际沟通四个方面提出了 23 个题项。① 对组织机构信任的测量方面，潘恩 K. D. 提出了对组织机构信任的测量指南，包含信任的 10 个维度（能力、正直、可靠、开放、意愿、关怀、认同、控制互动、满足感、使命），共 46 个题项。② 在网络意见领袖测量方面，蔡瑶昇等人提出包含传统领袖特质、持久涉入、产品知识察觉、探索行为、网络创新、电脑能力及领域涉入七大方面总计 21 个题项。③ 依据前期相关研究文献以及本文构想的虚拟社群信任网络三层次中涉及的相关影响因素，本节提炼了测量虚拟社群信任网络的 57 个题项。

通过前期对两个 QQ 群成员抽样的开放式问卷，经整理修改后的问卷设计分为四个部分。第一部分为人口统计以及使用行为特征，第二部分为成员对社群组织的信任因素，第三部分为成员对社群组织者的信任因素，第四部分为社群成员间的信任因素。问卷采用 5 等级记分，分别以"非常同意""同意""无意见""不同意"和"非常不同意"五个选项来衡量，并分别给予 5 分、4 分、3 分、2 分、1 分，分数值越高，表示对该题项的同意程度越高。

经 Cronbach's alpha 信度检验，问卷总量表 α 值为 0.951（极端可信）、社群组织信任层面 α 值为 0.538（可信）、组织者信任层面 α 值为 0.883（很可信）、成员间信任层面 α 值为 0.945（极端可信），显示出各层面内部一致性令人满意。

经 KMO 和 Bartlett 的效度检验，社群组织信任层面 KMO 值为 0.890（适合）、组织者信任层面为 0.845（适合）、成员间信任层面为 0.897（适合）。从量表 KMO 值为 0.894（适合）看，表示相关情形良好，足以作为因子分析之用。经各个层面因子分析，使用主成分分析法，并以最大变异法进行直交转轴，对问卷题项进行调整修改，确定问卷各部分的题项分配（见表 1）。

通过在两个跑群中发送问卷星地址和线下当面派发问卷的方式，共回收有效问卷 120 份，其中"珠跑"70 份、"士跑"50 份。"格罗苏斯（1983）提出，

---

① 李郁菁：《影响虚拟社群成员忠诚度产生之因素探讨》，高雄：台湾中山大学硕士学位论文，2000 年。

② PAINE K D. Guidelines for measuring trust in organizations. http://www. instituteforpr. org/wp‒content/uploads/2003_MeasuringTrust. pdf, 2003.

③ 蔡瑶昇、吕文琴、洪荣照：《网络意见领袖量表之建构》，《电子商务学报》2011 年第 13 卷第 4 期，第 759‒780 页。

样本量与变量的比例应在 5∶1 以上，受访者总数不得少于 100 人"①，因此获取的样本数符合要求。

表 1 　问卷各部分的题项分配及其平均分值

问卷部分	因素	题项内容（关键词）	平均分（"珠跑""土跑"）	标准差
人口统计学特征	性别	1. 您的性别		
	年龄	2. 您的年龄段		
	学历	3. 您的学历		
	职业	4. 您的职业		
使用行为特征	上线时间	5. 您加入跑群的时间		
	线下活动次数	6. 您参与跑群线下活动次数		
	在线时间	7. 每天与成员互动的在线时间		
成员对社群组织的信任层面（均值3.50，标准差1.20）	交流环境（均值4.00，标准值0.87）	8. 社群里有认识的网友或朋友	3.85 （3.99，3.66）	0.95
		9. 社群资讯内容丰富且是需要的	3.98 （4.28，3.56）	0.86
		10. 与成员分享经验及心情交流	4.15 （4.41，3.78）	0.77
		12. 该社群比其他社群更安全	4.07 （4.42，3.56）	0.94
		13. 结交新朋友、拓展人际关系	4.10 （4.35，3.74）	0.77
		19. 社群所使用媒体多样且丰富	3.89 （4.21，3.40）	0.90
	组织管理（均值3.06，标准值1.27）	11. 社群不收费的行为更放心	2.37 （1.37，3.78）	1.38
		14. 社群名气大、人气旺	3.67 （4.24，2.86）	1.15
		15. 社群的活动组织能够让你满意	3.79 （4.23，3.48）	0.89
		16. 社群的管理制度很完善	3.41 （3.81，2.84）	1.07
		17. 社群信息更新速度快	2.15 （1.85，2.56）	0.91
		18. 社群传达信息的媒体是可靠的	3.77 （4.16，3.22）	0.88
		20. 社群所使用的媒体能满足需求	2.28 （1.78，2.98）	1.09

---

① 谢延浩、孙剑平、刘卉：《金钱重要性验证性因数分析》，（香港）《中华管理评论国际学报》2010 年第 13 卷第 1 期，第 1－13 页。

（续上表）

问卷部分	因素	题项内容（关键词）	平均分（"珠跑""土跑"）	标准差
成员对组织者的信任层面（均值3.82，标准差0.88）	专业指导（均值3.83，标准值0.88）	21. 他们拥有某个方面的特长	3.97（4.44，3.30）	0.89
		22. 他们在跑步界比较知名	3.44（4.23，3.26）	0.74
		23. 他们能给予专业指导意见	3.91（4.21，3.24）	0.93
		24. 他们与社群成员互动交流多	4.02（4.16，3.60）	0.84
	社会资本（均值3.81，标准值0.88）	25. 他们在微博上较为活跃	3.86（4.09，3.54）	0.84
		26. 他们能够为社群带来资源	3.98（4.27，3.42）	0.89
		27. 他们的人际关系较好	3.66（3.98，3.20）	0.91
成员间的信任层面（均值3.57，标准差0.98）	能力素质（均值3.69，标准值0.86）	30. 社群成员有能力处理问题	3.73（3.91，3.48）	0.86
		31. 社群成员有能力达成目标	3.33（3.43，3.20）	0.91
		32. 社群成员有一定运动知识	2.67（3.84，3.42）	0.83
		33. 社群成员普遍有良好的素质	3.84（3.96，3.68）	0.72
		34. 社群成员都能公平对待彼此	3.86（4.06，3.58）	0.89
	忠诚度（均值3.85，标准值0.91）	52. 只要有益，成员不会退出	4.00（4.31，3.58）	0.85
		53. 社群成员对社群有归属感	3.84（4.21，3.32）	0.90
		54. 在未来，成员还会留在社群	3.90（4.23，3.44）	0.85
		55. 跑群对成员有特殊意义	3.69（3.90，3.40）	0.88
		56. 成员愿意向朋友推荐社群	3.99（4.33，3.52）	0.80
		57. 成员会待在社群很长时间	3.90（4.26，3.42）	0.94
		35. 成员对社群事务非常投入	3.58（4.06，2.90）	1.05

（续上表）

问卷部分	因素	题项内容（关键词）	平均分（"珠跑""士跑"）	标准差
成员间信任层面（均值3.57，标准差0.98）	相互了解（均值3.33，标准值0.97）	42. 和成员的关系很亲近	3.31（3.63，2.88）	1.02
		44. 会向成员表达想法且希望倾听	3.69（3.89，3.42）	0.70
		45. 在某成员面前没有什么秘密	2.85（2.94，2.72）	1.03
		47. 有些秘密不介意与他们分享	3.37（3.51，3.16）	0.99
		49. 成员在很多情况下对我有反应	2.28（3.56，3.12）	0.90
		50. 能说出与我交往成员内心感受	3.29（3.46，3.06）	1.02
		51. 能预料成员对一般事务的态度	3.40（3.57，3.14）	0.94
	热心关怀（均值3.82，标准值0.87）	28. 成员专长能帮社群达成目标	4.08（4.27，3.82）	0.82
		29. 社群成员都善于社交	4.07（4.41，3.58）	0.92
		36. 认同大部分成员的价值观	3.83（4.19，3.34）	0.89
		38. 成员都能展现良好的道德伦理	3.81（4.10，3.40）	0.80
		39. 成员重视问题讨论是否有结果	3.61（3.90，3.20）	0.90
		40. 成员大多不会有意破坏交谈气氛	3.77（3.94，3.52）	0.80
		41. 社群成员普遍关心社群的发展	3.66（4.06，3.10）	0.88
	行动一致（均值2.94，标准值1.05）	37. 成员表现的行为具有一致性	2.74（2.50，3.08）	1.08
		43. 不认同成员的想法但尽量不说	2.96（3.07，2.80）	1.02
		46. 成员的私事，不告诉其他成员	2.95（2.80，3.16）	1.09
		48. 在交往的成员中能了解他们	3.11（3.23，2.94）	0.96

三、数据分析

以 SPSS 17.0 软件作为数据分析工具，用于验证研究架构与研究变数间的关系，并希望借此发现隐藏在数据背后的信息。

（一）描述性分析

先对两个跑群各因素的共性进行描述性分析，"通过各项的平均数、标准差等了解各影响因素的重要性高低"[①]。接着通过两个跑群信任网络的差异比较，验证"虚拟社群的规模和网络密度越大，信任度也越大"的假设。

1. 两个跑群各因素的共性分析

从社群组织、组织者以及成员间三个信任层面来看，均值最高的是成员对组织者的信任（均值 3.82，标准差 0.88），说明成员对组织者的信任度最大，是社群信任网络构建的最重要层次。成员对社群组织的信任度（均值 3.50，标准差 1.20）和成员间的信任度（均值 3.57，标准差 0.98）基本持平，但社群组织信任层面的标准差大于 1，说明成员对于社群整体的认知较为零散、不集中（见表 1）。

影响虚拟社群信任网络构建的前三个因素分别是交流环境（均值 4.00）、忠诚度（均值 3.85）以及专业指导（均值 3.83），恰好分别从属于社群组织、成员间和组织者的三个信任层面。

就具体题项来看，社群组织信任层面，"交流环境"因素的 6 个题项均高于 3.80 且标准差小于 1，说明社群成员对于社群组织所提供的交流环境十分重视；"组织管理"因素方面，社群名气、活动组织、管理制度、传播媒体也是成员所看重的。组织者信任层面，专业指导、社会资本两大因素的各个题项得分均高于 3.40 且标准差小于 1，说明成员普遍看重组织者的专业特长、与成员的互动交流、活跃性、人际关系等个性魅力。成员间信任层面，五个影响因素有比较明显的差异性，忠诚度（均值 3.85，标准值 0.91）、热心关怀（均值 3.82，标准值 0.87）、能力素质（均值 3.69，标准值 0.86）三个因素的重视度较高，相互了解因素（均值 3.33，标准值 0.97）的关注度较低，行动一致因素（均值 2.94，标准值 1.05）最不受关注，社群成员"有能力处理问题"、"有能力达成目标"、"有良好的素质"（道德伦理）、"公平对待彼此"、"不会退出社群"、"对社群有归属感"、"愿意向朋友推荐社群"、"长久时间待在社群"、"对社群事务投入"、"愿意表达想法"、"用专长达成目标"、"善于社交"、"有社群认

[①] 李郁菁：《影响虚拟社群成员忠诚度产生之因素探讨》，高雄：台湾中山大学硕士学位论文，2000 年。

同"、"关心社群发展"等题项都受到较为显著的关注。

2. 两个跑群信任网络的差异比较

从两份问卷总均值可以看出，"珠跑"为190.01，而"士跑"为165.34。总体而言，"珠跑"的信任度高于"士跑"。

在组织者信任程度上，"珠跑"（均值4.15）要高于"士跑"（均值3.37）；在成员间信任程度上，"珠跑"（均值3.78）要高于"士跑"（均值3.28）；在社群组织信任程度上，"珠跑"（均值3.63）也要高于"士跑"（均值3.32）。可见，虚拟社群的规模和网络密度越大，信任网络各层次的信任度也越大。我们可从一些具体题项的均值差异进一步分析。

在社群组织信任层面，"珠跑"在"交流环境"各题项的得分都要高于"士跑"，反映了"珠跑"能够给社群成员提供更安全、值得信赖且活跃的交流氛围。这点可以从两个QQ群成员的积分得到侧面验证。积分100以上的成员中，"珠跑"有62个，而"士跑"有17个。以资讯内容为例，"珠跑"涵盖了跑步技巧、装备推荐、比赛经历、路线规划、伤痛治疗、饮食健康等广泛内容。"组织管理"因素方面，在社群名气、活动组织、管理制度等方面，"珠跑"都要高于"士跑"。以"活动组织"为例，从研究者的实际观察发现，"珠跑"共组织了31次约跑活动，"士跑"组织了13次。"珠跑"的活动要比"士跑"更多样化，包括日常约跑、参赛、分享会、聚餐还有主题聚会（如队庆、主题约跑）等。

在组织者信任层面，"珠跑"在"专业指导""社会资本"各题项的均值都要远高于"士跑"。"珠跑"有一支好的组织队伍，如发起人兼队长（Jolin和Jack）、活动小助手（建安）、设计师（彬彬和燕子）、教练（亮亮和秋秋）以及领跑（辣妈和美洲狮）。从Jolin的微博可看到，他利用人脉关系为社群提供多方面的帮助，如和NIKE签约教练王亮亮（@王亮亮Mike）相互关注，跑群参加比赛的服装部分由NIKE品牌提供；与队长同行的医学教育工作者为成员普及相关知识。

在成员间信任层面，"珠跑"在"忠诚度""热心关怀"因素各题项的均值都要明显高于"士跑"，说明该成员普遍关注彼此的忠诚度和归属感，这与该跑群成立时间长、活动频繁、管理严谨有关。在该跑群建立4周年之际，举办了许多相关的主题活动，包括主题约跑、微视频展播、微视频竞赛、生日派对等活动，吸引了众多成员参加并在微博上积极回应。

（二）单变量方差分析

将人口统计特征如性别、年龄、学历、职业以及使用行为特征（如加入时间、在线时间、线下活动次数）分别与三个层面的影响因素的关系进行单变量方差分析（见图3），结果发现：

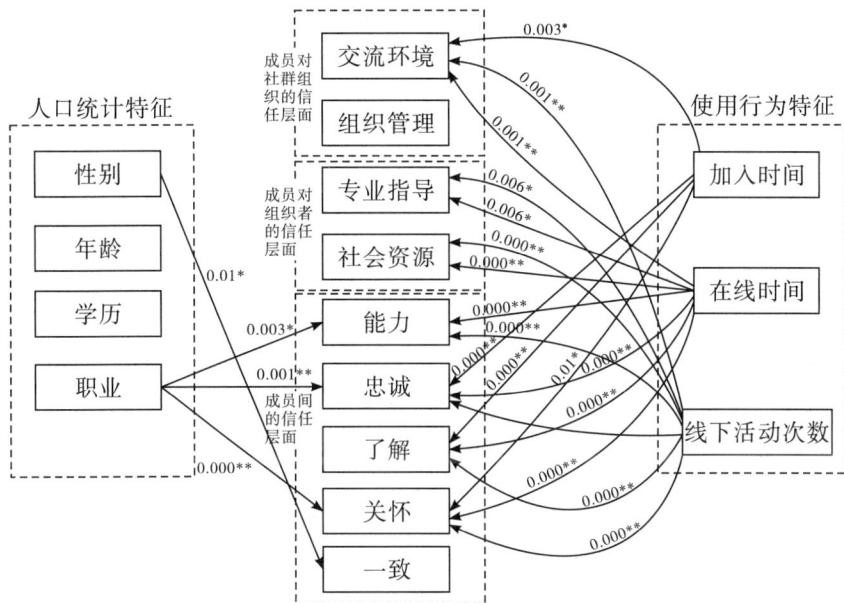

图 3　单变量方差分析

（1）性别与行动一致性因素 P 值为 0.01，小于 0.05，显示两者之间差异显著性明显。均值差值为 0.355，说明男性在一致因素方面的认同程度比女性高。

（2）职业与能力、忠诚和关怀因素存在显著关系。白领对社群组织的忠诚度较高；自由工作者由于工作时间的不稳定和自由性，对社群组织的忠诚度较低。在关怀因素方面，与学生、教育工作者和自由工作者相比，白领对成员间关怀的认同度高。

（3）加入时间与交流环境、能力、忠诚、了解、关怀和一致因素都有显著关系。数据显示，与 1 年以下的社群成员相比，入群 2～3 年的成员对社群交流环境的认可、社群忠诚度要高，差异显著。由此可见，入群时间长能够加深成员对社群交流环境的了解和感受，进而产生信任感。

（4）成员间信任关系上，加入时间越长，社群成员相互之间的了解程度越高，相互信任的程度也越高。加入社群 2~3 年的成员与加入 1 年以下的成员在关怀因素上差异显著，而 2~3 年与 1~2 年的成员之间差异不显著，说明入群 2 年是一个关键的时间点，加入社群 2 年以上的成员对社群人际的信任程度较高。

（5）在线时间与交流环境、社会资源、能力、忠诚、了解和关怀 6 个因素有明显差异，且总体呈现一种正相关的趋势。在线 2~3 个小时以及 3 个小时以上的成员差异较小，远高于在线时间较少的其他成员，说明在线 2 个小时是一个时间节点，社群组织者需要特别关注在线 2 个小时以下的成员，有针对性地进行培养引导。

（6）线下活动次数方面，除了组织管理以外，不同的线下活动次数与其他因素均有显著性差异。总体来说，参加线下活动越多，对各因素的打分越高，对社群组织、组织者以及其他成员的信任程度也越高。

（三）相关性分析

在成员对社群组织、成员对组织者以及成员间三个层面之间进行相关性分析。首先采用相关性散点图形式对三个层面之间的关系进行初步评估。从图 4 中可以看到三个层面相互之间的关系都呈现出明显的正相关性。接着采用相关性检测三个层面之间的相关性强弱（见表 2）。为了提高检测可信度，同时采用以参数统计以及非参数统计方法为基础的三种相关性系数分析，由于事先确定三个层面之间呈现正相关关系，因此采用"单侧检验"。

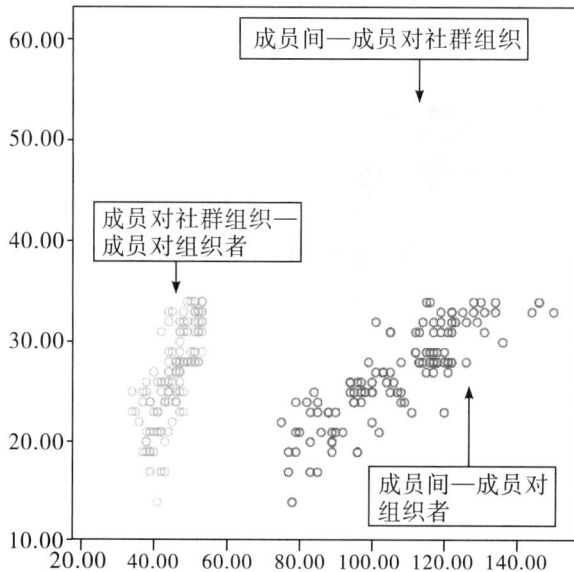

图 4　三个层面相关性散点图

表 2　Pearson、Kendall、Spearman 三种相关系数检测方法结果

			成员对社群	成员对组织者	成员之间
Pearson 相关系数 检测	成员对社群组织	Pearson 相关性	—	.743**	.759**
		显著性	—	.000	.000
	成员对组织者	Pearson 相关性	.743**	—	.841**
		显著性	.000	—	.000
	成员间	Pearson 相关性	.759**	.841*	—
		显著性	.000	.000	—
Kendall 相关系数 检测	成员对社群组织	相关系数	—	.608**	.596**
		Sig.（单侧）	—	.000	.000
	成员对组织者	相关系数	.608**	—	.685**
		Sig.（单侧）	.000	—	.000
	成员间	相关系数	.596**	.685**	—
		Sig.（单侧）	.000	.000	—
Spearman 相关系数 检测	成员对社群组织	相关系数	—	.785**	.778**
		Sig.（单侧）	—	.000	.000
	成员对组织者	相关系数	.785**	—	.856**
		Sig.（单侧）	.000	—	.000
	成员间	相关系数	.778**	.856*	—
		Sig.（单侧）	.000	.000	—

注：＊＊表示在置信度（单侧）为 0.01 时，相关性是显著的。

　　三种相关系数检测结果都显示，三个信任层面在 0.01 水平下（0.00 < 0.01），且呈现出显著的正相关关系。即三个层面的信任程度会相互影响，社群管理者在加强社群信任构建时，需要重视三者的关系，考虑三个关系链之间的平衡，以发挥共同促进作用。

四、研究建议

通过以上分析，发现了影响虚拟社群信任网络生成的主要因素及其各影响因素之间的可能关系。因此，要维系和推进虚拟社群信任网络的发展需要考虑到以下几点：

（一）在成员对虚拟社群组织的信任层面，需改善社区的交流环境和组织管理

（1）改善交流环境。一要营造和谐安全的沟通氛围，确保成员参与社区话题或活动的安全性。二要提供丰富多样的资讯内容。"高质量的资讯内容对强化社群功能、巩固利基起到了很大的推动作用，能够从社群成员的使用和满足上强化效果。"① 三要强化多元化的媒介使用组合，根据各媒介的特征进行无缝隙传播，满足成员对社群信息的需求，如微博适合信息公开和推广营销，QQ 群适合开放话题讨论，微信适合私密话题讨论，微信公众号适合信息推送等。

（2）加强组织管理。一是制定群规如隐私政策、奖惩机制，"对于违规者给予警告、批评提醒等惩戒方式，让社群成员能够了解并遵守"②，以推动制度信任和关系信任的有机结合。虚拟社群成员通过制度约束形成的共享价值观对信任和关系承诺有积极影响。二是积极组织线上线下社群活动，通过成员的活动参与，让成员之间相互了解、分享信息、交流思想，从而产生对社群的归属感。"对以往互动的满意不仅增加虚拟社群成员之间的信任度，也会促进成员关系承诺和黏性。"③ 三是加强虚拟社群组织的品牌推广，提高知名度和名誉度，增强成员对社群组织的集体认同感。

---

① SANGWAN S. Virtual community success：a uses and gratifications perspective. Proceedings of the 38th Annual Hawaii International Conference. Ieee，Hawaii，2005.

② ROTHAERMEL F T & SUGIYAMA S. Virtual Internet communities and commercial success：individual and community-level theory grounded in the atypical case of Timezone. Com. Journal of management，2001，27（3）：297 – 312.

③ WU J-J，CHEN Y H & CHUNG Y-S. Trust factors influencing virtual community members：a study of transaction communities. Journal of business research，2010，63（9 – 10）：1025 – 1032.

（二）在成员对虚拟社群组织者的信任层面，应发挥组织者的专业能力和社会资本

（1）发挥专业能力。一是组织者在社群中应具备比较突出的知识技能。组织者拥有某方面的专长，能给予专业的指导或服务，是赢得成员尊重和跟随的重要前提。二是组织者在互动交流中要发挥专业能力。"社群组织者能够通过互动交流促进社群成员的行为改变，加强社群规范认知，促进优化管理。"① 组织者应充分发挥意见领袖的作用，积极利用微博、微信、QQ 等多种媒介，以专业视角和洞察力主动设置话题，活跃气氛，引导和鼓励社群成员进行讨论互动，拉近与成员之间的距离，增强与成员之间的人际关系，形成比较紧密的朋友圈或生活圈。

（2）动用社会资本。组织者作为连接虚拟社群内部网络和外部网络的信息"经纪人"，一要善于挖掘社群内部的人才资源，安排具有专业水平的成员参与社群组织管理，弥补组织者自身专业水平的不足，实现社群的自组织管理；二要积极借助社群外部的关系资源，为社群输入重要的支持力量，推动虚拟社群的可持续发展。

（三）在虚拟社群成员间的信任层面，应提高成员的忠诚度和能力素质

（1）提高忠诚度。重在培养成员的社区归属感，可对成员进行分层管理。对于新入群的成员实行辅导制，培养对社群的媒介使用习惯；对老成员，可引导其加入社群的管理和发展事务中，发挥个体能力；对有异见的成员，多给予宽容理解和进行互动交流；对有困难的成员，应积极回复并提供力所能及的帮助。

（2）提升能力素质。一是成员要有一定的专业知识，以便能实现成员之间的知识共享和相互了解，进而达到行动的一致性。二是成员要有法制伦理观念和理性文明意识。具有主体意识的成员会有强烈的权利和责任意识，能彼此公平对待，热情关心并积极参与社区事务，积极营造良好的社区环境，自觉维护社群利益。

（本文原载于《国际新闻界》2014 年第 9 期。作者：罗昕、许倩婷）

---

① SONG X, CHI Y, HINO K, et al. Identifying opinion leaders in the blogosphere. Proceedings of the sixteenth ACM conference on Conference on Information and Knowledge Management. http://www.yunchi.org/publication/07cikm_influencerank.pdf, 2007.

微信公众号自媒体社会责任及其评价

谢因波曼与克里斯·威理斯两位美国学者在 2003 年 7 月提出了"自媒体"概念，即"自媒体是普通大众经由数字科技强化、与全球知识体系相连之后，一种开始理解普通大众如何提供分析他们自身的事实、新闻的途径"。而我们常说的自媒体是指私人化、自主化的传播者，以电子化手段向不特定或特定的人传递信息的新媒体的总称，① 包括微博、微信、QQ、论坛、网络社区等。

微信公众号是当今中国最为热门的自媒体。2011 年 1 月，腾讯公司推出微信这一即时通信工具，2012 年 8 月，新增了微信公众平台功能模块，任何个人或组织均可免费申请微信公众账号，通过后台编辑文字、图片、语音和视频信息，群发给订阅该账号的用户，每天可发一次，每次可发送若干条独立内容。根据中国互联网络信息中心发布的《第 44 次中国互联网络发展状况统计报告》，截至 2019 年 8 月，我国网民中手机即时通信用户高达 8.21 亿，占手机网民的 96.9%。即时通信的使用率已基本见顶，从基础功能向外延伸的态势更加明显，成为用户连接各类生活服务的综合性平台。

微信公众号自媒体影响力越大，其履行社会责任的重担也越大。但微信公众号自媒体目前面临着管理规范不全、差异化定位不清晰、信息水平较差、版权意识薄弱、账号推广能力不强、赢利模式单一等现实问题。这些现实问题在很大程度上影响着微信公众号自媒体的社会责任履行状况。

一、研究现状

学者和媒体从业人员对微信自媒体做了不少研究，以中国知网收录的学术期刊为例，2014 年至 2015 年共产生了千余篇以"微信自媒体"为主题的研究

---

① 蔡坚：《自媒体在突发事件中的角色》，《视听界》2012 年第 6 期，第 107 - 108 页。

论文，研究的主要方向大多为该新型传播平台的传播特性和传播效果分析、赢利模式和运营策略分析、优劣势及未来发展方向分析、平台的技术设计分析以及该平台在其他公共领域的应用分析等。但有关微信自媒体平台社会责任的分析研究论文鲜少。综合已有的研究成果，主要包括以下三个方面：

（一）自媒体社会责任缺失的主要表现

自媒体在履行应有的社会责任方面表现失范，出现了各种责任的缺失。刘宜林、武海波、张晓光认为自媒体真实可靠性低，表现为虚假新闻、谣言泛滥、混淆视听，为了追求新闻的时效，弃新闻生命于不顾，导致许多讹误新闻的传播。虚假新闻及谣言还极易成为关注的焦点，伴随着传播加速度，形成"蝴蝶效应"，促使群体事件恶性发展。[①] 包国强、陆慧指出商业利益是虚假报道的驱动来源，部分自媒体为了提高新闻的点击率和关注度而夸大其词，大肆渲染，从而获取商业利益，故导致自媒体的公信力降低。[②] 吴清雄指出"三秒钟原则"在新媒体时代大行其道，情绪化、片面化的"眼球效应"追逐，是自媒体与生俱来的痼疾。自媒体网络监管出现漏洞及监管措施的不全面，导致"三俗之风"盛行，其传达的思想不仅逐渐偏离主流价值观，而且破坏了社会主义道德建设，造成不良影响。[③]

（二）自媒体社会责任缺失的主要原因

自媒体社会责任缺失的原因主要包括媒体自身特征、自媒体责任意识薄弱及经济利益与社会功能的冲突三方面。微信公众号等自媒体对于其他大众媒体来说虽具有很强的实效性、交互性、灵活性和自主性，但同时也具有一定的缺陷，如自媒体传播者素质参差不齐；具有相对的封闭性，圈子小、信息难以传达推广；信息点对点流动使传播过程很难形成完整的体系，二次传播发生较少等，该缺陷易使自媒体发生层出不穷的非法现象，以及在社会舆论的监督和引

---

① 刘宜林：《网络媒体环境下的社会责任研究》，《新闻爱好者》2014 年第 6 期，第 72 –
75 页；武海波：《自媒体时代的新闻自律和他律》，《记者摇篮》2014 年第 2 期；张晓光：《浅
论"自媒体"时代新闻传播的蝴蝶效应与网络舆情监控》，《新闻传播》2013 年第 7 期。

② 包国强、陆慧：《网络媒体社会责任的治理路径》，《新闻前哨》2015 年第 6 期，第
29 – 32 页。

③ 吴清雄：《新媒体时代的媒体责任重构》，《青年记者》2012 年第 34 期，第 27 –
28 页。

导方面难度较高。① 芮必峰、张冰清、杨珺等学者认为新技术的发展和应用快速地拓展着新闻界的传播手段、范围和影响力，产生了新的传播权力，而与之相应的责任意识尚未树立。自媒体社会责任意识的缺乏、自媒体传播者职业素养的缺乏以及未受到相关职业规范的严格约束和监管是导致网络传播中频繁发生的舆论乱象事件或新闻真假难辨的原因。② 在自媒体经济利益与社会功能的冲突方面，邓建国、彭巍然、解迎春等学者指出自媒体作为一个"产业领域"历史很短，其主要依靠主办者的个人爱好和热情，没有清晰而有效的商业模式可依循，经营者大多缺乏商业和管理经验，自媒体同时还面临社会认知和政策合法性压力，增加了履行社会责任的难度。③

（三）自媒体社会责任重建的主要路径

林兴发、拓栋、陈东升、李建喜等学者从媒体从业人员的角度提出自媒体环境下记者的职责要求，包括健全记者在自媒体环境下的工作管理机制；提升记者应对网络舆情的理念，如真实性、客观性、时效性和独立调查能力等；增强记者应对网络舆情所具备的能力，如使用自媒体的能力、信息解析能力和舆情引导能力等。④ 吴江文从受众培养的角度提出微传播时代社会责任的建构路径，培养受众的文化共识；增强公民意识，鼓励公众参与国家事务；提升自觉意识，在交流中自觉地服从文化价值观等。⑤ 范以锦、严艳、余潇等学者从媒体的角度提出自媒体应有效提高危机处理与舆论引导能力。范以锦认为媒体在舆论监督中要把握好"两个特点"（监督的公开性和广泛性）和"两个方面要求"（监督的及时性和客观性），要以高度的社会责任感、良好的职业道德和专

① 杨佳昕、谷悦：《社会化媒体对传统媒体信息传播的启示——从微信公众号谈起》，《编辑之友》2014 年第 10 期，第 55 – 57 页；徐田娣：《微信的传播特性探究》，长春：吉林大学硕士学位论文，2015 年。

② 芮必峰、张冰清：《新的传播权力呼唤新的社会责任——以"合肥少女毁容案"的网络传播为例》，《新闻记者》2012 年第 4 期，第 31 – 35 页；杨珺：《自媒体与传统媒体的相互影响及融合策略》，《编辑之友》2014 年第 5 期，第 83 – 85 页。

③ 邓建国：《"专业化分布式"新闻生产时代的到来？——自媒体的挑战与机遇》，《新闻记者》2013 年第 8 期，第 22 – 29 页；彭巍然、解迎春：《微信自媒体盈利模式研究》，《当代传播》2014 年第 6 期，第 78 – 80 页。

④ 林兴发、拓栋：《自媒体环境下记者应对网络舆情策略研究》，《新闻知识》2013 年第 8 期，第 34 – 35 页；陈东升：《自媒体时代记者的职责》，《青年记者》2014 年第 14 期，第 1 页；李建喜：《谈媒体记者在社交网络中的社会责任》，《新闻传播》2014 年第 4 期。

⑤ 吴江文：《微传播时代受众要求的满足与培养》，《当代传播》2014 年第 2 期。

业精神才能从"根"和"源头上"提高媒体的舆论监督能力；① 余潇认为媒体履行社会责任的路径包括建立舆情监测和预警系统、采取紧急避险措施、建立负面舆论网络反转的常态机制、加强传统媒体的品牌建设，以及加强对民众关心议题的敏感度。② 王雪桦、胡芃原从政府相关部门的角度提出自媒体履行社会责任的路径。王雪桦指出自媒体公共责任的维护离不开公共资源管理部门的强制性他律，相关调查显示来自公共部门的强制性治理获得大部分公众的支持；胡芃原认为相关立法部门仍需加强对利用新媒体侵害他人合法权益进行惩戒的相关法律法规。③ 综合国内外相关研究可以看出，微信公众号等自媒体履行社会责任的相关研究大多限于定性研究，对微信公众号自媒体履行社会责任的整体评价和实证分析的定量研究鲜少。目前所提出的一些策略大多基于研究者的主观判断，缺乏有力的数据支撑，并未根据微信公众号自媒体的实际状况提出具有针对性的策略。本研究基于大众传播的社会功能相关理论，通过所建构的评价指标体系，对微信公众号自媒体社会责任现状进行评价，以期为微信公众号自媒体增强社会责任感提供有针对性的改善策略。

二、研究设计

通过文献梳理，本研究将公众号自媒体划分为七类：电子商务类、公共服务类、新闻资讯类、娱乐休闲类、视频影音类、教育文化类和行业知识类。根据新媒体指数和刺猬公社在 2016 年 3 月公布的公众号自媒体榜单，分别在第 1～33 名、第 34～66 名、第 67～100 名中各随机抽取一个类别的公众号，共 21 个观测对象。其中，由于电子商务类在第 1～66 名中无个案排名，故选择第 70 名、第 72 名和第 84 名的 3 家公众号自媒体作为观测对象。其基本信息如表 1 所示：

---

① 范以锦、严艳：《媒体人如何履行监督职能——良好的社会责任 高度的专业精神》，《新闻与写作》2013 年第 4 期，第 24 – 26 页。

② 余潇：《自媒体环境下的舆情引导》，《新闻战线》2013 年第 11 期，第 59 – 60 页。

③ 王雪桦：《论自媒体传播的公共责任》，《中国出版》2013 年第 15 期，第 51 – 53 页；胡芃原：《论新媒体对新闻专业主义的影响》，《新闻界》2014 年第 10 期，第 70 – 72 页。

表 1　21 家微信公众号自媒体个案基本信息

类别	排名		
	第 1 ~ 33 名	第 34 ~ 66 名	第 67 ~ 100 名
电子商务类	罗永浩	买手客 Buyerkey	万能种草清单
公共服务类	晓玲有话说	Alex 大叔	INSIGHT CHINA
新闻资讯类	冯站长之家	局座召忠	唐山大事我先知
娱乐休闲类	关爱八卦成长协会①	深八影视圈	励志姐
视频影音类	任真天	吴晓波频道	武了个汉
教育文化类	周小平同志	灼见	大家
行业知识类	黎贝卡的异想世界	的哥的姐有话说	铁路魂

　　按照统一的新媒体社会责任指标体系，在一个月的观测样本期间（2016 年 4 月 1 日至 2016 年 4 月 30 日），对 21 家微信公众号自媒体进行实证对比分析，大致考察各公众号自媒体在一个月内履行社会责任的现状。在具体的观察测量中，主要使用了内容分析法和人工读网核实法，由 3 名经过培训的人员对非动态性指标进行综合评分，选取平均值。本指标体系采用量化评价标度，打分区间为 1 ~ 5 分，共五个等级，1 分为很差、2 分为较差、3 分为一般、4 分为较好、5 分为很好。在对各样本各指标打分评价的基础上，通过权重运算计算出各个指标的得分，即三级指标权重乘以各网站三级指标得分，得出 21 家自媒体公众号的总分值如表 2 所示。

---

① "关爱八卦成长协会"微信公众号于 2017 年 6 月 8 日被封。

表 2　21 家微信公众号自媒体各指标得分、总分值和排序

微信公众号自媒体	信息生产	社会监督	文化教育	协调关系	总分	排序
INSIGHT CHINA	2.017 807 685	1.490 796 040	0.110 818 456	0.342 905 63	3.962 327 811	1
冯站长之家	2.530 876 090	0.571 851 369	0.336 710 300	0.242 329 26	3.681 767 019	2
周小平同志	2.188 621 281	0.616 458 464	0.356 761 043	0.197 437 08	3.359 277 868	3
大家	2.302 662 169	0.345 787 414	0.410 850 432	0.197 437 08	3.256 737 095	4
的哥的姐有话说	2.046 237 125	0.656 617 361	0.180 720 958	0.243 532 47	3.127 107 914	5
吴晓波频道	2.107 440 378	0.324 321 311	0.300 596 637	0.393 449 67	3.125 807 996	6
灼见	2.196 373 771	0.275 496 047	0.379 754 239	0.197 437 08	3.049 061 136	7
局座召忠	2.008 337 314	0.451 400 022	0.330 062 625	0.180 684 34	2.970 484 301	8
武丁个汉	2.006 437 769	0.275 496 047	0.163 842 667	0.347 584 78	2.793 361 262	9
唐山大事我先知	1.688 640 674	0.367 125 076	0.126 808 694	0.341 928 31	2.524 502 754	10
黎贝卡的异想世界	1.805 671 371	0.275 496 047	0.356 761 043	0.197 437 08	2.503 503 548	11
买手客 Buyerkey	1.790 637 168	0.275 496 047	0.097 715 332	0.262 322 83	2.426 171 376	12
关爱八卦成长协会	1.722 733 111	0.282 683 373	0.096 867 879	0.231 458 88	2.333 743 243	13

（续上表）

微信公众号自媒体	信息生产	社会监督	文化教育	协调关系	总分	排序
罗永浩	1.987 320 833	0.308 135 499	0.096 020 426	0.222 335 69	2.239 111 520	14
晓玲有话说	1.612 619 906	0.308 135 499	0.096 020 426	0.222 335 69	2.239 111 520	15
任真天	1.582 434 901	0.275 496 047	0.096 867 879	0.199 474 70	2.154 273 526	16
Alex 大叔	1.581 534 711	0.275 496 047	0.096 867 879	0.197 437 08	2.151 335 716	17
深八影视圈	1.626 405 086	0.291 771 135	0.096 867 879	0.134 588 95	2.149 633 049	18
万能种草清单	1.494 847 778	0.275 496 047	0.097 715 332	0.172 538 47	2.040 597 627	19
铁路魂	1.271 480 924	0.319 617 914	0.163 647 528	0.207 021 27	1.961 767 636	20
励志姐	1.236 797 527	0.275 496 047	0.096 020 426	0.118 297 21	1.726 611 210	21

三、研究发现

从综合评价结果来看，21 家微信公众号自媒体履行社会责任现状可圈可点，各公众号自媒体在各项指标上存在不同程度的差距。主要表现为以下几个较为突出的问题：

（一）信息生产方面，原创性及深度性不足，版权保护意识薄弱

在信息生产指标中，信息质量是二级指标中权重之最，其对微信公众号自媒体履行社会责任的情况具有重要影响力。通过对 21 家微信公众号自媒体进行数据统计和分析发现，大部分公众号自媒体在新闻信息的自采及原创内容方面表现薄弱。新闻资讯类公众号"局座召忠""冯站长之家"以及教育文化类公众号"大家"和"周小平同志"的原创内容丰富，且有固定的原创栏目或版块。"冯站长之家"每日推出的"今日聚焦"和"诗歌"栏目，"周小平同志"推出原创版块"平论"栏目均为原创内容，表现较好。娱乐休闲类公众号"深八影视圈"和"励志姐"、电子商务类公众号"万能种草清单"、公共服务类公众号"晓玲有话说"以及行业知识类公众号"铁路魂"均无原创信息。此外，各公众号在新闻的深度方面表现较差，能够及时对社会热点新闻事件进行跟踪报道和连续报道的样本鲜少，如"四川被暴打女司机事件"及"雷洋事件"中，各公众号普遍表现冷漠，不仅未对该新闻事件进行深入报道，更未能给读者构建一个能正确认识该新闻事件本来面目的框架。

在 21 个微信公众号自媒体所推送的内容中，部分公众号并未标注文章来源，即使是转载的文章也未标明出处，却用简单标注"来源于网络"。较为典型的是"万能种草清单""晓玲有话说""深八影视圈""励志姐""的哥的姐有话说"和"铁路魂"，不仅使公众号的权威性无法得到保障，同时还构成一定程度的侵权。如"关爱八卦成长协会""深八影视圈"和"的哥的姐有话说"在部分推文中，直接揭露事件当事人的姓名或图片信息，并未用打马赛克或化名的形式保护事件当事人的隐私权和名誉权。另外，"晓玲有话说""励志姐"和"铁路魂"的推送内容与公众号定位符合程度较低，如"铁路魂"的定位本应是宣传铁路行业知识，但在所推文章中很多涉及了"标题党"和低俗信息。"唐山大事我先知""黎贝卡的异想世界""任真天""铁路魂"在广告控制方

面效果较差，不仅条数过多，且大多是与公众号本身无关联的产品推销广告，不仅干扰了公众对正常信息的获取，同时还传播了大量不健康或有害内容。

（二）社会监督方面，监督内容与公众号定位差异较大，监管机制存在隐患

信息传播的多元化是微信传播备受青睐的原因之一。在新媒体社会责任评价指标体系中，社会监督的三级指标共涉及 15 个信息类别，通过对 21 家微信公众号自媒体的分析发现，能够实现监督内容与公众号定位相符的样本鲜少。新闻资讯类公众号在社会监督方面较其他类别公众号表现良好，涉及较多不同种类的监督信息，监督内容较丰富，范围较广泛。公共服务类公号"INSIGHT CHINA"在涉外关系、环境污染和校园事故方面都做出一定数量的报道，教育文化类公众号"大家"在政府管理、食品安全和性与婚姻道德方面发挥了一定的舆论监督作用。但公共服务类公众号"晓玲有话说"、视频影音类公众号"任真天""武了个汉"以及行业知识类公众号"铁路魂"鲜有舆论监督相关信息推送，表现较差。微信公众号自媒体在监督内容上差异显著，与其本身定位存在极大关联，应当找准侧重点，传播与其定位内容相符的监督信息。

由于微信公众号自媒体需要受众进行订阅才可以及时接收推送消息，因此微信公众号自媒体信息发布范围具有私属化的特点，易成为信息监管的"灰色地带"，主要表现为：一是 21 家公众号自媒体忽略对社会舆论的良性引导，议程设置能力薄弱，对国内外重大新闻事件既没有策划活动，也没有连续报道，时常采取不关注、不报道的态度。如 2016 年 4 月 15 日外媒报道了美防长将登上核航母穿越南海争议水域的热点事件，"冯站长之家"和"局座召忠"分别从事件进展和军事分析的角度进行了连续报道，而其他公众号则无相关内容。部分公众号侧重于为自身服务，如"罗永浩"通常在企业招聘、手机系统升级等方面为自己宣传造势。二是广泛的传播形式（文字、图片、语音、音/视频、Flash 动画）给信息监管增加了难度。在微信自媒体公众平台中，信息的发布者和接收者都可以利用多媒体技术来发布消息或评论，少数公众号热衷于发布低俗内容吸引眼球、博取关注，受众也可以在留言板中肆意发表意见甚至煽动谣言，密闭圈群导致了微信舆论趋于多样化、复杂化发展，极易引发群体的过激行为。与此同时，微信自媒体平台如不干涉，未在第一时间进行良性引导和有害信息清理，将对整个舆论场的失衡和无序起着催化作用。

（三）文化娱乐方面，文化传播内容单一，娱乐内容缺乏把关

微信自媒体的诞生地隶属于公共领域，在公共领域传播的信息应当把社会效益摆在首位，自觉做到不制作、不发布危害国家安全及社会稳定、违反法律法规以及违背社会公德等有害信息。在21家微信公众号自媒体中，其普遍对社会正能量文章传播得较少，对文化传承功能的重视程度较低，且大部分公众号的文化教育定位模糊，内容缺乏，部分公众号内容如出一辙。新闻资讯类公众号"冯站长之家""局座召忠"和教育文化类公众号"周小平同志""灼见"在传递和传承先进文化方面表现较好。"冯站长之家"开设了"读诗"和"历史上的今天"版块，传播传统文化和历史文化，"灼见"中有1/3的内容是与倡导社会道德和提升人文修养相关的信息，"大家"与腾讯专栏作家、评论员和研究学者合作，推送的文化教育信息范围较广、主题丰富，表现较好。休闲娱乐类公众号和行业知识类公众号在文化传播方面表现平平，其中"铁路魂"发布的消极内容较多，如"铁路涨工资，难于上青天！"等一系列有关职工工资和相关福利的内容，从新闻标题到文章内容均对中国铁路管理制度存在一定程度的泄愤和不满情绪，易给受众造成负面影响。

提供娱乐方面，恶搞之风盛行。部分公众号自媒体从恶搞图片、恶搞文章、恶搞视频、恶搞歌曲到恶搞电影、恶搞新闻联播等，只要是现实存在的事物都可以在微信平台上恶搞一番。如"铁路魂"中转发的《工资歌》、《列车员之歌》、乘务员版《小苹果》等，"任真天"中发布的GIF恶搞动图，"励志姐"中出现的大量恶搞歌曲和视频等。网络恶搞往往将标新立异的表现与现实中普遍存在的不满情绪联系在一起，流露出对主流价值观的反叛。这种反叛情绪在涉及社会敏感问题时极易表现得过于偏激和不理智，给人们带来认识上的不良影响，以致误导舆论和价值观。此外，21家微信公众号自媒体鲜有开设娱乐类应用版块，发布娱乐信息的公众号也为数不多，尤其是如"励志姐"等公众号的娱乐信息中对图片和视频的把关控制欠缺，导致暴露、敏感类的图片和视频出现频率较高，且热衷于报道隐私生活及花边新闻，对提供和传播健康娱乐资讯及引导正确价值观具有一定的负面影响。

（四）协调关系方面，线上线下互动欠活跃，社会影响力较弱

传媒的社会责任理论要求传媒应当成为"一个交流评论和批评的论坛"。

自媒体的一个鲜明特色是将自己视为公共讨论的共同载体。① 与传统媒体相比，微信等新媒体的最大优势在于提供了丰富的服务和互动渠道，让用户对发布的内容进行转载、分享、讨论和咨询等，对微信公众号的品牌推广及影响力的提升具有一定的促进作用。在 21 家微信公众号自媒体中，线上活动方面大多只开设了留言板让受众参与互动。其中，"晓玲有话说""Alex 大叔""冯站长之家""关爱八卦成长协会""深八影视圈""任真天""吴晓波频道""黎贝卡的异想世界"平均阅读量达到 10 万以上；"INSIGHT CHINA""唐山大事我先知""武了个汉""周小平同志""的哥的姐有话说""铁路魂"相比较其他公众号阅读量较低，在 3 万左右。"关爱八卦成长协会"除了开设留言板互动版块，还开设了爆料渠道，"吴晓波频道"开设了投票窗口供用户参与活动，表现较好；"励志姐"和"铁路魂"的推送内容中均未开设任何留言板或互动渠道供受众进行讨论，表现较差。与传统媒体公众号相比，公众号自媒体的阅读量、点赞数和评论量差距较明显，社会影响力较弱。

在线下活动方面，21 家微信公众号自媒体主办或参与组织的商业性活动和非商业性活动均较少，大多发布线下活动的相关资讯。"罗永浩"发布的商业性活动信息均为手机软件升级或手机销售相关的促销活动信息；"INSIGHT CHINA"发布的活动信息大多为外语等专业培训机构举办的辅导班信息；"唐山大事我先知"和"武了个汉"发布的信息大多是与当地人文活动或旅游景点相关的休闲娱乐信息；"关爱八卦成长协会"不定时发布与受众进行互动的非商业性抽奖信息；"吴晓波频道"开设了"读书会"版块，通过宣传吸引受众参与线下活动，又开设了"美好的店"版块进行产品销售，还开设了不同类别的比赛投票，吸引受众参与公众号活动。此外，其他公众号发布的商业活动信息以及组织的商业活动较少，涉及的内容也十分有限，而以公益性为主的非商业性活动几乎没有。

四、对策与展望

（一）提高信息内容原创性和深度性，加强对新闻内容的把关

微信自媒体平台推送信息内容的质量对用户的订阅决策具有重要影响。就

---

① 何曾菁：《自媒体语境下"传媒的社会责任理论"新解》，《视听》2015 年第 5 期。

内容而言，独家、新奇、全面、深度应是公众平台内容制作的目标。微信自媒体在形成自身特色、提高品牌辨识度的前提之一应是具备良好的信息采集和发布机制。在内容生产方面，原创内容可来源于运营团队对时事、热点话题、行业的观察和个人观点；也可以制作精细、独家的采访；还可以摘录自订阅者的评论、留言，或是互动中对留言的反馈。微信自媒体平台应打造自己的采集策划团队，通过采访和写作等多种方式生产优质的内容，建立有特色的栏目和版块，充分利用网络海量信息资源的同时，加强对当地特色资源的发掘和利用，提升自媒体的竞争力。

与传统媒体一样，微信公众号自媒体的生存应当建立在传播真实准确的新闻信息基础之上，把新闻的真实性作为安身立命之本。作为公共信息的守门员，微信自媒体负责其发布的新闻信息的可信性和客观性，对于转载的新闻内容，应当进行合理审查，确保新闻的真实和准确，并对所转载的文章明确标明出处。《罗阿诺科时报》的守则是"不得引用任何来自网站上的貌似事实性的信息，除非你确信这家网站的权威性或对这条信息进行了独立核实"，该守则显然应当为微信自媒体平台所遵循。微信自媒体平台应加强对信息版权的保护，不仅有利于提高原创作者的积极性，同时对社会经济的发展也起到了一定的促进作用。

（二）结合定位拓展社会监督的领域和渠道，倡导正确舆论导向

习近平总书记在党的新闻舆论工作座谈会上指出，党的新闻舆论工作的基本方针必须以团结稳定鼓劲、正面宣传为主。媒体做好舆论监督工作对于做好新闻工作具有非常重要的指引作用，互联网媒体更应当切实加强宣传文化阵地的管理，绝不给错误思想言论提供传播渠道。当前，网络信息如洪水和雪崩一样汹涌，只有那些耸人听闻的、煽情的、噪音大的信息能抓住眼球，但这些噪音和公众的利益毫无关联。在国家网信办发布的"微信十条"中，第六条明确指出即时通信工具承诺遵守法律法规、社会主义利益、公民合法权益、公共秩序、社会道德风尚和信息真实性等"七条底线"，用以强化自媒体监管。当前微信公众号自媒体发布的监督信息存在定位不明确、信息匮乏的特点，应当结合自身定位，发布与受众密切相关的社会监督信息，引导受众参与社会监督，提高公众号的权威性和影响力。在监督渠道方面，当前微信公众号自媒体普遍开设了投诉、爆料窗口，管道单一，效果不明显，公众号运营者应当积极拓展社会监督的渠道，利用微信的热点推荐功能和LBS定位功能发现社会热点话题，

扮演组织者的角色发起讨论，并利用微信语音对讲机等创新功能传播信息，营造主流舆论氛围。

微信传播的舆论像一只"看不见的手"，其客观性与可信度难以得到保证，且微信的传播范围之广更难以实现及时监测，对于舆论引导工作而言，若没有对该自媒体确切的把握，在危机事件发生时，它对社会舆论的影响是难以控制的。因此，微信公众号自媒体首先应加强议程设置的正确使用，利用价值判断对信息进行加工和取舍，引导受众客观、理性地应对传播内容，倡导主流价值。其次，需提高对新闻类信息的关注程度，尤其是民生类和时政类，加大推行国家政策宣传和社会困难群体帮扶的报道力度，不仅有利于切实帮助解决现实问题，更在广泛的范围内弘扬了社会正义和道德良知，对平台的品牌形象塑造具有良好提升作用。最后，需构建科学的舆情监测和监督体系，严格按照国家网信办出台《即时通信工具公众信息服务发展管理暂行规定》，以十条规定规范为基准，治理公众号信息服务中的某些乱象，及时监测和删除不良信息，置顶有价值的信息和评论，积极培养和树立"意见领袖"，引导人们对新闻事件的思想倾向，实现对微信舆情与热点问题的实时掌握，促进微信自媒体的规范监督管理，发挥正确的舆论导向作用。

（三）传递与传承先进文化，提升娱乐健康水平

依照我国建设社会主义先进文化的要求，网络媒体具有传播与传承先进文化，抵制网络低俗、庸俗、媚俗之风，营造健康有益的文化环境的责任。习近平总书记于 2016 年 4 月 19 日在网络安全和信息化工作座谈会上就网络内容建设和网络空间治理发表了重要讲话。微信自媒体作为网络空间的重要一员，具有传承健康网络文化、维护社会公德的道德责任。在文化教育方面，整治"三俗"是当前微信自媒体平台的首要任务，对于低俗、暴力、色情内容形式多元化现象，如文字、图片、音/视频等不一而足，应通过技术过滤、行业规范等方式实施监管。如 2015 年 1 月国家网信办对微信平台中一批公众号以"揭秘""真相"为噱头，打着"你不知道的历史""这才是历史""我知道的历史"等旗号，捏造事实，歪曲历史，混淆视听，大肆传播歪曲党史国史等违法和不良信息进行了严厉查处，并依法关闭了 133 个相关微信公众号。其次要注重红色文化和民俗文化的传承，应有意识地增加体现社会主义主流价值观的红色文化和具有历史厚重感的民俗文化内容，通过自媒体平台，让中华优秀文化在国内外得到广泛传播。

在提供娱乐方面，微信公众号自媒体应当增加健康有益的娱乐性信息传播，尽量避免以低俗性、煽情性为主的内容，利用图片、音/视频、flash 动画等多媒体技术拓展娱乐信息传播的渠道和方式，开设具有艺术性、消遣性、积极向上的栏目或版块，积极引导健康正确的娱乐消遣方式。

（四）提升社交互动效果，实现与公众的良性互动

微信公众号等自媒体发挥其最大张力的核心功能是信息的发布与获取，同时还具有人际网络的构建与维护的延伸功能。随着自媒体使用的深入，自媒体对用户的黏性越来越大，平台上开展的一切运营活动对维系公众号与用户情感联系都具有一定的促进作用。[①] 微信公众号自媒体拥有自己较固定的用户群体，加强群体间的讨论，实现与用户的良性互动，不仅可以拓宽运营者的选题思路，还可以更加深入了解用户的阅读需求，增强用户黏性，提升用户心中的不可替代性。此外，微信公众号自媒体还应对其他社会媒体进行关联，扩大订阅群体和范围，完善运营推广渠道和模式。如"罗辑思维"依托四个阵地运营，从视频网站到微信公众号，从手机客户端到微博，牢牢抓住了收视互动群体，并借助其他微信公众号来为自己宣传造势，吸引更多的受众关注，实现各种媒体相互联动效应。

微信自媒体平台还应当加强线下活动，运营者可凭借长期积累的个人品牌的优势和资源，定时或不定时地组织开展形式多样、内容丰富的线下活动。还可利用特定假日或纪念日，在平台上推送商家活动信息或举办公益性社会慈善活动，不仅有助于提升品牌影响力，更可打造多元商业盈利模式。"吴晓波频道"的"书友会"版块中采取了多种线上线下互动方式，如线上举办"书友会·福利日"栏目，线下开展书友会的活动，促使社群活动常态化，并激励用户参与公众号的内容创造，提供分享和展示的平台。"武了个汉"公众号每周不定时推出多种线上线下的用户参与活动，如本地商城会员折扣活动、本地旅行拼团活动、各类演出的抢票活动及本地爱心捐赠公益宣传活动等，立足武汉当地资源，为用户创造了丰富的互动及体验平台。

[本文原载于《中国新媒体社会责任研究报告（2016）》，北京：社会科学文献出版社，2016 年。作者：罗昕、余倩]

---

① 代玉梅：《自媒体的传播学解读》，《新闻与传播研究》2011 年第 5 期，第 4-11 页。

网络传播平台综合治理能力评价

　　随着互联网特别是移动互联网的发展，社会治理模式正在从单向管理转向双向互动，从线下转向线上线下融合，从单纯的政府监管向更加注重社会协同治理转变。当前，多主体协同理念下的"多方参与，共同治理"是我国互联网治理的主要路径。政府角色内嵌于网络治理，与网络平台、网民、行业组织共同形成网络治理主体。网络平台的开放性吸引海量用户，部分网络平台从网络平台演化为超级网络平台，或初步具备了超级网络平台的属性。网络平台不仅影响受众的信息接收习惯，更对受众的生活习惯、社会经济发展有深远影响。因此，网络平台在网络治理中理应承担相应的社会责任，运用规则的工具对网络技术、受众网络行为以及网络传播内容进行管束。

一、相关文献综述

（一）国内研究方面

　　平台型网络企业的治理主体和对象成为网络平台治理研究的突破口。白景坤、王健、张贞贞对平台进行了明确的定义：平台可分为两大类，一类是以产品或技术研发为目的的合作平台，由具有互补产品、服务或技术的若干部门或企业构成；另一类是双边或多边市场交易平台，以促进交易的便利性为目的，是连接不同用户群的中介。[①] 阳镇则对平台型履责的主体与对象有明确的划分。他指出，在平台型企业的内部履责成员中，平台企业、平台企业与买方、平台企业与卖方、平台企业买方与卖方共同构成了新的履责主体适用范围。在履责对象方面，平台需对平台内双边市场用户负责而不仅仅是支撑平台运营的员工负责，且平台内双边用户的规模数量与资源类型结构很大程度上决定着平台型

---

　　① 白景坤、王健、张贞贞：《平台企业网络自组织形成机理研究——以淘宝网为例》，《中国软科学》2017 年第 5 期。

企业的生死存亡。① 同时，阳镇还将企业社会责任与治理模式结合，划分了三种企业平台的治理模式：个体自治、政府治理、多中心网络治理。②

在网络平台治理主体的权利与责任层面，学者们进行了具体细致的探讨。在网络平台治理过程中，网络服务提供者既有权利，也有义务。姜瀛提出，在法定义务以及与网民协定契约的共同塑造之下，网络平台服务提供者拥有了网络监管中的"软权力"，网络平台的管理权是平台自治契约与法律义务交织后所产生的权力形态。我国当下对于网络平台服务提供者进行"入罪化"处理，通过"法定义务违反 + 监管机关责令改正"两大门槛对网络平台进行管制。③解志勇、修青华认为网络平台服务提供者拥有准立法权（规则制定）、准行政权（内部管理）和准司法权（纠纷裁决），同时网络平台也要肩负起积极责任（实名登记、身份核实、内容审查等）与消极责任（包括警告、约谈、责令改正、停业整顿等）。④ 杨彩霞提出在"共犯正犯化"责任框架下，不同类型的网络服务提供者对网络信息的管控能力以及与违法网络用户的紧密程度不同，在维护网络秩序中所可能发挥的作用亦不同，因此应构建一套类型齐全、结构合理、轻重有序的义务体系，进而在明确各自义务范围的基础上明晰其可能承担的刑事责任模式与边界。⑤

随着网络订餐平台的兴起，网络食品交易平台的治理与规范成为学者们关注的重要议题。程信和、董晓佳则以网络餐饮平台为切入点，研究网络餐饮平台法律监管的困境及其治理，提出基于网络交易平台的信息优势和资源优势，划分政府监管与平台监管的界限；创新平台与平台入驻者的责任承担方式；发挥消费者的信息优势，使消费者转化为新型的治理主体。⑥ 刘金瑞在网络订餐平台的治理上，提出应贯彻社会共治理念，承认平台是共治的重要力量；技术与法律监管并重，依靠技术手段破解监管难题；线上线下监管同步、建立线上

---

① 阳镇：《平台型企业社会责任：边界、治理与评价》，《经济学家》2018 年第 5 期。

② 阳镇、许英杰：《企业社会责任治理：成因、模式与机制》，《南大商学评论》2017 年第 14 卷第 4 期。

③ 姜瀛：《"以网管网"背景下网络平台的刑法境遇》，《国家检察官学院学报》2017 年第 25 卷第 5 期。

④ 解志勇、修青华：《互联网治理视域中的平台责任研究》，《国家行政学院学报》2017 年第 5 期。

⑤ 杨彩霞：《网络服务提供者刑事责任的类型化思考》，《法学》2018 年第 4 期。

⑥ 程信和、董晓佳：《网络餐饮平台法律监管的困境及其治理》，《华南师范大学学报》（社会科学版）2017 年第 3 期。

线下治理联动机制。① 赵鹏指出在"功能主义"的思想下，强化平台的责任。平台拥有强大的技术能力去限制相关用户的活动，即莱斯格所说的"代码即法律"，而且平台对其用户的处理则是依据用户协议的私人行为，它不需要遵守正当程序的一系列要求，亦可以通过修订格式化的用户协议赋予自己更大的裁量空间，并排除自己错误判断的责任。②

另外，随着网络平台文化影响力的日渐扩散，网络平台的专利与知识产权规范也是人们关注的重点。姚志伟、沈一萍指出网络平台在专利保护方面存在的困境：首先，网络交易平台有限的审查能力难以应对专利审查的复杂性，网络交易平台大都是普通的市场主体，而并非专业的知识产权服务机构，其没有知识产权局的行政监管职责，也不具备专业的专利侵权认定能力；其次，将"通知—删除"规则适用于专利领域会产生不良影响，这种制度功能会被一些人滥用，进行恶意市场竞争；最后，移植于域外法的"通知—删除"规则不适应于我国网络平台专利领域。③ 李永提出目前的法律文件轻视具体规则设计，规则原则性过强，同时侧重消费者保护，忽视其他各参与方间利益平衡，另外也仅侧重侵权规则设定，轻视规则可适用性考量。针对具体的规则，他指出目前网络交易平台提供者侵权责任的承担规则表述方面存在模糊，以尚不确定的侵权行为要求网络交易平台提供者采取必要措施，规则设定本身存在逻辑上的矛盾。④ 杜颖提供了网络平台专利侵权的解决路径，通过建立专利与知识产权分层机制维护网络平台内容生产者的合法利益。首先，平台之间要携手合作，让分层机制成为行业惯例，以行业公约或行业自治规范的形式强化其在业内一体实施的效力；其次，网络平台需要通过游说，将分层机制的精神和实质内容上升到司法解释的具体规定，成为审判实践可以援引适用的法律依据。⑤

---

① 刘金瑞：《网络食品交易第三方平台责任的理解适用与制度创新》，《东方法学》2017年第4期。

② 赵鹏：《超越平台责任：网络食品交易规制模式之反思》，《华东政法大学学报》2017年第20卷第1期。

③ 姚志伟、沈一萍：《网络交易平台的专利侵权责任研究》，《中州学刊》2017年第8期。

④ 李永：《网络交易平台提供者侵权责任规则的反思与重构》，《中国政法大学学报》2018年第3期。

⑤ 杜颖：《网络交易平台上的知识产权恶意投诉及其应对》，《知识产权》2017年第9期。

（二）国外研究方面

国外学者对于网络平台所形成的平台社会及其问题产生的权力逻辑进行了深入的探讨。网络平台不仅是思想和意见的汇集地，更是由于其广泛的影响力形成了新兴的社会图景。维多利亚·纳什、乔纳森·布莱特等学者指出，人们目前生活在平台社会中，这样的在线平台，有一种引人注目的新自由主义逻辑，直接将买家和卖家、朋友、社会关系、政府和公民联系在一起。然而，平台社会的出现也带来了问题，这主要是由于社会进程从传统的（通常是国家约束的）监管框架中跳脱出来。[①] 什纳哈斯·柯尔卡对网络平台的运营者进行了深入研究并指出像脸书和优兔这样的互联网平台经常会避免问责和监管，声称它们自身仅仅是提供软件基础设施，对用户几乎没有什么监督。但是这些平台公司对界面和算法设计的控制，使它们与用户相比，拥有不成比例的巨大权力，从根本上重塑了不同于政治的权力类别，如社会或创新，这种平台的力量源于它们塑造组织角色和划分的能力。[②]

网络平台的治理路径也是国外学者关注的重点。阿姆璃特·蒂瓦纳、本·康塞斯基与阿什利·A. 布什指出，平台治理的核心挑战是，平台所有者必须保留足够的控制权，以确保平台的完整性；同时放弃足够的控制权，以鼓励平台开发人员进行创新。而要解决这一问题，可以从三个不同的角度进行研究：决策权的划分、控制权以及所有权及其共享。[③] 尼古拉斯·苏佐尔、苔丝·范吉伦与莎拉·迈尔斯·韦斯特研究网络平台治理的合法性基础。他们指出，网络平台公司应该使数据更加透明化，让学者能够从中更好地研究网络平台治理的路径。[④] 阿斯加克哈尼·梅迪指出治理跨越了文化、组织、政策和实践，为信息技术管理和控制提供了五个关键功能，包括战略一致性、价值交付、资源

---

① NASH V, BRIGHT J, MARGETTS H, et al. Public policy in the platform society. Policy and Internet, 2017.

② KELKAR S. Engineering a platform: the construction of interfaces, users, organizational roles, and the division of labor. New media and society, 2018 (7): 2629 – 2646.

③ TIWANA A, KONSYNSKI B & BUSH A A. Platform evolution: coevolution of platform architecture, governance, and environmental dynamics. Information systems research, 2017.

④ SUZOR N, VAN GEELEN T & WEST S M. Evaluating the legitimacy of platform governance: a review of research and a shared research agenda. International communication gazette, 2017.

管理、性能管理和风险管理。①

　　另外，网络平台治理中不同的主体对象也是国外学者研究的热点。克里斯·马丁、保罗·乌普汉姆与丽塔·克拉珀通过研究共享经济平台，指出平台治理的民主模型主张网络平台承担更多的社会环境责任，有助于促进共享经济的可持续发展。② 沙基尔·侯赛因通过研究脸书、优兔和推特，指出许多网络平台作为治理者，都在积极地管理用户发布的内容，而这些平台为何以及怎样对言论进行温和的处理，在很大程度上是不透明的。应分析这些平台的在线言论并进行监管，以便在保护互联网的民主化力量和保护社会生产力之间找到平衡。③

　　综合而言，2017 年国内外的学者对于网络平台的治理主体、治理对象以及治理路径等都有细致的研讨。国内学者对于新兴网络平台的规范与治理有深入的研究，国外学者则聚焦于宏观的平台社会及其治理难题所形成的深层结构。国内外网络平台治理研究，对于深入探讨网络传播平台的治理能力状况具有一定的借鉴意义与参考价值。

二、实证分析

　　网络传播平台的治理能力既是一种抽象概念，又是一种具化的实践指标。不同类型的网络传播平台有各自的传播特性，本课题组依据传播平台的不同划分了不同的评价体系，并且从多个维度考量网络传播平台的综合治理能力。

（一）评价依据

　　课题组依据《中国网络社会治理研究报告（2017）》（互联网治理蓝皮书）发布的网络传播平台综合治理能力评价指标体系及其权重排序，基于网站平台、

　　①　MEHDI A. An overview of information security governance. 2017 International Conference on Algorithms, Methodology, Models and Applications in Emerging Technologies, ICAMMAET 2017, January, 2017: 1 - 4.

　　②　MARTIN C J, UPHAM P & KLAPPER R. Democratising platform governance in the sharing economy: an analytical framework and initial empirical insights (article). Journal of cleaner production, 2017 (166): 1395 - 1406.

　　③　KATE K. The new governors: the people, rules, and processes governing online speech. Harvard law review, 2018 (6): 1599 - 1670.

移动应用两套综合治理能力评价指标体系，对不同类型的网络传播平台治理能力进行全面评价（见表1、表2）。

表1　网站平台综合治理能力评价指标体系及其权重排序

一级指标	权重	二级指标	权重	排序
A1 内容把关力	0.258 3	B1 正面信息引导	0.185 1	1
		B2 负面信息控制	0.073 2	7
A2 用户服务力	0.178 8	B3 公共服务	0.083 6	3
		B4 投诉处理	0.095 2	2
A3 安全保障力	0.258 7	B5 网站漏洞	0.031 6	12
		B6 虚假、欺诈	0.079 6	4
		B7 挂马、恶意	0.071 6	8
		B8 恶意篡改	0.075 9	6
A4 性能表现力	0.112 0	B9 下载时间	0.037 8	11
		B10 首字节时间	0.019 9	15
		B11 总时间	0.029 1	13
		B12 解析时间	0.025 2	14
A5 平台影响力	0.192 2	B13 全球排名	0.077 9	5
		B14 日均 PV	0.053 5	10
		B15 日均 UV	0.060 8	9

表2　移动应用综合治理能力评价指标体系及其权重排序

一级指标	权重	二级指标	权重	排序
A1 内容把关力	0.258 3	B1 正面信息引导	0.185 1	1
		B2 负面信息控制	0.073 2	6
A2 用户服务力	0.178 8	B3 公共服务	0.083 6	5
		B4 投诉处理	0.095 2	3
A3 安全保障力	0.258 8	B5 高危漏洞	0.174 8	2
		B6 中危漏洞	0.059 2	7
		B7 低危漏洞	0.024 8	12
A4 性能表现力	0.112 0	B8 启动耗时	0.023 4	13
		B9 CPU 占用	0.019 5	14
		B10 内存占用	0.026 3	10
		B11 流量耗用	0.026 0	11
		B12 电量耗用	0.016 8	15
A5 平台影响力	0.192 1	B13 应用市场评分	0.056 4	8
		B14 下载量	0.094 2	4
		B15 评论数	0.041 5	9

从表1、表2可以看出，网络传播平台治理能力的一级指标中，内容把关力占25.83%，用户服务力占17.88%，安全保障力占25.87%/25.88%，性能表现力占11.20%，平台影响力占19.22%/19.21%。影响因子中，B1正面信息引导、B4投诉处理、B3公共服务、B2负面信息控制都占有较大比重，对网络传播平台治理能力有着重要的作用。此外，对于网站平台来说，B6虚假、欺诈，B13全球排名，B8恶意篡改，B7挂马、恶意等也占较大比重；对于移动应用来说，B5高危漏洞、B14下载量等也占较大比重。

为了更简便直观地进行评价，可以将网络传播平台综合治理能力评价分为五个等级：好、较好、一般、较差、极差，分别用绿、蓝、黄、橙、红五种颜色加以区分。根据综合分值大小确定其对应的区间，可得出治理能力级别，评估其治理状况，为改进平台治理提供参考。根据专家赋值后计算出的分数（分值在0～100之间），最终确立网络传播平台综合治理能力评价等级表（见表3）。

表3　网络传播平台综合治理能力评价等级表

Ⅰ级（绿）	Ⅱ级（蓝）	Ⅲ级（黄）	Ⅳ级（橙）	Ⅴ级（红）
好	较好	一般	较差	极差
81～100	61～80	41～60	21～40	0～20

（二）样本选择

1. 确定样本对象

从衡量网络传播平台的综合治理能力出发，样本的选择需要考虑到平台本身需具备的安全保障和系统性能的稳定条件、内容的信息传播和公共服务能力，同时也要兼顾平台的市场使用影响力。因此，在"能起到连接各方主体，聚合、生产信息的网站、App 或其他产品"的平台大范围中，课题组最终确立了"省级新闻网站""移动新闻客户端""视频网站""社区论坛""网络直播客户端"五个类别中较有代表性的 145 个网络传播平台样本。

"省级新闻网站"指的是提供网络信息和服务的省级行政区域新闻网站。"移动新闻客户端"既包括依靠大数据技术和智能算法的新闻聚合推荐产品，又包括由强势门户网站、主流媒体打造的移动资讯类新闻客户端。其他三大类别的网络传播平台的样本产品内容较为统一，选取时以综合实力、影响力和可监测性为主要标尺，每个类别各选约 30 个样本进行跟踪监测，最后共得到有效样本 145 个。

2. 样本筛选结果

综合以上标准，我们所筛选的 145 个有效样本平台分别是：

（1）省级新闻网站：千龙网、红网、华龙网、大河网、宁夏新闻网、齐鲁网、东方网、中国吉林网、东北新闻网、中安在线、浙江在线、广西新闻网、每日甘肃网、中国江西网、天津网、湖北日报网、云南网、南海网、东北网、长城网、内蒙古新闻网、天山网、南方网、东南网、中国西藏新闻网、山西新闻网、青海新闻网、陕西网、四川在线、多彩贵州网。

（2）移动新闻客户端：今日头条、腾讯新闻、天天快报、一点资讯、搜狐新闻、网易新闻、新浪新闻、凤凰新闻、ZAKER 新闻、军事头条、微博头条、UC 头条、百度新闻、号外、澎湃新闻、参考消息、橘子娱乐、铁血新闻、浙江新闻、央视新闻、界面新闻、东方头条、南方 Plus、中国新闻网、商业周刊、好奇心日报、人民日报、新京报、上观新闻、华尔街见闻。

（3）视频网站：爱奇艺视频、优酷视频、哔哩哔哩、暴风影音、土豆视频、百度视频、凤凰视频、爆米花网、芒果 TV、激动网、搜狗影视、2345 影视大全、西瓜视频、梨视频、56 网、CNTV、PPTV 聚力、第一视频、风行网、华数 TV、酷 6 网、乐视视频、搜狐视频、腾讯视频、天天看看、新浪视频、360 影视大全。

（4）社区论坛：奥一社区、百度贴吧、北方论坛、大河论坛、大众论坛、东方论坛、东湖社区、发展论坛、杭州网论坛、华声论坛、青青岛社区、铁血论坛、知乎、天涯社区、凯迪社区、水木社区、猫扑网、西祠胡同、麻辣社区、强国论坛、复兴论坛、新浪论坛、红网论坛、上海滩论坛、化龙巷论坛、宽带山论坛、19 楼论坛、红豆社区。

（5）网络直播客户端：YY 直播、触手直播、唱吧直播间、来疯直播、映客直播、花椒直播、九秀直播、9158 直播、一直播、喵播直播、斗鱼直播、企鹅电竞、虎牙直播、红人直播、么么直播、奇秀直播、齐齐直播、石榴直播、乐嗨秀场、CC 直播、KK 直播、NOW 直播、秀色秀场、龙珠直播、MOMO 陌陌、熊猫直播、繁星直播、战旗直播、小米直播、全民直播 PRO。

（三）样本数据统计

本研究在吸取以往研究经验的基础上进一步完善相关观察方法和思路，监测 2017 年 12 月 11 日至 2018 年 1 月 7 日为期四周的平台治理情况。在"内容把关力"和"用户服务力"方面，以"日"为观测单位，以首页信息为切入点滚动翻阅，每周二、周四、周六的 12：00—24：00 间选取任意时间段记录内容传播情况。在"安全保障力""性能表现力"和"平台影响力"方面，依托第三方监测工具的大数据支持。网站平台方面，使用 360 网站安全检测（http：//webscan. 360. cn）评价安全保障力，使用 17ce 网站（https：//www. 17ce. com）评价性能表现力，使用 Alexa 网站（http：//www. alexa. cn）评价平台影响力。移动应用方面，使用百度 MTC 移动测试工具（http：//mtc. baidu. com）评价安全保障力和性能表现力，使用前三大应用市场（应用宝、百度手机助手、360手机助手）评价平台影响力。全部二级指标评价采用正向赋分法。每个二级指标评价时，以某平台在该指标的最佳表现为基准划定相对赋值区间，经统一培训过的三位研究者同时打分，取其均值作为该指标的最终得分（各项得分同比扩大100）。

表4　省级新闻网站平台综合治理能力评分

平台	内容把关力	用户服务力	安全保障力	性能表现力	平台影响力	总分
千龙网	25.375	16.208	25.238	8.456	4.914	80.191
红网	22.996	14.072	25.238	5.964	12.602	80.872
华龙网	24.141	12.168	25.870	3.036	12.602	77.817
大河网	24.141	12.864	25.870	7.874	6.130	76.879
宁夏新闻网	25.522	12.632	25.870	8.378	0	72.402
齐鲁网	24.246	17.880	25.870	7.952	6.130	82.078
东方网	21.762	17.880	25.870	5.198	12.602	83.312
中国吉林网	24.481	17.880	25.238	6.788	7.200	81.587
东北新闻网	23.556	17.880	25.870	6.972	4.914	79.192
中安在线	23.467	17.880	25.238	8.960	4.914	80.459
浙江在线	25.229	16.208	25.870	8.456	8.758	84.521
广西新闻网	23.190	17.880	25.870	5.516	4.914	77.370
每日甘肃网	24.450	12.400	25.870	8.960	2.286	73.966
中国江西网	21.720	17.880	25.238	7.874	8.758	81.470
天津网	23.441	12.400	23.342	5.198	3.844	68.225
湖北日报网	25.830	17.880	25.238	6.972	6.130	82.050
云南网	22.683	14.072	25.238	7.370	3.844	73.207
南海网	20.277	14.072	25.870	7.370	4.914	72.503
东北网	21.203	17.880	25.238	6.390	3.844	74.555
长城网	25.830	17.880	25.870	7.370	1.070	78.020
内蒙古新闻网	23.979	9.056	25.238	7.370	3.844	69.487

（续上表）

平台	内容把关力	用户服务力	安全保障力	性能表现力	平台影响力	总分
天山网	24.164	17.880	25.870	7.476	3.844	79.234
南方网	19.537	12.168	23.974	5.516	8.758	69.953
东南网	22.128	17.880	25.238	7.370	3.844	76.460
中国西藏新闻网	25.830	12.864	25.238	6.284	0	70.216
山西新闻网	23.609	14.536	25.238	5.886	2.286	71.555
青海新闻网	23.609	14.072	23.974	7.874	1.070	70.599
陕西网	23.979	12.864	25.238	5.516	0	67.597
四川在线	20.832	10.960	25.870	8.378	9.974	76.014
多彩贵州网	22.128	8.824	25.870	5.516	3.844	66.182

表5 移动新闻客户端平台综合治理能力评分

平台	内容把关力	用户服务力	安全保障力	性能表现力	平台影响力	总分
今日头条	11.796	12.400	23.016	8.434	18.082	73.728
腾讯新闻	13.260	9.056	24.696	7.558	15.890	70.460
天天快报	8.094	7.384	24.200	8.078	15.890	63.646
一点资讯	11.796	14.072	24.696	9.290	19.210	79.064
搜狐新闻	13.260	14.072	24.200	7.058	17.252	75.842
网易新闻	13.260	9.056	24.696	8.908	18.082	74.002
新浪新闻	5.166	9.056	24.696	8.566	12.506	59.990
凤凰新闻	13.260	10.728	20.704	9.558	17.550	71.800
ZAKER新闻	9.558	14.072	24.696	9.422	15.592	73.340
军事头条	16.962	7.384	24.696	10.674	9.184	68.900
微博头条	8.094	9.056	24.696	9.238	6.098	57.182

（续上表）

平台	内容把关力	用户服务力	安全保障力	性能表现力	平台影响力	总分
UC 头条	8.094	9.056	25.880	9.428	8.354	60.812
百度新闻	13.260	9.056	24.200	9.948	9.184	65.648
号外	13.260	5.248	25.880	9.428	8.354	62.170
澎湃新闻	20.664	7.152	25.880	9.558	8.354	71.608
参考消息	16.962	7.152	25.880	10.284	3.842	64.120
橘子娱乐	13.260	7.384	24.696	10.674	8.354	64.368
铁血新闻	16.962	5.248	25.880	10.674	8.354	67.118
浙江新闻	24.366	10.496	24.696	10.674	10.014	80.246
央视新闻	18.426	7.152	23.512	11.200	9.940	70.230
界面新闻	13.260	10.728	25.880	8.382	7.226	65.476
东方头条	8.094	10.728	21.200	9.758	13.558	63.338
南方 Plus	13.260	14.072	25.880	9.422	11.068	73.702
中国新闻网	14.724	7.152	25.880	8.954	8.354	65.064
商业周刊	9.558	7.152	25.880	8.376	7.226	58.192
好奇心日报	13.260	7.152	25.880	9.628	8.354	64.274
人民日报	14.724	14.072	25.880	10.674	11.750	77.100
新京报	13.260	5.480	25.880	10.674	10.622	65.916
上观新闻	13.260	10.496	25.880	9.422	8.354	67.412
华尔街见闻	13.260	10.728	25.880	9.422	10.014	69.304

表6 视频网站平台综合治理能力评分

平台	内容把关力	用户服务力	安全保障力	性能表现力	平台影响力	总分
爱奇艺视频	17.285	14.072	24.226	8.960	12.602	77.145
优酷视频	13.850	12.400	23.974	8.378	9.974	68.576
哔哩哔哩	13.846	14.304	25.238	9.134	12.730	75.252
暴风影音	14.143	12.864	25.870	7.874	6.130	66.881

（续上表）

平台	内容把关力	用户服务力	安全保障力	性能表现力	平台影响力	总分
土豆视频	14.702	16.208	25.238	7.188	8.904	72.240
百度视频	14.741	16.208	25.870	7.980	19.220	84.019
凤凰视频	9.928	7.152	25.870	8.456	9.974	61.380
爆米花网	9.558	17.880	23.342	4.402	5.060	60.242
芒果 TV	15.137	10.728	24.606	6.468	6.130	63.069
激动网	13.630	12.632	25.870	6.468	2.286	60.886
搜狗影视	10.113	7.152	25.870	7.370	13.818	64.323
2345 影视大全	10.113	12.632	25.238	6.390	7.688	62.061
西瓜视频	11.220	12.168	25.238	4.760	5.060	58.446
梨视频	13.630	12.400	23.974	8.960	6.130	65.094
56 网	13.880	12.860	24.606	7.324	7.652	66.322
CNTV	14.724	10.730	25.870	9.718	6.092	67.134
PPTV 聚力	13.772	12.860	23.974	5.418	8.752	64.776
第一视频	14.724	11.190	25.238	8.458	9.968	69.578
风行网	12.342	7.380	25.238	7.828	6.092	58.880
华数 TV	12.930	6.420	23.974	4.522	6.092	53.938
酷 6 网	11.620	12.860	25.238	3.270	3.876	56.864
乐视视频	12.927	9.050	25.238	7.324	6.092	60.631
搜狐视频	12.520	14.540	25.870	8.328	17.710	78.968
腾讯视频	12.927	8.100	25.870	7.430	15.622	69.950
天天看看	13.820	9.050	25.238	6.922	6.092	61.122
新浪视频	14.720	5.240	25.870	8.928	17.710	72.468
360 影视大全	14.354	6.420	25.870	7.824	8.752	63.220

表 7　社区论坛平台综合治理能力评分

平台	内容把关力	用户服务力	安全保障力	性能表现力	平台影响力	总分
奥一社区	11.022	9.056	23.974	7.476	8.758	60.286
百度贴吧	11.022	10.960	25.870	7.980	19.220	75.052
北方论坛	19.660	8.824	25.870	7.874	6.130	68.358
大河论坛	20.894	8.824	25.870	4.760	6.130	66.478
大众论坛	18.118	12.400	25.238	5.992	8.758	70.506
东方论坛	9.049	10.728	25.870	6.894	4.914	57.455
东湖社区	9.480	8.824	25.870	4.004	6.130	54.308
发展论坛	16.453	5.248	23.974	6.020	6.130	57.825
杭州网论坛	8.801	10.728	23.974	7.370	6.130	57.003
华声论坛	10.606	12.632	25.238	7.874	12.602	68.952
青青岛社区	11.022	9.056	25.870	6.972	12.602	65.522
铁血论坛	6.473	7.384	25.238	5.382	6.130	50.607
知乎	7.937	9.056	25.238	6.020	13.818	62.069
天涯社区	9.558	7.384	25.870	7.874	16.446	67.132
凯迪社区	11.070	7.384	25.238	7.874	8.758	60.323
水木社区	7.031	8.824	23.974	8.708	9.974	58.511
猫扑网	3.811	10.960	25.870	8.456	6.130	55.227
西祠胡同	10.097	14.072	25.238	7.874	6.130	63.411
麻辣社区	14.724	14.304	25.238	6.496	4.914	65.676
强国论坛	25.094	10.496	25.870	7.952	11.386	80.798
复兴论坛	25.830	12.632	25.870	7.370	6.130	77.832
新浪论坛	9.558	10.728	25.870	7.370	17.662	71.188
红网论坛	13.984	12.400	23.342	6.496	12.602	68.824
上海滩论坛	7.105	15.976	23.974	6.390	0	53.445

（续上表）

平台	内容把关力	用户服务力	安全保障力	性能表现力	平台影响力	总分
化龙巷论坛	7.690	17.880	25.238	7.370	6.130	64.308
宽带山论坛	6.226	10.960	25.238	6.894	8.758	58.076
19 楼论坛	7.471	12.168	25.238	6.866	8.758	60.501
红豆社区	9.580	10.496	25.870	5.886	4.914	56.746

表8　网络直播客户端平台综合治理能力评分

平台	内容把关力	用户服务力	安全保障力	性能表现力	平台影响力	总分
YY 直播	3.990	11.192	24.696	8.770	18.082	66.730
触手直播	5.827	9.288	25.880	10.674	14.314	65.983
唱吧直播间	4.848	9.288	25.880	8.770	15.826	64.612
来疯直播	10.725	7.384	24.696	9.634	11.674	64.113
映客直播	4.850	11.192	21.200	8.776	17.326	63.344
花椒直播	1.593	11.192	25.880	6.820	17.550	63.035
九秀直播	5.829	9.288	25.880	10.674	10.014	61.685
9158 直播	2.928	7.384	25.880	8.724	16.720	61.636
一直播	10.728	11.192	19.520	8.126	11.674	61.240
喵播直播	3.996	11.192	25.880	9.686	10.014	60.768
斗鱼直播	5.597	7.384	19.520	9.166	18.082	59.749
企鹅电竞	5.002	7.384	25.880	10.206	10.770	59.242
虎牙直播	2.928	5.480	25.880	6.820	18.082	59.190
红人直播	5.270	11.192	25.880	10.674	6.098	59.114
么么直播	2.562	11.192	21.200	10.284	13.558	58.796
奇秀直播	5.000	7.384	25.880	8.198	11.898	58.360

（续上表）

平台	内容把关力	用户服务力	安全保障力	性能表现力	平台影响力	总分
齐齐直播	4.612	9.288	25.880	10.674	7.226	57.680
石榴直播	2.050	9.288	24.696	9.738	11.898	57.670
乐嗨秀场	5.605	7.384	25.880	10.810	7.226	56.905
CC 直播	5.206	7.384	25.880	10.674	7.226	56.370
KK 直播	2.605	11.192	20.704	10.154	11.674	56.329
NOW 直播	1.340	9.288	24.200	10.732	10.696	56.256
秀色秀场	1.318	5.480	25.880	10.810	12.728	56.216
龙珠直播	3.122	9.288	22.384	8.770	12.430	55.994
MOMO 陌陌	1.584	7.384	20.208	8.724	18.082	55.982
熊猫直播	1.342	7.384	25.880	7.736	13.484	55.826
繁星直播	4.246	7.384	24.696	7.808	10.014	54.148
战旗直播	4.801	9.288	20.704	7.730	8.886	51.409
小米直播	2.243	11.192	20.704	9.758	6.098	49.995
全民直播 PRO	5.209	7.384	21.200	7.730	6.630	48.153

通过以上五个类别的网络传播平台的综合治理能力评分的平均值，以网络传播平台综合治理能力评价等级表（见表3）为依据，将不同类型的传播平台的综合治理能力一一对应到不同的等级，更为直观地反映不同类型平台的综合治理水平。由表9可知，不同网络传播平台的综合治理水平差距较大，省级新闻网站总体表现突出，尤其在内容把关力、用户服务力等方面具有较大优势。其中省级新闻网站浙江在线在五项指标的评分中均取得较高分数，总分高达84.521，领跑所有网络传播平台。客户端平台的用户服务力明显不足，50%的移动新闻客户端仅有1个公共服务渠道。社区论坛的平台影响力逐年下降，新兴的网络传播平台取得12.199的平台影响力最高分，但网络直播客户端内容以生活娱乐为主，导向性较弱，内容把关力亟待提高。

表9　各类网络传播平台综合治理能力评价结果

平台	内容把关力	用户服务力	安全保障力	性能表现力	平台影响力	总分
省级新闻网站	23.444	14.773	25.385	6.941	5.261	75.932
移动新闻客户端	13.214	9.401	24.854	9.445	11.220	68.135
视频网站	13.228	11.315	25.130	7.262	9.119	66.054
社区论坛	11.763	10.728	25.215	6.946	8.791	63.443
网络直播客户端	4.232	8.907	23.951	9.262	12.199	58.551

三、研究发现

通过抽样时间段的内容采集分析与各项指标的考核，不同的平台类型在内容把关力、用户服务力、安全保障力、性能表现力、平台影响力等不同的评价指标上呈现出各自的特点。

（一）内容把关力

这一方面，不同平台的得分差距悬殊，内容把关力成为影响平台综合治理能力的决定性因素。

省级新闻网站作为省级主流媒体之一，在内容把关力上占绝对优势，30家省级新闻网站均以正面内容及中性报道为主，较少出现负面新闻。党的十九大期间，所有省级新闻网站都在页面设计上呈现浓郁的十九大氛围，并开设有关"十九大""新时代"或"治国理政"等方面的专题，在首页头条或显著位置报道相关内容。视频网站酷6网也推出了《喜迎十九大　共圆中国梦》《砥砺奋进的五年》《新时代之歌》等正面视频。一些省级新闻网站在内容上还呈现显著的区域特色，如红网关于"厕所革命在湖南"的报道。移动新闻客户端的正面导向性显著提高，几乎所有移动新闻客户端都设计了"置顶"功能，呈现每日的重要时政新闻和其他正能量、主旋律报道。

智能算法被网络传播平台广泛应用，基于用户画像等推荐信息，存在导向性不足、人文关怀缺失等问题。近年才兴起的网络直播平台内容以娱乐直播、游戏直播、秀场直播为主，平台正面信息比重较小，对负面信息的控制不足，总体格调偏低。据课题组网络田野调查，网络主播为争夺市场，往往以猎奇、低俗、庸俗、暴力的内容吸引用户关注，主播与用户间的不文明沟通也屡见不鲜。此外，移动新闻客户端、视频网站、社区论坛等平台也不同程度地存在排版导向意识不强、标题党博眼球、广告三俗化等问题。

（二）用户服务力

总体而言，网站平台的用户服务力优于客户端平台，客户端平台对公共服务的重视不足，各类平台的投诉反馈渠道丰富，但缺乏有效反馈机制。

省级新闻网站几乎将"公共服务"作为网站"标配"，许多网站能提供类型多样、富有特色的便民服务，将网络问政、网上办事、公益、生活信息指南等纳入服务范围，如红网的"百姓呼声"栏目、齐鲁网的"阳光连线"栏目、东方网的"东方直通车"栏目、千龙网与北京市慈善义工联合主办的"首都公益网"等。主流媒体的移动新闻客户端也较为主动地为用户提供公共服务，如"人民日报"在公共服务力方面，设置"生活服务"栏目聚合便民服务项目，为用户提供生活缴费、车主服务、政务办事、交通出行、气象环保、文化生活等全方位覆盖民众衣食住行的服务。不少视频网站也开设了教育、公益、育儿等栏目，普及科学知识。个别网络直播平台，如熊猫直播、斗鱼直播也开设了科技教育栏目。

网络直播客户端的公共服务严重缺乏，仅有个别直播客户端涉及教育、理财等题材，且内容不够优质。此外，虽然五类平台的投诉反馈渠道较丰富，以网络直播客户端为例，多数平台拥有"举报""房管"等四种及以上的投诉反馈渠道，但用户反馈意见或举报之后，除了一直播和花椒直播的信息自动回复外，后续几乎没有得到任何反馈。

（三）安全保障力

所有平台的安全保障力指标平均分高达24.907，绝大多数网络传播平台处于普遍安全的状态，安全指数较高。

不同类型的平台在安全保障的总体表现上差距不大。网站平台极少出现网络漏洞，虚假、欺诈，恶意挂马、篡改等问题，仅极个别网站出现了存在高危漏洞的情况。

客户端平台的安全保障力稍弱于网站平台。客户端平台虽然极少存在运行漏洞，但仍存在不同程度的"Activity 组件导出风险""应用数据任意备份风险""Content Provider 组件导出风险""权限漏用风险""Service 组件导出风险"等权限漏洞风险和"SSL 证书验证不当""Dex 文件动态加载风险""WebView 组件系统隐藏接口未移除漏洞""intent 敏感数据泄露风险""AES/DES 弱加密漏洞""动态注册广播组件暴露风险""日志泄露隐私风险""弱随机初始化向量 IV 漏洞""WebView 密码铭文保存漏洞"等静态漏洞风险。以网络直播客户端为例，"斗鱼直播"存在高危漏洞 33 个、中危漏洞 114 个、低危漏洞 435 个，不利于用户的信息安全，有较大的潜在数据泄露风险。

（四）性能表现力

性能表现力方面，客户端平台重视技术创新，改版更新周期不断缩短，显示出较大的性能优势。

移动新闻客户端的性能表现十分突出，30 个新闻客户端的启动耗时均值仅为 582.5ms，其中"南方 Plus"的启动耗时仅为 208ms、"人民日报"的启动耗时仅为 344ms，"天天快报""网易新闻""凤凰新闻""好奇心日报"等客户端的启动耗时也都低于 0.5s；流量耗用均值为 12 847KB，"央视新闻"流量耗用仅 56KB。网络直播客户端发展迅速，在 CPU 占用和内存占用等方面的表现甚至超过移动新闻客户端。其中，网络直播客户端的 CPU 占比仅为 9.13%，内存占用仅 261.43MB。

网站平台的性能表现尚可，但不同类型平台内部的网站性能表现存在较大差距。多数省级新闻网站、视频网站的总时间控制在 1s 内，但西瓜视频的总时间为 2.604s，广西新闻网的总时间超过 3s，严重超出平均水平。社区论坛的总时间多控制在 1s 以内，东湖社区的总时间则达到了 2.455s，首字节时间 2.22s，相对较慢。

（五）平台影响力

平台影响力方面，网络直播客户端、移动新闻客户端的平台影响力较大，网站平台的影响力低于客户端，特别是省级新闻网站的平台影响力严重不足。不同类型的平台内部也存在极大差异。

近几年，现象级客户端平台不断涌现，以移动新闻客户端为例，"今日头条""腾讯新闻"的体量达到 10 亿级别,"天天快报""搜狐新闻""网易新闻""凤凰新闻"等客户端的下载量也纷纷突破 1 亿;主流媒体新闻客户端"人民日报"的下载量也达到 7 630 万。网络直播客户端虽然发展时间较短,但"MOMO 陌陌""YY 直播""唱吧""虎牙直播""斗鱼直播""花椒直播"等直播客户端的下载量也均超过 1 亿,用户评论积极,流量巨大。

不同类型平台内部均呈现用户向头部平台聚集的趋势,大量底层平台资源闲置。如网络直播客户端"繁星直播""红人直播",移动新闻客户端"参考消息""微博头条"等,下载量较少。影响力较高的省级新闻网站"红网"日均 UV(独家访客)超过 566 万,日均 PV(访问量)超过 3 493 万,而影响力较低的"宁夏新闻网""每日甘肃网""陕西网"等,日均 PV、UV 只有几万甚至几千。社区论坛中,"天涯社区"具有较大的影响力,全球网站实时排名第 98 名,日均 UV 超过 2 220 万,日均 PV 1 081 万;而"上海滩论坛"的日均 UV 仅5 120,日均 PV 为 7 000。

四、研究建议

通过观测和分析,正面信息引导不足、公共服务较少、投诉反馈机制不全、数据安全漏洞较多、性能表现不佳、平台影响力较弱等问题,不同程度地影响各个网络传播平台的综合治理能力评价。面向变革剧烈的传播环境,每个网络传播平台都应积极应对,掌握主动权,采取有效措施提升综合治理能力。

(一)重视智能算法,鼓励原创内容

1. 加强算法治理,实现人机交互

算法推荐被广泛运用于各大网络传播平台,实现个性化精准聚合、推荐新闻信息的同时,弱化了新闻信息的导向性和雅正性。加强算法治理,不断推进大数据、云计算技术升级,要重视人的价值理性,推动实现人机交互。一方面,增强网络传播平台的数据挖掘、收集、分析、处理能力,绘制更精准的用户画像,实现新闻内容更精准分类、推荐。在内容审查方面,加快突破技术壁垒,尤其是视频直播平台,应加快采用图像大数据识别,建立传播内容大数据系统、敏感词过滤机制,通过人工智能、机器识别等高科技手段,实现对文字、图片乃至音频、视频高效的检测和监管。另一方面,重视人工编辑的数据筛选、分

析、整理、表达能力，如"今日头条"大规模招聘内容审核编辑，强化内容审核，加强对突发事件的新闻事实判断和新闻价值衡量，做好舆论引导和舆论回应；提高数据能力，综合考量用户数据分析结果，策划讲导向、有内涵的深度报道和独家报道。

2. 优化版块设计，强化正能量内容

网络传播平台的页面设计、栏目设置能对用户的信息获取产生强大影响，加强网络传播平台导向性，弘扬社会主义正能量，要进一步改进版面设计，提升格调，在显著位置突出关乎国计民生的重要时政新闻、社会新闻，加强置顶聚合正能量新闻。如 2017 年习近平总书记主持召开中央政治局民主生活会，"今日头条""腾讯新闻"等移动新闻客户端纷纷置顶《中央政治局召开民主生活会　习近平主持并发表重要讲话》。在重大时政新闻面前，要综合考虑报道内容与编排形式，严格把控政治导向。通过算法推荐或人工编辑，一些网络传播平台将时政新闻与娱乐新闻、商业广告编排在一起，信息的娱乐性、商业性消解了时政新闻的严肃性、权威性，这种做法应杜绝。

3. 加强原创内容，提高内容质量

用户生成内容已经成为网络传播平台的主要内容生产方式之一，网络传播平台可以采取一定的奖励机制推动原创内容创作，以精致创新的专业内容吸引流量，弘扬中华传统优秀文化与中国特色社会主义核心价值观。例如，"斗鱼直播"等直播平台有意引入科教内容，通过新颖的直播方式普及科学知识，达到了较好的效果，成为直播平台的一股"清流"。此外，用户原创内容的质量往往难以保证。网络传播平台，尤其是视频网站、社区论坛、网络直播客户端等平台，应切实推行用户实名制，建立用户信誉体系，积极进行道德建设与"正能量"宣传教育，提高用户的自律意识；建立网络传播黑名单，对触犯法律道德底线的用户进行严格处罚与规范。

（二）完善公共服务，细化投诉渠道

1. 加强便民服务建设，提供全方位、多维度的服务

结合传播平台自身特色、一般用户需求与本地用户需求，打造覆盖广泛的公共服务或区域特色服务，不断提升用户服务的数量和质量。如在提供新闻信息之外还能提供其他便民功能。提供类型多样的公共服务并做好日常运行管理。可以结合一般网民需求、本地网民需求与网站自身特色，打造便捷实用的公共

服务或特色品牌栏目，不断提升服务数量质量。如移动新闻客户端"华尔街见闻"作为金融财经新闻客户端，不仅为用户提供相关资讯，还实时显示全球股票、区块链、债券、外汇、黄金的行情，服务目标用户。

2. 重视网络问政版块，打造网络民意集散地

其他网络传播平台应积极向省级新闻网站学习，完善网络问政版块，提供留言、爆料、求助等相应渠道，将网络传播平台建设成为传达民生民意民情的平台。目前，大多数网页、客户端平台在用户问政、反馈一块仍需进一步强化。在公共服务方面，各平台应打破以往"传者→受众"的单向传播模式，站在网民、用户、读者、粉丝的角度，结合线上线下生活，想其所需、应其所求、急其所急，连接用户，关注社会发展动向，发挥网络传播的力量，开展网民讨论、汇集利益诉求，打造网络民意集散地。

3. 细化投诉渠道，提高投诉时效

改变单向的投诉模式，积极向用户提供针对平台、平台内容的投诉途径或方式，接受用户监督和意见反馈，及时处理投诉或举报。建立平台内部的建议和投诉渠道，以便能够在第一时间发现问题，并不断进行相应整改。以省级新闻网站"齐鲁网"为例，提供了用户反馈邮箱、新闻敲诈举报邮箱、版权建议咨询邮箱、网站投诉电话、新闻敲诈举报电话等多样化投诉反馈渠道，并提供撤稿申请服务、侵权内容删除或断开链接处理服务。优化投诉处理渠道界面设置，对用户可能投诉的内容进行分类，如设置色情信息、虚假信息、垃圾营销、有害信息、抄袭侵权等选项，方便用户投诉的同时也有利于移动新闻客户端团队对相关投诉的处理，提高投诉处理效率。

（三）提升用户体验，保障数据安全

网络传播平台搜集的用户数据的数量、类型日益增加，但部分传播平台的"权限漏出风险""应用数据任意备份风险""日志泄露隐私风险"等漏洞，不利于用户的数据安全保障。

微观层面上，需强化平台自身安全防护，修复漏洞，提升预防、抵御、恢复等各环节的技术能力，保护用户信息，维护自身数据安全，及时修复闪退、卡顿等漏洞，加快网络传播响应速度、优化平台耗电量等技术问题，为用户提供良好的使用体验。

宏观层面上，需加大技术投入，利用大数据、云计算技术推动信息安全生

产，推动网络传播平台构建"五层二体系"安全生产大数据中心，优化数据安全机制。①"五层二体系"大数据平台包括应用成果层、应用支撑层、数据存储层、资源管理层、采集传输层五个层面和标准规范体系、安全运维体系两大体系，通过大数据技术推动网络传播平台安全性能的全面化、系统化、持续化发展。

（四）加强用户导向，实施差异化战略

1. 加强平台内容创新，丰富内容选题和表现形式

加大网络传播平台之间的合作力度，丰富新闻客户端的内容表现形式。如移动新闻客户端"今日头条""腾讯新闻""天天快报""一点资讯"等平台不仅呈现新闻文本、新闻图片，还陆续开设"视频"栏目；新浪还与网络直播平台"一直播"达成战略合作伙伴关系，在"新浪新闻"客户端增设"直播"栏目，精选直播内容。移动新闻客户端"搜狐新闻""ZAKER 新闻"推出"狐友""社区"等版块，搭建网络传播社交平台，聚合用户生产的优秀内容，调动用户积极性，增加用户在客户端的停留时间，培养忠实用户。

2. 规避算法推荐弊端，推动平台特色化发展

基于智能算法技术使同类型的网络传播平台表现出不同程度的同质化倾向，网络传播平台的特色化发展势在必行。视频网站"爱奇艺"重视原创内容的生产，坚持"悦享品质"理念，推出《坑王驾到》《奇葩大会》《偶像练习生》《萌宠小大人》《中国有嘻哈》等自制视频节目，满足年轻观众的个性化、趣味性追求，极大提升了平台认知度，平台影响力居于前列。"华尔街见闻""军事头条""橘子娱乐"等移动新闻客户端专注细分市场、挖掘垂直领域内容，虽然用户数量不如综合性新闻客户端，但用户黏性强，在第三方应用市场的评分接近满分。

[本文原载于《中国网络社会治理研究报告（2018）》，北京：社会科学文献出版社，2018 年。罗昕及研究生杨仰文、周静思执笔。研究生蔡雨婷、黄靖雯、李芷娴、陈国琼、何玉珍、肖恬、储楚、马敏、肖智恬参与数据监测分析]

---

① 张玲玲、马爽：《大数据背景下安全生产新闻发布及传播机制的转变》，《重庆社会科学》2017 年第 8 期。

搜索中立？基于"3Q 大战"的实证考察

当大量的知识、新闻和讨论转向网络时，搜索引擎如同传统大众媒介一样，日益成为网络空间的"把关人"，不仅能决定人们阅读什么，而且可能决定人们思考什么。2005 年皮尤（Pew）报告证实：用户对搜索引擎继续保持巨大的信任，毫无疑问，公众对搜索引擎的信任有助于它的持续成功。①

搜索引擎要成为一个好的把关人，其搜索结果应努力展示信息的所有品质。"信息品质的主要标准包括：媒体应该就社会上的、世界上的相关新闻和背景信息提供综合性的服务；信息应该达到以下客观性的要求：正确、诚实、充分、忠实于事实、经得起检验、意见与事实分离等；信息应该平衡与中立，尽可能以一种不煽情、不偏见的方式来报道不同的观点。""和信息品质最相关的核心概念可能就是客观性。"② 因此，是否拥有新闻信息的诸多品质，是衡量搜索引擎结果"客观中立"的重要标准。所谓"搜索中立"，指"搜索引擎对它们的编辑政策保持开放和透明，或者说，搜索结果应该全面、公正和基于相关性而无编辑偏见"③。因此，我们需要知道自动化编辑的搜索引擎是否能像传统人工编辑一样回答：多样化信源是否得到展示？多元化观点是否得到表达？是否操纵了网络信息的传播和接近？

一、相关研究

关于搜索中立问题，我们应从搜索偏见研究开始。1999 年史蒂夫·劳伦斯

---

① FALLOWS D. Search engine users: Internet searchers are confident, satisified, and trusting, but they are also unaware and naive（Pew Internet and American Life Project）. ［2005 – 01 – 23］. http://www.pewinternet.org/pdfs/PIP_Searchengine_users.pdf.

② ［英］丹尼斯·麦奎尔著，崔保国、李琨译：《麦奎尔大众传播理论》（第 5 版），北京：清华大学出版社，2010 年，第 163 页。

③ SEARCHNEUTRALITY. ORG. ［2009 – 10 – 11］. http://www.searchneutrality.org/search – neutrality.

和 C. 李·吉勒斯在国际著名杂志《自然》上发表《网络信息的可接近性》一文，标志性地揭开了对搜索偏见研究的序幕。之后，众多研究者从不同的学科领域进行了开拓性的探索。回顾十年来的研究文献，我们可以从以下三个方面描绘搜索偏见研究的知识地图。

（一）搜索引擎"偏见"产生的原因

一些计算机信息科学领域的研究者倾向于把这种偏见归因于技术特征。劳伦斯和吉勒斯指出，搜索引擎并不会平等地搜索网址，也不会搜索最近的网页，任何搜索引擎的索引不超过网络内容的16％。基于流行度的网页相关性排序，使流行的网页变得更流行，而新的、没有链接的网页越来越难以出现在搜索引擎的列表上。[①] 廷厚等人也进一步强调，基于流行性排序的问题在于它内在地歧视一些未知的网页。这种"富者愈富"现象对于最近创造的"高质量"网页来说特别有问题。[②] 摩梭维基等人提出，偏见也许在其运作时的任何阶段就进入了信息提取系统，从数据库包括的关键词选取到所使用的提取算法。偏见的来源可能是有意的或疏忽的。[③] 因此，弗雷认为在目前的技术条件下，搜索引擎不能对信息内容作进一步的理解，实际上检索结果的相关性决定是比较主观的。[④]

一些学者基于传统新闻传播理论，进一步开拓了搜索引擎偏见的研究视野。埃里克·哥德曼认为，"像其他媒介公司一样，搜索引擎也作出编辑选择，系统性地偏向某些内容，旨在满足他们的用户"。"排序算法……并有减少人工编辑判断在此过程中的角色。相反，在排序算法中选择哪些因素，对这些因素怎样权重，反映了搜索运营商对什么内容是重要的编辑判断。"[⑤] 范·库弗林通过与搜索引擎生产者的深度访谈，认为搜索引擎发展的资源分配过分地关注市场或

---

① LAWRENCE S & GILES C L. Accessibility of information on the web. NATURE, 1999, 400 (8): 107 – 109.

② CHO J & ROY S. Impact of search engines on page popularity. WWW, May 17 – 22, 2004.

③ MOWSHOWITZ A & KAWAGUCHI A. Assessing bias in search engines. Information processing and management, 2002 (38): 141 – 156.

④ FRY J. Google's privacy responsibilities at home and abroad. Journal of librarianship and information science, 2006, 38 (3): 135 – 139.

⑤ GOLDMAN E. Search engine bias and the demise of search engine utopianism. Yale journal of law and technology, 2006: 188 – 200.

科技因素。公平和代表性，作为新闻人员对媒介内容质量界定的核心要素，在搜索引擎生产者的思维里并没有成为内容质量的关键要素。相反，诸如客户满意度和相关性（通常意味着压制或推销某些网站的手法如列入黑名单、白名单）等替代性标准却被认为是毫无疑问的。①

更多学者从政治经济学来分析搜索引擎的"偏见"。范·库弗林尖锐指出，"现实是，这些搜索结果在每个阶段都受到商业过程的塑造"，"对我们这些关注建构一个能为所有人平等接近的信息社会来说，真正重要的是搜索引擎背后的政治经济学"。② 利文·沃恩对不同国家和域名的搜索引擎覆盖情况进行实证研究，发现"美国网站在搜索引擎中比其他国家得到更多的覆盖，而且一些易见的网站更可能被索引。中国商业和政府网站在覆盖面上却极为可怜"③。相反，托比亚斯批评了那些认为搜索引擎应仅仅向用户传播客观中立的结果的评论，认为搜索引擎旨在传播主观性的结果，产生一种不能提供世界总体观的"伦理主观性"，要求搜索引擎的中立将终止搜索引擎的技术发展。④

（二）搜索引擎"偏见"的影响

这种"偏见"影响已经广泛分布在政治、经济、社会、文化等各个领域。安托纳认为，通过搜索引擎获取信息的商业化和集中化对作为民主和平等代言人的网络空间产生了危害。这些偏见导致了网络在社会中起作用的窄化，不仅与开放网络的基本结构相违背，而且与促进网络增长的价值和理念相违背。⑤ 克里斯托弗则提醒我们，谷歌对传统大众媒介的影响，正在使我们从一个 G

① VAN COUVERING E. Is relevance relevant? market, science, and war: discourses of search engine quality. Journal of computer-mediated communication, 2007 (12): 866 – 887.

② VAN COUVERING E. New media? the political economy of Internet search engines. 2004 Conference of the International Association of Media & Communications Researchers (IAMCR), Porto Alegre, Brazil, July 25 – 30, 2004: 1.

③ VAUGHAN L & ZHANG Y J. Equal representation by search engines? A comparison of websites across countries and domains. Journal of computer-mediated communication, 2007 (12): 888 – 909.

④ TOBIAS B. Ethical subjectification and search engines: ethics reconsiderd. International review of information ethics, 2005 (3): 33 – 38.

⑤ INTRONA L D & NISSENBAUM H. Shaping the web: why the politics of search engines matters. The information society, 2000 (16): 169 – 185.

（Globalitation，全球化）走向另一个 G（Googleization，谷歌化）。①

埃里克·哥德曼认为，搜索引擎排序不仅对搜索者和网络出版商有重要的影响，重要的是，网页排序的非平等主义的投票结构，使搜索结果对有经济权力的网站产生偏见。基于流行度的排序算法也许强化和延续了现有的权力结构……导致一个自我强化的过程。相反，少数人感兴趣和失去投票权的网站也许难以闯入流行度竞争中，潜在地让它们永久地被贬谪到搜索结果的后方。②

潘斌（音译）等人通过眼动实验表明大学生用户非常相信 Google 在排序结果上的能力。对谷歌信任的例证，显示了搜索引擎对文化、社会和网络用户流量的巨大潜在影响。③ 迪亚兹则认为，"公众对搜索引擎的信任……来自搜索引擎精心建造的形象。缺乏透明度的搜索引擎使用户对它的搜索技术政治学茫然无知"④。范·库弗林从公共管理的角度指出，当前搜索引擎结果系统性地偏向于商业网站、流行网站和基于美国的网站。在没有公共服务托管和相关规制下，作者对当前搜索引擎是否起到"公共产品"的作用提出了质疑。⑤

（三）搜索引擎"偏见"的规避

针对技术引起的搜索"偏见"，一些计算机领域的学者提出了一些改进的方法。如廷厚提出了网页"质量"评估程序以替代现有的网页"流行度"的评价方式，以缓和"富者愈富"的现象，帮助最新的高质量的网页得到它们该有的注意。⑥

一些伦理学者呼吁人道主义价值观。安托纳建议"建立更平等和更包容的

---

① CHRISTOPH N. Extended abstract: function problems, and regulation of search engines in the Internet. International review of information ethics, 2005（3）: 4 – 5.

② GOLDMAN E. Search engine bias and the demise of search engine utopianism. Yale journal of law and technology, 2006: 188 – 200.

③ PAN B, et al. In Google we trust: users' decisions on rank, position, and relevance. Journal of computer – mediated communication, 2007（12）: 801 – 823.

④ DIAZ A. Through the Google goggles: sociopolitical bias in search engine design. In SPINK A, ZIMMER M. Web search: information science and knowledge management. Berlin: Springer Berlin Heidelberg, 2008: 105.

⑤ VAN COVERING E. New media? the political economy of Internet search engines. 2004 Conference of the International Association of Media & Communications Researchers（IAMCR）, Porto Alegre, Brazil, July 25 – 30, 2004: 1.

⑥ CHO J & ADAMS R E. Page quality: in search of an unbiased web ranking. SIGMOD'05 Proceedings of the 2005 ACM SIGMOD International Conference on Management of Data.

索引机制"，督促搜索引擎开发者进行明确的公共服务。搜索引擎的设计者和建造者，不仅要致力于网络价值观，也要致力于公平价值观。① 本哈德提议以"信心对称性"原则来解决搜索引擎信息资源入口的垄断问题。用户可以将信任交付搜索引擎，那么这些搜索引擎企业也应该将信任归还给用户，让用户创建自己的搜索机制。②纽伯格·克里斯托弗则对这种自律和伦理观提出质疑，"不管怎样，市场反应是很低的。关于自律的效果，要得出一个结论还为时尚早"③。

一些学者显然要在市场和政府之间寻找平衡点，以防止两个主体的失灵。如阿曼达·斯宾克就认为搜索引擎具有"公共福利"，需要政府发展公共捐助的搜索引擎，以产生社会上最优的搜索结果。同时期待细分化搜索引擎能分割市场，迎合缺乏服务的少数人兴趣。④ 安托纳则对市场机制是否充当可接受的校正物产生怀疑，因为"网页搜索机制太重要以至于不能仅仅由市场来形成"。"假如我们把描绘网络的任务仅留在商业利益手中，我们将仅仅反映网络结构中存在的权利不对称。"⑤

很多学者把视角集中于政府规制。加塞尔对搜索规制框架进行了详尽的结构性建构，认为搜索引擎引发了知识产权、消费者（特别是未成年人）保护、竞争法和言论自由、跨国贸易等方面的冲突。搜索引擎规制面临的核心挑战有"规制议程优先条款、各种主体利益协调、应对技术变革的学习能力、国际化和跨文化问题"，应认同的一些根本性价值包括民主价值（如信息自主权、多样化、信息平等）、政策原则（如接近、信息自我决定、透明度）等。⑥ 格里梅尔曼基于信息流的角度，认为搜索引擎规制应关注行动者的利益取向：用户利益

① INTRONA L D & NISSENBAUM H. Shaping the Web: why the politics of search engines matters. The information society, 2000 (16): 182.

② BERNHARD R. Networked control: search engine and the symmetry of confidence. Intenational review of information ethics, 2005 (3): 26 – 32.

③ CHRISTOPH N. Extended abstract: function problems, and regulation of search engines in the Internet. Intenational review of information ethics, 2005 (3): 4 – 5.

④ SPINK A, JANSEN B J, BLAKELY C, et al. A study of results overlap and uniqueness among major Web search engines. Information processing and management, 2006 (42): 1379 – 1391.

⑤ INTRONA L D & NISSENBAUM H. Shaping the Web: why the politics of search engines matters. The information society, 2000 (16): 177 – 180.

⑥ GASSER U. Regulating search engines: taking stock and looking ahead. Yale journal of law & technology, 2006: 201 – 234.

方面包括请求隐私、无偏见的结果；内容提供商利益方面包括成本最小化、避免不公平的竞争、突出的结果位置；第三方利益包括知识产权、名誉、隐私；防止搜索引擎优化和点击欺诈，以及追求创新和竞争。①

　　一些学者则对政府规制搜索引擎提出了质疑。埃里克·哥德曼"难以想象规制介入将改善这种偏见"。"相反，政府规制在分配搜索者找到相关结果方面很少比市场力量做得好。""规制介入反生产性地降低了搜索引擎对搜索者的价值。无论搜索引擎偏向什么不利的结果，规制校正的结果可能是更糟糕。"②范·库弗林也认为，对商业搜索引擎的严格规制，在实践上可能既没有吸引力也不明智，也许含有某种文化精英主义或家长作风的味道。即使政策是有价值的和有效的——但也值得怀疑——它们在任何情况下都不可能通过宪法的检阅（至少在美国）。"在美国，搜索结果……受到宪法规定言论自由的保护，有权出版他们喜欢的任何内容。"③ 格里梅尔曼在对搜索中立者提出的八个原则进行解构的基础上，批判这些原则作为充分的搜索规制是不合理的，当前提出的搜索中立是不可能起作用的，很可能使事情更糟。④ 迪亚兹强调，由于对媒介法缺乏全面的检视，现有的规制建议似乎是非常不现实的。……真正难以逾越的规制和经济挑战困扰着当前要求更"平等主义"搜索引擎的建议。⑤

　　"考虑到搜索引擎在引导用户注意方面的角色，尽管研究者多年前开始考虑这些搜索服务的可能把关含义，但目前很少进行实证研究，以考察搜索引擎可能或不可能歧视某些内容而偏向另一些内容的程度。……特别是有关争议性材料和它们被索引到的相关可能性缺乏系统性研究。"⑥ 本文将通过争议性个案的

---

① GRIMMELMAN N. The structure of search engine law（finan. doc）. Lowa law review, 2007, 93（1）：3 - 63

② GOLDMAN E. Search engine bias and the demise of search engine utopianism. Yale journal of law and technology, 2006：188 - 200.

③ VAN COVERING E. New media? The political economy of Internet search engines. 2004 Conference of the Internation Association of Media & Communications Researchers（IAMCR）, Porto Alegre, Brazil, July 25 - 30, 2004：20.

④ GRIMMELMANN J. Some skepticism about search neutrality. In SZOKA B & MARCUS A. The next digital decade：essays on the future of the Internet. TechFreedom, January 2011：435.

⑤ DIAZ A. Through the Google goggles：sociopolitical bias in search engine design. In SPINK A, ZIMMER M. Web Search：Information Science and Knowledge Management. Berlin：Springer Berlin Heidelberg, 2008：166.

⑥ HARGITTAI E. The social, political, economic, and cultural dimensions of search engines：an introduction. Journal of computer - mediated communication, 2007（12）：769 - 777.

实证分析，从搜索结果的信息品质来进一步考察"搜索中立"的问题。

二、研究方法与设计

（一）个案选择

个案选择应该遵循典型性的原则。"3Q 大战"事件不仅涉及两家网络运营商的利益，更涉及行业利益和网民利益等。由于此事件的主体谁是谁非具有争议性，不同信源对此事件的观点也不同，具有向不同方向、不同议题扩散的弹性空间。因此，此事件在考察搜索结果是否客观中立上具有典型性。

（二）搜索引擎选择

以国内搜索引擎的市场份额为主，我们选择了百度、谷歌、搜狗和搜搜的搜索结果为调查样本。根据艾瑞咨询发布的 2010 年中国搜索引擎年度数据，百度和谷歌营收份额之和超过 97.6%，基本垄断中国搜索引擎市场。2010 年谷歌退出中国后，二线运营商搜狗、搜搜得到迅猛发展，分别占据 1.1% 和 0.8% 的份额，其他的总和也仅有 0.5% 的份额。[①]

（三）搜索关键词选取

关键词的选取，要求简短精练，又能准确定位相关内容。太宽泛的关键词会放大搜索结果的显示范围，太狭隘的关键词又会使搜索结果达不到研究的目标。不同关键词的选择可能出现不同的搜索结果。我们通过众多相关文章的阅读，提炼出三个出现频率最高的关键词："QQ 大战 360""3Q 大战""3Q 之争"，并从中抽取"3Q 大战"作为本次调查的关键词。

（四）搜索结果抽取

我们的搜索时间是 2011 年 3 月 27 日。为体现搜索结果的客观性和研究的可行性，在选取结果上要体现基数适量、相关性强的原则。我们根据 Fazli Can 提出的搜索引擎自动化表现评价方法，认为以前 100 条搜索结果来衡量搜索效

---

① 艾瑞咨询：《2010 年中国搜索引擎年度数据发布》，http://www.iresearch.com.cn/View/131516.html，2011 年 1 月 18 日。

果是一个好的选择，因为它稳定了人工和自动化搜索引擎评价方法的相关系数。[①]

（五）主要类目指标

根据信息品质的构成及其事件本身的争议角度，我们选取了"网站来源""信息来源""观点倾向"三个类目进行考察。其中"观点倾向"主要从"倾向 QQ 或 360""是否构成行业垄断或恶性竞争""双方竞争对网民或产业是否有利""是否支持国家干预"四个小指标进行考察。

（六）研究假设

1. 搜索结果的网站来源是否多样

考察网站来源是否体现了基于排序算法的标准，从而导致"富者愈富"的现象。

2. 搜索结果的信息来源是否全面

考察信息来源是否得到了充分的展示，从而产生片面性的索引。

3. 搜索结果的观点倾向是否平衡

考察观点倾向是否得到立体化的表达，从而产生"群体极化"效应。

三、研究发现

（一）搜索结果的网站来源主要偏向综合门户网站、新闻网站和专业资讯类网站，反映了网站索引多样化的缺乏

在搜索结果前 100 条中，专业资讯网站被四大搜索引擎索引的平均比例最高，达到 37%，其次为新闻网站（28%），再次为综合门户网站（20%）（见表 1）。考虑到我们设定的综合门户网站主要包括搜狐、新浪、网易、腾讯等少数几个，这一比例已经相当高。而自媒体（包括博客、个人主页、播客等）、政府网站、其他网站的平均比例总和为 16%。我们对搜索结果第一页的 10 条结果进一步考察，发现搜索引擎不是去索引更多的网站，而是索引一个流行网站

---

① CAN F, NURAY R & SEVDIK A B. Automatic performance evaluation of web search engines. Information processing and management, 2004（40）：513.

的更多网页。四大搜索引擎索引的网站均为"受欢迎的"流行网站（见表2）。在四个搜索引擎的前40条索引结果中，百度、新浪、网易的网页均被索引了6次，pconline网页被索引了5次，搜狐网页被索引了4次，天涯、土豆网页也都被索引了2次。其中百度搜索引擎的10条结果中，索引自己的网页竟然达到3次。

表1　搜索结果的网页来源百分比

搜索引擎	综合门户网站	专业资讯网站	新闻网站	自媒体	政府网站	其他网站	总百分比
Baidu. com	19%	30%	32%	9%	2%	8%	100%
Google. com. hk	11%	50%	15%	14%	1%	9%	100%
Sogou. com	27%	28%	32%	13%	0%	0%	100%
Soso. com	21%	39%	32%	5%	0%	3%	100%
平均量（约数）	20%	37%	28%	10%	1%	5%	100%

表2　索引结果的前10个网站来源情况

搜索引擎	Baidu. com	Google. com. hk	Soso. com	Sogou. com
1	www. baidu. com	www. sohu. com	www. pconline. com. cn	www. baidu. com
2	www. pconline. com. cn	www. sina. com. cn	www. baidu. com	www. sina. com. cn
3	www. baidu. com	www. 163. com	www. sohu. com	www. pconline. com. cn
4	www. tianya. cn	www. 163. com	www. 163. com	www. sina. com. cn
5	www. ycwb. com	www. sina. com. cn	www. hexun. com	www. 3qdz. com
6	www. donews. com	www. tudou. com	www. sina. com. cn	www. sohu. com
7	www. 163. com	www. sohu. com	www. chinaz. com	www. tudou. com
8	www. chinanews. com	www. pconline. com. cn	www. pchome. net	www. 163. com
9	www. baidu. com	http：//apple4. us/	www. qudong. com	www. tianya. cn
10	www. 163. com	www. baidu. com	www. people. com. cn	www. sina. com. cn

（二）搜索结果的信息来源主要偏向媒体新闻或评论，反映了索引信源全面性的缺乏

媒体新闻或评论在每个搜索引擎的信息来源中均处于高比例，几乎已经占据"半壁江山"，平均比例也达到47%。其次为商业网站自身策划的专题或编辑的稿件，平均比例为29%。来自网民自创的内容比例为19%，而诸如政府、企业、事业单位等其他信息来源则只有5%（见表3）。由于传统媒体在网络新闻采访权上的结构性影响，媒体新闻或评论更多地被商业网站所编辑、转载或评论。网民和其他主体的内容被索引的比例极低，映射了索引信源全面性的缺乏，也进一步佐证了搜索引擎索引的结果是基于网站流行度，而不是基于网页内容的高质量或信源的全面性。

表3　搜索结果的信息来源百分比

搜索引擎	媒体新闻/评论	商业网站策划/编辑	网民自创	其他	总百分比
Baidu. com	51%	24%	22%	3%	100%
Google. com. hk	39%	27%	26%	8%	100%
Sogou. com	50%	26%	18%	6%	100%
Soso. com	49%	39%	8%	4%	100%
平均量（约数）	47%	29%	19%	5%	100%

（三）搜索结果的观点倾向主要偏向单极化，反映了索引观点平衡性的缺乏

在搜索结果是否倾向支持QQ或360的问题上，尽管有41%的信息持中立态度，但是我们也发现倾向360的平均比例（24%）要高于倾向QQ的平均比例（15%）（见表4）。在搜索结果是否倾向垄断行为或恶性竞争上，从平均量来看，将近一半的信息（46%）都倾向于把此次事件看作是一种垄断行为或恶性竞争，持中立态度的信息为10%，而只有3%不认同这是一种垄断行为或恶性竞争（见表5）。

在"3Q大战"对网民或行业是否有利的认识上，也将近有一半的信息（44%）持"不利"态度，持"有利"态度的信息比例仅为12%，而持"中立"态度的信息比例仅为5%（见表6）。持"有利"态度的弱势声音，诸如"给第三竞争者以机会；激发网民对隐私权、选择权和接近权的关注；有利于网民获得更多的免费消费；使行业懂得何为市场竞争下的真正竞争，能做到质量和信誉、伦理和责任并重"等，在搜索结果中并没有得到更多的反映。

在搜索结果是否支持国家干预的选项上，持"支持"态度的信息比例为29%，远高于持"不支持"（8%）或"中立"（9%）态度的比例（见表7）。显然一些所谓的"另类"观点，诸如"国家干预不能消除根子；法律诉讼时间长、成本高；尊重创新，包容公平的竞争；强调市场规律，具有伦理自觉、公共精神和担当意识；在没有违背国家政策法规的前提下，不可能因为行政部门的一纸命令而放弃巨大的经济利益；商业游戏规则应由用户、互联网行业从业者和政府一同来定；定性很困难，需要一个中立机构来协调"等，也未能在搜索结果中得到平衡性的展示。

表4　搜索结果倾向 QQ 或 360 百分比

搜索引擎	倾向 360	倾向 QQ	中立	无关	总百分比
Baidu. com	24%	9%	44%	23%	100%
Google. com. hk	22%	18%	36%	24%	100%
Sogou. com	23%	12%	38%	27%	100%
Soso. com	26%	20%	46%	8%	100%
平均量（约数）	24%	15%	41%	21%	100%

表5　搜索结果倾向垄断行为或恶性竞争百分比

搜索引擎	倾向	不倾向	中立	无关	总百分比
Baidu. com	55%	5%	11%	29%	100%
Google. com. hk	35%	2%	10%	53%	100%
Sogou. com	52%	4%	9%	35%	100%
Soso. com	43%	2%	8%	47%	100%
平均量（约数）	46%	3%	10%	41%	100%

表6　搜索结果反映"3Q大战"对网民或行业是否有利百分比

搜索引擎	不利	有利	中立	无关	总百分比
Baidu. com	55%	15%	9%	21%	100%
Google. com. hk	39%	17%	6%	38%	100%
Sogou. com	43%	2%	3%	52%	100%
Soso. com	38%	14%	2%	46%	100%
平均量（约数）	44%	12%	5%	39%	100%

表7　搜索结果反映是否支持国家干预百分比

搜索引擎	支持	不支持	中立	无关	总百分比
Baidu. com	33%	16%	16%	35%	100%
Google. com. hk	24%	8%	11%	57%	100%
Sogou. com	32%	5%	4%	59%	100%
Soso. com	27%	4%	6%	63%	100%
平均量（约数）	29%	8%	9%	54%	100%

　　以上研究发现，技术上的客观性未必能带来信源、观点等方面的公正、平衡和多样，一定程度上总会产生结构性偏见。正如埃里克·哥德曼所言，由于搜索引擎的自动化操作，人们经常设想搜索引擎能中立、无偏见地呈现搜索结果。不管怎样，这种设想是错误的。像任何其他媒介公司一样，搜索引擎肯定也控制着用户的体验，即出现歪曲搜索的结果。[①] 作为自动化编辑的搜索引擎尽管能够向读者推荐应阅读什么样的新闻信息，但并不能复制一个好的人工编辑的功能，它仅仅能索引和传播信息，而不能核对信源、平衡观点等。

---

　　① GOLDMAN E. Search engine bias and the demise of search engine utopianism. Yale journal of law and technology，2006：188－200.

四、讨论与结语

以上倾向结果不管是否有意或故意都是一个问题，都可能影响网民的认知和行动。因为"搜索引擎有能力塑造每天上百万用户的上百万搜索。就那规模来说，搜索引擎是新的大众媒介或新的元媒介，能引发公共讨论"①。不可否认现有的技术限制在塑造这些偏向结果中的作用。因此，搜索提供商在技术上应从当前以排序算法为主导标准转向多样化要素综合评价标准的基本格局，以最大努力确保更准确、全面、公正、平等地对待多样信息、观点的接入。

应当承认，这项实证研究并不试图去调查政治经济原因（这超越了本研究的能力范围），在这方面还不能得出坚实的结论。通过已有的相关报道，我们可以发现，在"3Q 大战"中，百度、搜狗特别是搜搜（腾讯旗下产品）都是腾讯阵营的一员，百度、搜狗等五家厂商曾通过新闻发布会表示将不兼容 360 系列软件。②但在调查"倾向 QQ 或 360"方面，百度、搜狗、搜搜的搜索结果反而更多地偏向支持 360。因此还没有证据显示，这些搜索引擎在"3Q 大战"中对 360 采取了歧视性的编辑策略。

我们的研究结果表明，任何结论不应以存在故意偏见为前提作为出发点，而更相信这些偏见来自赢者通吃或累积优势效应。但是这种可能的持续不平衡仍然存在一个政治经济学问题。通过搜索结果的信息品质的评价，我们仍然能洞察搜索引擎这个"黑色箱子"存在某些机制上的缺陷。希曼认为，尽管搜索引擎直接篡改搜索结果很容易被发现，但是对严密的算法作微妙的调整，导致搜索结果微妙的偏差，实际上是不可能被发现的。③

综合以往相关研究，要规避这种隐形的微妙调整，一是通过市场的力量，鼓励更多的市场主体包括元搜索引擎、公共搜索引擎、开源搜索引擎、个性化搜索引擎等参与竞争，以便在网页、信源、观点上得到更多的覆盖，防止市场垄断对搜索结果的霸权控制。二是协调处理好搜索引擎与用户、广告客户、内

---

① AULETTA K. Googled：the end of the world as we know it（2009）. Cf. Aaron Swartz, Googling for Sociopaths, Rawthought. ［2009 – 12 – 14］. http：//www. aaronsw. com/weblog/googled.

② 新浪科技：《金山搜狗可牛傲游百度宣布将不兼容 360》，http：//tech. sina. com. cn/i/ 2010 – 11 – 05/10084832568. shtml，2010 年 11 月 5 日。

③ FRY J. Google's privacy responsibilities at home and abroad. Journal of librarianship and information science，2006，38（3）：135 – 139.

容提供商甚至第三方等利益主体之间的关系，防止商业利益对搜索结果信息品质的过度侵蚀。三是通过一定的政策规制，以公共普遍服务为原则，以一定的透明度（在尊重商业保密和知识产权前提下）为导向，确保搜索引擎对多种信源、观点的接近，依靠高质量的信息品质，担负在公共福利上的责任，从而使用户能基于充分有效的决策参与公共生活。总之，"正如所有的把关人一样，假如我们相信商议民主的原则——尤其是假如我们相信网络是一个开放、民主的媒介——那么我们将期待我们的搜索引擎能就任何给定的话题传播大范围的信息"①。

　　本次研究仅调查了国内四个常用的搜索引擎，以"3Q 大战"为关键词，在确定的一天内，搜索出来的前 100 个搜索结果为观察样本，所得出的结论都限于这种特定的语境。进一步的研究将涉及更多的搜索引擎、关键词、搜索时间段和搜索结果，这种动态的语境也许会导致不同的结论。由于搜索引擎的日益重要性，搜索结果的信息品质及其中立性问题肯定是一个值得继续深入研究的领域。

（本文原载于《中国媒体发展研究报告》2011 年第 10 期）

---

　　①　DIAZ A. Through the Google goggles：sociopolitical bias in search engine design. In SPINK A, ZIMMER M. Web search：information science and knowledge management. Berlin：Springer Berlin Heidelberg, 2008：105.

全球网络空间治理

…… ……

世界信息传播新秩序建构的脉络变迁与中国进路

在全球传播场域内，世界各国在传播结构中的位置深刻影响自身的主体性与话语权。世界范围内对于信息与传播问题的探讨共有三次：20 世纪 50—60 年代，在战后的积极主义情绪下，联合国强调寻求、接收和传递信息的能力是人类的一项基本权利，但随着美苏冷战的开始，这一基本权利难以得到保障；20 世纪 70—80 年代，在冷战的后殖民主义时期，不结盟国家发起了"新世界信息传播秩序"的争论，将"南北"信息传播不对等、技术文化偏见以及第三世界通信基础设施的匮乏等问题纳入人们的视野；20 世纪末至 21 世纪初，世界信息传播新秩序建构则是基于互联网以及全球化的全新语境展开，对于技术的超现实主义审视带来了信息社会世界峰会。不同阶段的时代背景深刻地影响着世界信息传播新秩序的建构进程。

一、世界信息传播新秩序建构的美苏冷战前期

第二次世界大战后到 20 世纪 60 年代，即美苏冷战前期，国际新秩序在《联合国宪章》《开罗宣言》《波茨坦公告》等法律文件的基础之上逐步建立，以资本主义阵营和社会主义阵营对抗格局为标志的"雅尔塔体系"最终形成，对世界信息传播秩序的建构形成了初步影响。

（一）美苏冷战前期的两极化传播时代

第二次世界大战后，东西方阵营的势力划分在雅尔塔会议上初步形成。美国和苏联两个超级大国力图在世界范围内掌控话语权，因此不断在地缘政治和意识形态方面爆发冲突，最终形成冷战的局面。

这一时期存在"联合国秩序"与"冷战秩序"两种形态。一方面，美苏两

国在政治、经济和军事等多个领域进行角逐，在世界范围内进行势力划分；另一方面，随着联合国的成立，作为"外交战场"，联合国在国际事务中发挥协调作用。但此时的联合国秩序完全从属于冷战秩序，联合国很难发挥自己应有的作用，也没有独立自主的地位。①

美苏两国在冷战秩序下，将信息传播作为势力划分的重要工具。第二次世界大战结束后不久，美国和苏联在很大范围内开始了意识形态之争，"其中的武器是宣传，战场就是国际传播渠道，代价就是跨越全世界的男人和女人的诚实和效忠。无疑，这场战斗中最重要的方面是它对人的精神的作用，这些作用牵连着国家稳定和国际和平"②。

从 20 世纪 30 年代开始，美国白宫的文化反击与军事战略相伴：文化、信息和意识形态战线开始全面参与角逐，争夺一个"霸权位置"。③苏联走在美国前面，于 1957 年发射了第一颗人造地球卫星，对世界信息传播格局产生重要影响。随后美国也将战场转向太空，发射了第一颗通信卫星，第一次将美国和欧洲连接起来，并且成立专门的卫星通信公司 Comsat。1968 年，美国国防部高级研究计划局开始组建互联网前身——阿帕网。美苏两国在冷战秩序下的信息霸权秩序建构行为，对第三世界国家的信息主权造成强烈冲击。

（二）美苏冷战前期的公民信息传播权利导向

第二次世界大战之后美苏的信息传播霸权争夺，其实质是在新的语境下借助信息自由流动对公民信息传播权利逐步架空。发展中国家希冀在联合国秩序下，通过联合国平台，寻求打破信息传播困境的突破点，因此"公民信息传播权"成为多国摆脱美苏冷战体系的重要理论工具。

1946 年的联合国大会提出，信息自由流动是"联合国所坚守的多样化自由形态的试金石"。随后联合国在 1948 年发布的《世界人权宣言》指出，"每个人都有意见自由与表达自由的权利，这种权利包括自由掌握意见而不受外界干扰，以及通过任何媒介形式寻求、接收、传递信息和思想"。

---

① 刘建飞：《国际新秩序与联合国改革》，《现代国际关系》2005 年第 12 期，第 17 - 22 页。

② INKELES A. The Soviet characterization of the voice of America. Journal of international affairs editorial board, 1951, 5（2）: 44 - 55.

③ ［法］阿芒·马特拉著，陈卫星译：《世界传播与文化霸权：思想与战略的历史》，北京：中央编译出版社，2001 年，第 85 页。

虽然《世界人权宣言》对于公民信息传播的权利予以国际层面的肯定，但是由于东西方国家对公民权利的诉求点存在巨大差异，第三世界国家的公民信息传播权利也常常受到西方国家的压制。"西方国家坚持17、18世纪以来的传统观念，只承认公民权利和政治权利，认为经济、社会和文化权利因涉及国家资源分配问题，不具有可裁判性，无法通过司法途径加以救济。而社会主义国家则强调公民政治权利与经济社会和文化权利是相互依存的，并且具有相同价值。"①

为了平衡不同国家的利益诉求，到20世纪60年代，联合国相继发布《公民权利和政治权利国际公约》和《经济、社会和文化权利国际公约》，作为对《世界人权宣言》的补充。在1966年的《公民权利和政治权利国际公约》中，联合国将公民信息传播权利进一步细化："人人有自由发表意见的权利，此项权利包括寻求、接受和传递各种消息和思想的自由，而不论国界，也不论口头的、书写的、印刷的、采取艺术，或通过他所选择的任何其他媒介。"

（三）美苏冷战前期的公民信息传播权利困境

"二战"后，公民信息传播权利作为目标对象，在国际法律中获得了一些法律地位。联合国在信息传播新秩序构建的讨论过程中，将信息自由流通放在公民权利的体系中予以考量，认为信息自由流通应当在个人之间而非国家之间实现，《世界人权宣言》为所有人和所有国家设置了共通的准则。从长远来看，从信息传播权利视角审视世界信息传播新秩序极为重要，各国需要制定基础性的政策来保护信息自由传播，维持并且强化信息的自由获取与使用。

但是，在美苏争霸下，公民信息传播权利的政治化倾向迫使这一概念逐渐脱离真实语境。在20世纪50—60年代的世界信息传播新秩序讨论中，东西方阵营的利益争夺深刻影响这一阶段，"政治话语超越其他的建构性话语，导致世界信息传播新秩序的工作逐渐减缓"②。虽然这一阶段一些国家在公民信息传播权利方面作出了积极的努力，但这只是对一个国家领域内社会与个人关系的修正，无法解决美苏争霸下世界信息传播不公正的秩序结构。

在这一阶段，虽然世界多国对于公民信息传播权利形成广泛的共识，但是

---

① 毛俊响：《国际人权话语权的生成路径、实质与中国的应对》，《法商研究》2017年第34卷第1期，第153−163页。

② HUMPHREY J P. The international law of human rights in the middle twentieth century. The present state of international law and other essays，1973.

《世界人权宣言》并未形成恰当的国际法律，而且《公民权利和政治权利国际公约》在对信息权利的补充中又明确指出"信息权利有其特殊的责任和义务"。因此在特定的法律环境中，这一信息权利的行使可能会受阻。这一阶段的论争虽未对世界存在的信息流动不平衡问题提出异议，但已经为世界信息传播新秩序的争论做了思想启蒙先导的作用。建构世界传播新秩序的话语体系真正开始于 20 世纪 70 年代。

二、世界信息传播新秩序建构的 UNESCO 时期

世界信息传播新秩序建构的第二阶段处于美苏冷战的后期，即 20 世纪 70—80 年代，主要基于联合国教科文组织（UNESCO）平台，从不结盟运动，到麦克布莱德委员会以及 20 世纪 80 年代末期的麦克布莱德圆桌会议，反映了第三世界国家集体的、广泛的利益诉求。

（一）UNESCO 时期的国际化传播时代

第三世界国家将大众媒介视为跨国公司寻求廉价劳动力的途径。因此，第三世界国家另辟发展路径，力图摆脱第一世界与第二世界的控制。第三世界国家的需求总结为四个词语："民主化"（Democratization）、"去殖民化"（Decolonization）、"去垄断化"（Demonopolization）和"发展"（Development）①。第三世界国家期冀在政治、经济以及文化等方面谋求自主权，实现完整的主权掌控，从而能够作为独立的成员参与国际组织。解决信息与传播问题成为第三世界国家建构主权与自治的重要途径。

去殖民化运动使第三世界的国家打破桎梏，开始拥有独立的权力与国家社会话语权，基于国家主权平等的外交原则日益成为国际关系的主流。世界各国也越来越关注信息传播领域的主权捍卫，因此这一阶段更多属于国际传播时期。世界信息传播新秩序的论争，发轫于不结盟国家的两次宣言。1973 年第四次不结盟国家首脑会议通过《阿尔及尔宣言》，强调"当下的传播渠道不仅是罪恶的殖民地时代的遗产，而且阻碍着各国之间自由、直接而迅速地传播与沟通；

---

① PADOVANI C. Debating communication imbalances from the MacBride Report to the World Summit on the Information Society: an analysis of a changing discourse. Global media and communication, 2005, 1 (3): 316 – 338.

发展中国家必须采取共同行动，来改变现存的传播渠道"。1976 年不结盟国家又发布《关于信息非殖民化的新德里宣言》，指出世界信息流通严重不合理、不平衡，信息传播手段集中在极少数发达国家，绝大部分国家被动；这种状况导致极少数国家对"传播什么"和"怎样传播"的新型决断权的绝对控制；世界信息发布掌握在发达国家的极少数大通讯社手中，绝大多数发展中国家对其依附，甚至被迫忍受形象歪曲；政治、经济的依附关系及阻碍政治、经济的现行信息依附关系都是殖民制度的产物；"信息自由"只是少数发达国家根据自己的意志选择和传播信息的自由，大多数发展中国家的相关权利被剥削。

在这一阶段，世界各国学者阐述世界信息传播秩序的理论框架主要是依附理论。它基于对帝国主义的批判性研究基础之上，是对第三世界国家在全球框架与国际关系条件下的发展认知。[1]它认为媒介系统是殖民化的后遗症之一，目的是加强西方国家对第三世界国家的控制。

（二）UNESCO 时期的主权国家主导参与导向

1980 年，联合国教科文组织麦克布莱德委员会发布了《多种声音 一个世界》（又称《麦克布莱德报告》），将世界信息传播秩序的论争推向顶点，成为世界传播秩序建构进程的重要里程碑。通过词频统计软件（Word Counter）分析《多种声音 一个世界》，在去除无效词汇后，能够发现宏观议题（国家、社会、文化等）在报告中占据较高比重，在国家层面的议题成为各国关注的焦点（见表 1）。

之所以产生这样的导向，在于这一阶段中，世界各国作为主要行为体积极参与议题讨论。"在 21 世纪之前的两个世纪里，主权国家在全球议题建构中代表了关键节点，国际政策的制定主要基于国家之间的外交手段。"[2]

这一国家行为体的参与方式，折射在秩序构建过程中，构成了"国际化"的独特语境。在《多种声音 一个世界》中，更多地使用"International"指代国家间的秩序建构方式。因此，这一阶段用"国际信息传播秩序"更为恰当，

---

① AYISH M. From "Many Voices One World" to "Many Worlds One Voice". Javnost – The Public, 2005, 12（3）：13 – 30.

② HINTZ A. Deconstructing multistakeholderism: the discourses and realities of global governance at the World Summit on the Information Society (WSIS). http://www.eisa – net.org/be – bruga/eisa/files/events/turin/Hintz – SGIR_AHintz_Deconstructing.pdf.

时间上基本与国际关系中的冷战局势相对应，基于东西方对抗和南北方发展不平衡的基本假设研究国际传播相关问题。这一阶段的技术基础以收音机广播为主、卫星电视为辅，以"民族—国家"作为主要推动力。

表1　《多种声音　一个世界》的词频统计

单词	频率	单词	频率
Communication（传播）	1 344	Cultural（文化）	247
Countries（国家）	935	Television（电视）	230
Information（信息）	678	Political（政治的）	227
Media（媒体）	630	Data（数据）	185
Public（公众）	400	Press（出版机构）	178
International（国际的）	368	Freedom（自由）	176
Social（社会）	314	Economic（经济的）	175

在这一阶段的秩序建构讨论中，第三世界国家对于西方构建的传播模式的主要批判点集中于跨国媒体集团：①全球"南北"经济发展的不平衡；②西方国家控制了全球媒介设施，传播发达国家的信息；③西方国家对于新闻和娱乐节目的主导，传播西方的价值观念，被认为是"帝国主义"①。

同时，发展中国家面临着发展困境，本土化制作的节目枯燥无味，难以形成出口效应，集中化和政治化的广播管理系统形成了巨大的发展阻力。此外，发展中国家缺少熟练的员工进行全球领域的节目生产制作。因此《多种声音　一个世界》提出，"通过提高媒介技术和人才资源，培育社区媒介以及强化新闻机构与广播组织的现代化，来加强发展中国家的大众媒介实力"。

（三）UNESCO 时期的主权国家参与实践困境

虽然《多种声音　一个世界》的发表引起了广泛的谈论，吸引了第三世界国家的共同呼吁，但是随着冷战结束，世界格局逐渐改变，世界信息传播秩序

---

① AYISH M. From "Many Voices One World" to "Many Worlds One Voice". Javnost – The Public, 2005，12（3）：13 – 30.

重构在实践上也停滞不前。第三世界国家面临着来自西方世界的批判与阻挠。《纽约时报》将 UNESCO 视为检察官，认为《多种声音 一个世界》在引起新的战争。1981 年 5 月，美国 100 名印刷媒体与广播媒体组织的代表，与其他 20 个国家的代表齐聚阿尔卑斯，发表了《塔洛尔宣言》，宣布"寻求提高全球信息自由流动的途径，任何对于信息自由流通的侵犯，我们都坚决地抵制"；"教科文组织决议将会导致各国政府对新闻出版自由的控制，关于新世界传播秩序的'论争'本身对报道自由和言论自由的基本原则就是有害的"①。随着美国（1984 年）、英国（1985 年）相继退出教科文组织，新秩序建构进程陷入低潮。

除了外部的压力，第三世界国家内部的议题偏向也是造成第二阶段新秩序建构与实践失利的原因之一。在《多种声音 一个世界》中，新秩序构建的许多难题将会长期存在，并且呈现出多个维度。在漫长的讨论过程中，发展中国家没有意识到信息在国际分工中的核心地位，在取得一些初步成效后，对于信息传播的辩论仍旧局限于自身的根本利益。② 多数的第三世界国家采取的行动是培育本国新闻机构以及发展地区新闻网络，但这并未从根本上解决世界传播秩序中存在的信息流动不平衡问题。

同时，大致从 20 世纪 80 年代开始，在国际环境的影响之下，第三世界国家内部的政治冲突迅速高涨起来，执掌国家政权的政治精英或是主动或是被迫，纷纷启动民主转型的进程，于是第三世界国家的政治主题就从政权建设转换为民主转型。③ 金融危机、不断增长的外债、饥荒与社会动荡成为第三世界国家关注的焦点，重构全球信息传播新秩序的呼声渐渐被取代。

1992 年，塔布尔（Traber）和诺顿斯登（Nordenstreng）出版了《数种声音 多个世界——迈向媒介改革运动》，指出联合国教科文组织在全球传播秩序建构进程中逐步消失，"当下，基于联合国教科文组织的辩论转向学者与专业传播人员……当务之急是将麦克布莱德报告中所提出的议题重新带回公众视野，鼓励相关的个体与非政府组织进行长远的学习讨论"④。

---

① Talloires Declaration. http：//ulsf. org/talloires – declaration/.

② SALINAS R. Forget the NWICO... and start all over again. Information development, 1986，2（3）：154 – 157.

③ 汪仕凯：《第三世界的政治主题转换及其对世界政治的影响》，《世界经济与政治》2016 年第 12 期，第 4 – 37 页。

④ TRABER M & NORDENSTRENG K. Few voices, many worlds, towards a media reform movement. London：World Association for Christian Communication（WACC），1992：34.

三、世界信息传播新秩序建构的 WSIS 时期

20 世纪末至 21 世纪初，联合国信息社会世界峰会（WSIS）的建立和发展，一方面是由于发展中国家面临"一超多强"的世界格局，政治经济文化等领域的沟壑不断加深，信息不对等的格局日益固化；另一方面，也是由于伴随着互联网的兴起，美国在网络技术这一领域建构新的"霸权"，垄断核心技术，并且通过 ICANN 掌握互联网领域事务的话语权。

（一）WSIS 时期的全球化传播时代

20 世纪末，伴随着苏联的解体，冷战局面的终结，世界迈向"一超多强"的格局。传统的秩序观将军事、政治、外交作为核心议题，但是伴随着互联网的诞生，恐怖主义、能源安全、生态体系、网络安全等非传统安全议题逐渐成为新的聚焦点，这些议题所具备的显著特征是全球性与跨国性的，对人类整体发展态势与走向产生重要影响，需要世界各国共同发力，制定一套符合多方利益的规则与标准。

同时，全球化作为世纪交替核心的全球发展理念，对国际结构进行了重构。全球化带来政治、社会、经济以及文化的独特交往体系，是对过往世界发展方向的颠覆，它使国际媒体环境复杂多样，改变了全球传播语境，超脱以往的"帝国主义"框架体系①，它所具备的一个鲜明特征是从国际传播转向全球传播。因此，这一阶段用"全球信息传播秩序"更为恰当。

伴随着全球化的深入，世界各国在经济、文化领域的合作不断深化。同时，世界各国也在面临着日新月异的网络技术发展态势，基于网络技术的全球信息传播模式造成了数字鸿沟，将世界信息传播秩序建构这一议题重新纳入人们的视域之内。另外，20 世纪 70 年代和 80 年代的争论，为 WSIS 提供了概念话语来源，并且为它提供了议题讨论的历史框架。

（二）WSIS 时期的多元主体协同治理导向

21 世纪初，信息社会呈现出多元议程、多维度实践以及跨国网络框架的特

---

① AYISH M. From "Many Voices One World" to "Many Worlds One Voice". Javnost – The Public，2005，12（3）：13 – 30.

征。在这一阶段，秩序重构的争论也已经超脱国家层面的框架。2003 年信息社会世界峰会政治行动计划指出，"我们世界各国代表齐聚，宣布我们共同的愿望和责任是构建一个人本导向、包容、以发展为核心的信息社会"。全球传播新时期所具备的一个显著特征是作为前国际行动的主导者，国家行为体的力量正在被削弱，取而代之的是新兴行为体，能够被称为"少数群体的组合"①。

斯克尔特（Scholte）认为，21 世纪初以来，传统的社会组织受制于距离和时间的局面被打破，以国家间对话为核心的"地域主义"宣告结束。专家、学者以及非政府组织作为多元化的力量，加入这一讨论进程。这时各组织已经清楚地意识到公民组织参与的重要性。刚开始对于全球信息传播重构的讨论，已经转向由草根组织、女性团体、社会生态网络组织、社会运动者以及负责任的学者所组成的联盟。②

WSIS 首次会议分为两个阶段举办：2003 年和 2005 年。2005 年是 WSIS 成果形成的关键时期，发展中国家在理论和行动层面均有所收获。2015 年是 WSIS 十周年，进行成果回顾对于 WSIS 发展有深远影响。以其发布的两份成果文件（*WSIS Forum 2005 Outcome Document*、*WSIS Forum 2015 Outcome Document*）为分析样本，通过词频分析软件进行统计，在去除无效词汇后，所得结果如表 2 所示。

从统计数据可以看出，"利益相关者""合作""组织"等关键词大量出现在报告中。这表明多元主体协同参与成为推进世界信息传播新秩序的主要新趋势。而这一新趋势的内在驱动因素则是以互联网为代表的信息通信技术的日益普及。词频统计数据中的高频词"信息通信技术""互联网"也鲜明地验证了这一技术因素。可见，信息通信技术和互联网技术，既是多元主体协同推进世界信息传播新秩序的内在原因，也是推动实现联合国千年发展目标、促进当今世界可持续发展的重要条件。

① MOWLANA H. Global communication in transition: the end of diversity? Communication & human values, 1996, 21 (1): 80 – 81.

② PADOVANI C. Debating communication imbalances from the MacBride Report to the World Summit on the Information Society: an analysis of a changing discourse. Global media and communication, 2005, 1 (3): 316 – 338.

表2　2005年和2015年WSIS成果报告的词频统计

2005年		2015年	
单词	频率	单词	频率
Information（信息）	390	ICT（信息通信技术）	886
Society（社会）	280	Development（发展）	776
ICT（信息通信技术）	269	Information（信息）	666
Development（发展）	243	Sustainable（可持续）	431
Countries（国家）	141	Countries（国家）	279
National（国家的）	126	Action（行动）	274
Internet（互联网）	112	Services（服务）	271
Access（接近权）	102	Knowledge（知识）	199
Stakeholders（利益相关者）	86	Digital（电子的）	195
Regional（地区的）	81	Data（数据）	195
Cooperation（合作）	77	Innovation（创新）	194
Public（公众）	68	Technology（技术）	172
Digital（电子的）	59	Local（本土的）	168
Organizations（组织）	54	Implementation（实施）	162

（三）WSIS时期的多元主体协同治理困境

WSIS的召开，推进了诸多议题的讨论与实施，但是也存在着缺陷。Hans Klein认为，信息社会世界峰会产生了三层效应：有效政策行动、无效政策行动以及模糊成果。在有效政策行动层面，WSIS成立了互联网治理工作小组以及金融机制特别工作小组，而在无效政策行动层面，WSIS在全球信息安全层面，尤其是网络空间安全方面，始终没有长足进步。① 特别是当今美国单边主义、反全球化思潮抬头，如美国 2017 年 10 月宣布退出联合国教科文组织，2018 年 6 月又宣布退出联合国人权理事会，WSIS 议程推进显得更加举步维艰。此外，WSIS 在议题层面还存在诸多模糊的范畴，例如传播权利与自由、软件开放源代码等。

亦有学者对于 WSIS 所主张的多元行动主体参与的理念产生怀疑。WSIS 的文件只是各国相互妥协的产物，在起草文件时，虽然也有公民社会力量的参与，但最主要还是政府以及政府间的官员发挥主导作用。② 虽然 WSIS 对于社会、女性、教育等议题予以高度关注，但政治力量是否愿意解决这些议题仍旧存疑，而且 WSIS 并未明确指出在开放式对话和行动实施中，究竟由谁担任核心角色。

此外，缺少传播政治经济学维度的语境也是 WSIS 存在的不足之一，即过于关注技术带来的影响，导致 WSIS 缺乏严肃的、批判性的传播政治经济学分析框架。"WSIS 的对话体系发生在缺少政治经济意识的社会空间，它聚焦于信息和传播技术及其运用。然而，世界政治、经济、军事力量对于信息发展和社会管理具有重要的制约作用。"③

四、推动世界信息传播新秩序的中国路径

美国单边主义、保守主义政策倾向的加剧与中国国际地位的提升，推动新的全球传播秩序成为世界多国的共同利益诉求。戴亚·屠苏（Daya Kishan Thussu）指出，考虑到金砖国家发生的巨大变化，一个新的全球传播秩序可能正在形成，有助于多元化的观念扩散，从而促进全球传播的民主化。以金砖国家为代表的新兴国家行为体可能会迎来全球传播秩序 2.0 时代。④ 对于目前全球传播秩序框架而言，网络空间传播秩序的建构成为世界信息传播秩序的主导路

---

① KLEIN H. Understanding WSIS：an institutional analysis of the UN World Summit on the Information Society. The massachusetts institute of technology information technologies and international development，2004，1（3 - 4）：3 - 13.

② MANSELL R. Great media and communication debates：WSIS and the MacBride Report. The massachusetts institute of technology information technologies and international development，2006，3（4）：15 - 36.

③ HAMELINK C J. Did WSIS achieve anything at all? International journal of communication，2004，66（3 - 4）：281 - 290.

④ THUSSU D K. Mapping BRICS media. Abingdon：Routledge，2015：15.

径和关键落脚点，全球互联网治理成为新时代的重要命题。中国要在推动全球互联网治理中发挥积极作用。

（一）继续推动联合国框架内的网络治理

联合国的主导作用不仅体现在共识构建层面，同时也在操作层面深刻影响着其他多边机构的工作方向。[①] 联合国副秘书长彼德·朗斯基（Peter Launsky）指出，"网络安全问题是需要大家集体解决的挑战之一，而联合国是一个应对全球挑战的平台，因此作为全球性挑战的网络问题需要由联合国来解决"[②]。

自追求全球信息传播新秩序以来，主要行为体的议题建构大多以联合国为平台。从《世界人权宣言》到《多种声音　一个世界》，再到21世纪初的信息社会世界峰会，联合国在全球信息传播秩序的建构过程中一直表现出积极的态度，并且规划一定的行动脉络。联合国自2006年成立"互联网治理论坛"以来，在解决数字安全问题以及消除数字鸿沟方面发挥着重要作用。

2010年，《中国互联网状况》白皮书就已提出建立一个联合国框架下的互联网国际管理机构。2018年4月21日，习近平总书记在全国网络安全和信息化工作会议上强调，"国际网络空间治理应该坚持多边参与、多方参与，发挥政府、国际组织、互联网企业、技术社群、民间机构、公民个人等各种主体作用。既要推动联合国框架内的网络治理，也要更好发挥各类非国家行为体的积极作用"。[③] 在联合国平台下，各国应当遵循共建共治共享的原则。这既是实现各国网络利益的合理诉求，亦是建构全球信息传播新秩序的重要路径。

（二）携手构建全球网络空间命运共同体

2016年，习近平总书记在第三届世界互联网大会开幕式上提出"深化网络空间国际合作，携手构建网络空间命运共同体"[④] 的主张。我国主张在网络主

---

① 孙伊然：《全球发展治理：中国与联合国合作的新态势》，《现代国际关系》2017年第9期，第36-43、50页。

② 《联合国副秘书长：网络安全是全球挑战　要由联合国来解决》，http://www.chinadaily.com.cn/hqzx/2013-06/27/content_16675235.htm.

③ 《习近平出席全国网络安全和信息化工作会议并发表重要讲话》，中国政府网，http://www.gov.cn/xinwen/2018-04/21/content_5284783.htm，2018年4月21日。

④ 《构建网络空间命运共同体　造福全人类》，中国网信办网站，http://cac.gov.cn/2019-10/24/c_1573448794201280.htm，2019年10月24日。

权的原则下，将网络主权作为网络命运共同体建设的前提和保证。各国无论互联网发展快慢、技术强弱，其参与权、发展权、治理权都应当是平等的，都应当得到有效保障，共同推动网络空间命运共同体的建设。

网络空间命运共同体反映了中华传统优秀文化的精神内涵——包容、大同、和谐，是我国构建网络传播秩序的精神内核与根本原则。"和合"思想在承认事物差异性的同时，主张把具有差异性的事物有机地结合为一体。[1] 全球网络传播秩序表现为一种多行为体共存的和谐状态，主体间关系是朋友关系，而行为体之间的互动形式主要表现为互助与礼遇。[2]

在推动全球网络传播新秩序中，中国应当以"一带一路"建设为契机，加强同沿线国家特别是发展中国家在网络基础设施建设、数字经济、网络安全等方面的合作，铺就信息畅通之路，缩小国家、地区以及人群之间的信息鸿沟，建设21世纪数字丝绸之路，让世界人民共享互联网发展成果。在推动南南合作时，中国也要加强南北对话，与西方主要大国建立多边双边合作的紧密关系。

（三）推动建立多边、民主、透明的全球互联网治理体系

詹姆斯·罗西瑙（James Rosenau）提出，治理与秩序无疑是明显的互动对象。作为设计用来调整维持世界事务的制度安排的活动，治理显然塑造了现存全球秩序的特质。[3] 在信息传播领域，全球语境下的互联网治理成为构建全球信息传播秩序的关键单元，影响各国的网络空间发展。

自信息社会世界峰会伊始，互联网治理一直成为世界多国面临的共同议题。2005年，WSIS颁布的《突尼斯议程》最重要的贡献是设置了全球互联网治理的议程——于2006年召开全球互联网治理论坛。该文件明确指出，"互联网已发展成为面向公众的全球性基础设施，其治理应成为信息社会日程的核心议题"。

在新型全球信息传播语境下，中国要继续推动建立多边、民主、透明的全球互联网治理体系。网络空间的发展与安全与世界各国息息相关，在互联网治理进程中需要遵循多元主体协同参与的理念，各国、各行业组织以及个人都有责任与义务加入这一治理框架。同时，在互联网治理环节中，要谨慎规避话语权的过度集中，反对一家独大局面产生，各行为体应平等对话，共同协商。另

---

① 胡莹、刘颖：《和谐世界：中国气派的国际秩序新理念》，《社会主义研究》2007年第5期，第137—139页。

② 高奇琦：《全球共治：中西方世界秩序观的差异及其调和》，《世界经济与政治》2015年第4期，第67—87页。

③ ［美］詹姆斯·N. 罗西瑙主编，张胜军、刘小林等译：《没有政府的治理》，南昌：江西人民出版社，2001年，第8页。

外，在互联网治理议题的讨论过程中，应当遵循公开透明的原则，避免个别国家暗箱操作，在治理体系中凭借技术与制度优势谋取私利和霸权。

[本文原载于《内蒙古社会科学》（汉文版）2019 年第 1 期，《新华文摘》2019 年第 6 期将该文作为封面文章全文转载]

全球互联网治理：模式变迁、关键挑战与中国进路

进入 21 世纪以来，互联网日益嵌入社会各系统的运作机制中，现实社会与网络社会的界限也日渐模糊。同时，互联网的全球化和开放性，使原来的现实问题和网络空间本身产生的安全问题变得日益复杂棘手。这些问题并非单一的国家和组织可以解决，需要世界各国的通力合作，但全球互联网发展不平衡、规则不健全、秩序不合理等问题日益凸显，现有的互联网治理规则难以反映大多数国家的意愿和利益。因此，全球互联网治理已经成了世界各国政府面临的新问题和新挑战。

尽管"全球互联网治理"这一术语在各种场合下被高频使用，但事实上学者们对此并没有达成共识，也没有得出普遍被接受的术语定义。总体来看，对这一概念的理解主要包括微观和宏观两种视角。从微观看，全球互联网治理仅仅立足于技术层面，"被划定为对 IP 地址和域名的管理"，[1] 主要集中在互联网关键基础设施资源的分配协调，而这些关键基础设施资源通常掌握在美国主导下的 ICANN（互联网名称与数字地址分配机构）。从宏观看，互联网治理不仅停留在互联网的技术层面，还影响了言论自由、发展、安全、隐私等其他领域。因此，全球互联网治理的定义从技术层面扩展到了政治或社会影响的层面。按照联合国互联网治理工作组（Working Group on Internet Governance）的定义，互联网治理是政府、私营部门和公民社会根据各自的作用，制定和实施旨在规范互联网发展和使用的共同原则、准则、规则、决策程序和方案。[2] 互联网治理

---

① LEIB V. ICANN – EU can't: Internet governance and Europe's role in the formation of the Internet Corporation for Assigned Names and Numbers（ICANN）. Telematics and informatics，2002，19（2）：159 – 171.

② 章晓英、苗伟山：《互联网治理：概念、演变及建构》，《新闻与传播研究》2015 年第 22 卷第 9 期。

概念的界定从早期的狭义理解到现在的广义理解，概念争议与变迁的背后隐含着深刻的政治利益博弈，即美国单边主义与国际双边多边主义的较量。互联网治理概念从外延上涉及四个中心议题：①互联网治理机构，如互联网名称与数字地址分配机构（ICANN）、信息社会世界峰会（WSIS）、联合国互联网治理论坛（IGF）、互联网工程任务组（IETF）；②电信政策（涉及电信和互联网规制、广播和有线电视竞争政策规制、无线电频分配政策、网络中立、移动互联网、知识产权、电信服务贸易等）；③信息安全经济学（涉及网络系统和信息内容安全、网络犯罪、关键基础设施威胁、僵尸网络、DDoS 攻击、网络战争）；④网络法规（涉及网络空间的司法权、网络空间规制和自我规制、在线隐私、在线监控、网上版权专利商标、互联网审查等）。①

一、全球互联网治理的模式变迁

互联网治理的复杂问题可以从互联网治理的理想模式之争中得到理解。怎么治理互联网，很多实体基于不同的利益取向从不同的路径进行了思考。随着互联网技术本身的发展，全球互联网治理模式经历了自由主义模式、技术主义模式、社群主义模式、威权主义模式和多利益相关者模式的变迁脉络。

（一）自由主义模式

自由主义作为一种西方经典的理论模式，强调的是自由发展和自由表现。它不提倡甚至反对国家政府不必要的干预，并且强调市场自由的重要性，依靠市场力量进行自我修正。20 世纪 90 年代以来，随着全球化的推进，一些学者认为，政治权威正在从政府向社会扩散，治理体系也正在从政府主导的体系转向多层次乃至没有政府的治理。

互联网治理的自由主义模式强调，互联网是一个自治的领域，互联网拥有自己的主权和自由，不应、不需或不能被监管，国家应尊重网络空间自由独立的规则，即自发有序的互联网治理模式。在自由主义理论的假设下，广泛接受的网络空间标准和规范的颁布导致了某种共识的幻觉：互联网就像是"世界领

---

① VAN EETEN M & MUELLE M. Where is the governance in Internet governance. New media & society, 2013, 15（5）：720 – 736.

土"的权力，因此国家要尊重一个新兴的网络空间的主权。美国关于网络空间的"全球公域说"就是建立在自由主义理念之上的，认为网络空间是全人类共享的空间，没有主权，私营部门和全球公民社会应当在网络空间治理中发挥主导作用。这样，"自由主义思维主导了人们对网络政治效应的早期认识"①。

早期的互联网治理理论家认为，互联网不亚于一个新的社会空间的承诺，任何人在任何地方都可以表达，新媒体、知识和经济自由的铺垫可能会撤销所有地球上的专制权力；新技术创造了新的个人和新的技术环境，互联网是一个真正的数字伊甸园，因此网络空间不需要存在政治，也不受国家代理。学者布里恩·罗德尔（Brian D. Loader）将持以上观点的人称为网络自由主义者。②自由主义模式的高峰点是 1996 年发表的两篇重要文章。一是电子前沿基金会（Electronic Frontier Foundation，EFF）创始人约翰·佩里·巴洛（John Perry Barlow）的《网络独立宣言》，认为"工业世界的政府们，你们这些令人生厌的铁血巨人们，我来自网络世界——一个崭新的心灵家园。作为未来的代言人，我代表未来，要求过去的你们别管我们。在我们这里，你们并不受欢迎。在我们聚集的地方，你们没有主权"③。二是戴维德·约翰逊（David Johnson）和戴维德·波斯特（David Post）发表的《法律与边界：网络空间的法律崛起》，首次从法律角度解释了经典的网络自由主义的论点：建立于传统的国家主权的规制，正如基于物理边界概念，在网络空间中是不能有效起作用的。④后来的学者改变了这种极端自由主义的理念，强调"自由文化是无政府状态和集权控制二者之间的平衡"⑤。著名网络法学者蒂莫西·吴（Timothy S. Wu）提出了自由主义下的国际互联网治理模式，认为网络保持高度的独立性是出于惯性，世界各

---

① 王明进：《全球网络空间治理的未来：主权、竞争与共识》，《人民论坛·学术前沿》2016 年第 4 期。

② HART R J. The governance of cyberspace：politics，technology and global restructuring. The information society，2001，17（2）：143 – 144.

③ BARLOW J P. A declaration of independence of cyberspace. http://virus. meetopia. net/pdf – ps_db/A_Declaration_of_the_Independence_of_Cyberspace. pdf.

④ JOHNSON D R & POST D. Law and borders：the rise of law in cyberspace. Stanford law review，1996，48（5）：1367 – 1402.

⑤ ［美］劳伦斯·莱斯格著，王师译：《免费文化》，北京：中信出版社，2009 年，序言，第Ⅻ页。

国政府在介入互联网管理时，网络空间自有的主权应得到尊重和自由合理宽度。① 另一著名网络法学者劳伦斯·莱斯格（Lawrence Lessig）认为，"网络空间生而自由，政府可以威慑，但网络行为却无法控制；法律可以通过，但其对于网络空间却没有实际意义"，"网络空间是一个完全不同的社会，是一个完全自我组织的实体，没有统治者，没有政治干预"②；网络空间作为非竞争性的创新的公共资源，"不应当将其置于政府或私人（市场）控制之下"③。

早期全球互联网治理的自由主义模式，在互联网兴起伊始因为想要摆脱传统的一切束缚，受到众多网络自由主义者的拥护。但这种极端自由主义的论调无疑受到了越来越多的学者的抨击。无论任何空间和介质，都不存在着绝对的自由，最初所倡导和呼吁的网络自由逐渐走向了网络主体滥用自由的局面，从而导致了网络失序。因此，在自由主义模式下，完全开放的网络空间是不现实的。但不可否认该模式仍然有历史的进步性。它带给我们的启示是，在全球互联网治理的过程中，国家政府和组织团体在监管的过程中不能监管过度，要保持适度的自由，才能使互联网的发展更有创新活力。

（二）技术主义模式

很多学者看到了技术能够作为一种统治、控制和治理的特殊工具存在。"技术合理性"构成了精英们控制社会的基础。这种控制不仅仅是一种由中性的体系和机器来实现的外在目的，而且内在于这种体系和机器的机构中。福柯（Foucault）认为，"毋庸置疑的是，长期以来，细小的规训技术，规训所发明的表面上微不足道的技巧乃至那些使规训披上体面外衣的'科学'都受到了重视。因此，人们十分担心如果抛弃了它们，会找不到其他替代物"④。马尔库塞认为，技术的内涵具有多层次性，它既作为一种生产方式，作为"一个表征着机械时代特征的仪器、设备和制造物的整体"，同时"也是一种组织、维持或

---

① WU T S. Cyberspace sovereignty: the Internet and the International system. Harvard journal of law & technology, 1997, 10（3）: 647－666.

② ［美］劳伦斯·莱斯格著，李旭、沈伟伟译：《代码 2.0：网络空间中的法律》，北京：清华大学出版社，2009 年，第 3 页。

③ ［美］劳伦斯·莱斯格著，李旭译：《思想的未来》，北京：中信出版社，2004 年，第 23 页。

④ ［法］米歇尔·福柯著，刘北成、杨远婴译：《规训与惩罚：监狱的诞生》（第 3 版），北京：生活·读书·新知三联书店，2007 年，第 250 页。

改变社会关系的模式，是占优势地位的思维和行为形式的表现形式，是控制和统治的一种器具"①。法兰克福学派技术批判理论强调的便是技术作为控制的统治工具，通过机器、软件等载体，以技术来实现对社会的控制，可以起到法律所无法达到的效果。

互联网治理的技术主义模式强调，在"代码"和"架构"概念的基础上，许多管理决策是由通信协议和其他软件确定的互联网治理模式。计算机技术的发展在一定程度上也是互联网治理层次的一种突破。通过新的技术手段和计算机语言来实现技术层面的网络治理，即代码模式。早期的互联网治理体现了技术治理的显著特征，是技术决定论在互联网领域的反映。通过技术代码本身的变革和进步，来达到对网络环境管理调控的效果。

技术主义模式的关键贡献者应推崇到约尔·内登伯格（Joel Reidenberg）。他提出"法信息学"（Lex Informatica）的概念，指通过技术性能和系统设计选择强加给网络用户的"法律"。他认为，互联网不是由于其设计或结构而在本质上难以规制，实际上正是受到了其结构的规制。因此，根据法信息学对设计选择的依赖，与规制体制相关的公共监管只有通过这种做法才能维持：治理行为的焦点要从网络空间的直接规制转向影响互联网结构的变化。② 法信息学理念深刻影响了劳伦斯·莱斯格的观点。莱斯格成为该技术主义学派的焦点人物。他基于本雅明（Bentham）和福柯的全景监狱概念，强调"代码即法律"，即"代码"的规制机制——那些造就网络空间的软件和硬件如何来规制该空间，认为代码就像现实空间的架构也是一种治理，"代码嵌入了价值理念，实现或阻止了某种控制。代码不属于政府的控制——可是它的控制及于空间的统治者"③。劳拉·德拉迪斯（Laura DeNardis）也认为，互联网协议和架构标准化成为一种治理形式，民主的公共领域已经变得依赖于这种能提供互操作性和安全性的通信技术规范，对政治经济生活的繁荣具有重要意义。④ 在技术主义模式

---

① 朱春艳：《〈现代技术的一些社会意义〉：马尔库塞社会批判理论的转折点》，《科学技术哲学研究》2016 年第 33 卷第 4 期。

② REIDENBERG J. Lex Informatica：the formulation of information policy rules through technology. Texas law review，1998，76（3）：553 – 593.

③ ［美］劳伦斯·莱斯格著，李旭、沈伟伟译：《代码 2.0：网络空间中的法律》，北京：清华大学出版社，2009 年，第 129 页。

④ ［美］劳拉·德拉迪斯著，覃庆玲、陈慧慧等译：《互联网治理全球博弈》，北京：中国人民大学出版社，2017 年，第 86、92 页。

影响下，诞生了大量非政府的技术组织机构，如 ICANN、IEIF、互联网协会（ISOC）、万维网联盟（W3C）、互联网架构委员会（IAB），它们都是非营利性的行业性国际组织。

互联网发展至今，技术主义模式已经成为相对被动的治理模式。随着互联网技术的发展，涉及范围和用户对象不断扩大，特别是互联网开始突破科学研究的范畴运用于商业领域，在此背景下，传统的技术治理模式无法适应新的要求。互联网治理不仅基于技术问题，还广泛涉及政治、经济、文化等议题。因此，技术主义模式也逐渐地被其他主动管理的模式所消解。但米尔顿·穆勒（Milton Mueller）等人认为，一个未来的互联网政权不能干扰互联网的基本技术原则（标准共享空间、分散的网络、内容和服务的责任、终端到终端的架构）；技术主义模式并没有被完全打破，事实上，它在促进创新和经济竞争、有效地利用现有的基础设施方面，仍然具有重要作用。①

（三）社群主义模式

社群主义是以新集体主义为哲学基础的 20 世纪 80 年代后产生的当代最有影响的西方政治思潮之一。它反对新自由主义把自我和个人当作理解和分析社会政治现象和政治制度的基本变量，而认为个人、自我最终是由他或她所在的社群决定的。社群主义认为，和谐在某种程度上产生于对社群政策（法规）的认同，且该认同乃出自合理的需求，而不是被任意强加的。社群的成员接受达成共同目标的责任。与主张"公地悲剧"、囚徒困境博弈、集体行动困境的学者们建议由"国家"（"利维坦"）对绝大多数公共资源实行控制的理念不同，埃莉诺·奥斯特罗姆（Elinor Ostrom）认为，公共池塘资源占用者有可能通过自主组织来有效治理他们的公共池塘资源，它们在操作规则上采取一系列渐进变革来提高共同福利的可能性。② 因此，在公共空间或公共资源中，建立在业界的整体经验和认知基础上的"自我规制"，"作为集体选择较之纯粹的私人行动更具理性和可操作性，作为行业自律又比刚性的政府管制更易获得广泛的社会

---

① MUELLER M, MATHIASON J & MCKNIGHT L W. Making sense of "Internet Governance"：defining principles and norms in a policy context. Internet governance：principles and norms, 2004 (2)：1 - 22.

② ［美］埃莉诺·奥斯特罗姆著，余逊达、陈旭东译：《公共事物的治理之道：集体行动制度的演进》，上海：上海译文出版社，2012 年，第 124 页。

认同"①。

互联网治理的社群主义模式，强调不依靠政府干预或政府监管较少，而依靠互联网上的组织或个人根据现有法律或规则进行管理，从而实现网络自治。社群主义模式是一种自下而上的治理模式，即自律模式。网络空间大多数的管理都属于自我管理。它可以采取多种形式，从社会控制到正式合同，这些方法较为灵活，能快速适应变化中的经济、技术和社会环境。互联网社群自治的核心理念在于：通过私人自治、市场主导能够演化出互联网信息服务应遵循的游戏规则，并有助于国家政治立法的形成，提高政府治理效率。

社群主义模式建立在共同体意识基础上，各大平台提供商以及附属于其中的网络社区都注重自我组织和自我治理。治理活动的平台化是互联网治理区别于传统治理的一个重要特点，例如电商、微博、微信、贴吧等平台，都建立了一套自我治理机制，同时也有其他利益相关方参与其中，对网络平台的内容、产品进行把关，如阿里巴巴建立"平台治理部"、腾讯微信推出"谣言过滤器"、界面 App 颁发"最快抄袭奖"。此外，网络聚合的准入机制使得虚拟社区的网络治理结构更加平民化。"网络社群的动员和组织活动可以深入基层，直达草根阶层的普通民众，进一步加强了网络治理的整合力度。而借助网络聚合所能实现的整合深度，是以往其他治理活动均达不到的效果。"②

但是，也有很多人对社群主义模式持怀疑甚至否定态度。米尔顿·穆勒等学者将 ICANN 的创立与美国政府提出的"网络自我管理"政策联系起来，认为 ICANN 核心问题是谁拥有极其重要的数据和资产，而私营部门本身在解决财产权问题方面的分歧极大。这种情况给了私人或公共部门去控制这一进程或赢得权力斗争的动力。因此，"'产业自律'和'自我治理'的说法只能掩盖历史转型带来的网络政策问题，它并非一个一贯性的政策"③，与"去中心化"为根本特征的互联网架构设计一致，社群主义模式虽然不再是完全的自由放任，但它仍然想要坚持"去国家化"的全球互联网治理模式，认为网络空间不接受政府管制不等于缺乏治理，由互联网技术专家和用户组成的共同体将对互联网进行

---

① 陈林、徐伟宣、褚家佳：《非营利组织与互联网自治》，《科学对社会的影响》2001 年第 2 期。

② 佟德志、刘小溪：《网络治理模式中的聚合与复合》，《探索与争鸣》2016 年第 9 期。

③ MUELLER M, MATHIASON J & MCKNIGHT L W. Making sense of "Internet Governance": defining principles and norms in a policy context. Internet governance: principles and norms, 2004（2）：1-22.

"没有政府的治理"提供秩序，而且这一秩序更为民主与合法。① 而对社群主义模式持怀疑态度的人，普遍认为政府选择性监管网络空间才是促进自由民主理想的保证，为以国家政府治理为主导的威权主义模式奠定了思想基础。

（四）威权主义模式

威权主义兴起于 19 世纪后半期，它指的是政府要求人民服从其权威的原则，而不是个人的思想和行动自由。在威权主义的国家中，国家权威渗透公民生活的各方面。权威主义在各个国家不同程度地存在，如涉及国家安全问题上。正如巴瑞·布赞（Barry Buzan）等人所言，由于安全关乎生死存亡，当特定事项被定义为一种国家安全事务时，它就在国内政治中获得了最高优先权，国家采取打破常规政治规则和程序的措施加以应对就变得合理合法了。②

互联网治理的威权主义模式即国家监管模式，强调的是建立在国家政府和法律的基础上，以国家政府为主导，通过立法和行政管理等手段对互联网实行严格管理的模式。一直以来，"互联网治理的概念大多数情况下被用于研究一些集中和正规化的机构，这忽视了国家作为参与者的存在和影响"③。随着网络安全威胁凸显并上升为一种攸关国家安全的持续性威胁，越来越多的人意识到国家在互联网治理中的重要性地位也在逐渐上升。乔尔·莱登伯格（Joel R. Reidenberg）指出，即使在信息社会时代国家边界的概念淡化了，但国家仍然保留着影响网络自身规则制定的关键能力。④ 随着越来越多国家将网络安全提升到国家安全的高度，各个国家正在加快网络安全立法和战略规划，紧密防范网络违法犯罪、网络战争或网络间谍的攻击，国家在互联网治理中的地位也因此大大提高。

威权主义模式坚持在涉及互联网全球治理这一议题时，国家政府是不可绕过的主体，自由放任和市场导向的网络空间规则应逐步让位于国家主导的管控。

---

① 刘建伟：《国家"归来"：自治失灵、安全化与互联网治理》，《世界经济与政治》2015 年第 7 期。

② ［英］巴瑞·布赞、［丹麦］奥利·维夫、［丹麦］迪·怀尔德主编，朱宁译：《新安全论》，杭州：浙江人民出版社，2003 年，第 29 页。

③ VAN EETEN M & MUELLE M. Where is the governance in Internet governance? New media & society，2013，15（5）：720－736.

④ REIDENBERG J R. Governing networks and cyberspace rule-making. Emory law journal，1996（45）：911－930.

可以说，互联网很好地适应了各国地域的条件，而主张国家有权也应该对互联网进行必要的监控。出于国家网络安全、综合国力较量以及网络空间的自身独特属性等多重考虑，越来越多的主权国家坚持认为互联网全球治理应采取政府主导的治理模式。通过各种治理论坛、国家间的协商机制以及各国的审查过滤措施，国家和政府逐步加强对网络空间的规范、塑造甚至干涉。在自治失灵和安全化需要的基础上，国家政府在全球互联网治理的地位也日渐提升。而国家政府治理地位的提升，实际上就是全球互联网治理从"去国家化"向"国家主导"规范演变的过程。

因有疆界限制的民族国家主权与无疆界限制的国际互联网空间之间存在强大的张力，国家在治理互联网时会遇到很多挑战。米尔顿·穆勒指出，"这种挑战不可避免地会影响到通信与信息政策领域中现存的以国家为中心的制度安排。对民族国家在互联网治理中究竟应该扮演什么样的角色这一问题，网络自由主义和网络保守主义的态度都显得过于乐观"①。同时，一味地强调政府管控的重要性，而忽视其他多方主体的作用，容易放大政府力量，并且国家政府也不是万能的，还需要多方利益相关者的合作治理。

（五）多利益相关者模式

利益相关者管理理论是指企业经营管理者为综合平衡各个利益相关者的利益要求而进行的管理活动。该理论认为任何一个公司的发展都离不开各利益相关者的投入或参与，企业追求的是利益相关者的整体利益，而不仅仅是某些主体的利益。"多利益相关者"理论强调的是多主体参与利益分配的问题。

劳伦斯·索卢姆（Lawrence B. Solum）认为，互联网治理是一个混合的各种模型，互联网治理的最佳模式应该是混合动力车，包括所有的一些元素；互联网治理是一个复杂的任务，需要一套复杂的监管机制。② 联合国互联网治理工作组提出的互联网治理定义，被视作当今"多利益相关方"治理模式的理论起源。2005 年信息社会世界峰会确认了以下类别的利益相关者（有些人认为只有前三类或前五类）：①国家/政府；②私营部门/商业公司；③公民社会；④政

---

① VAN EETEN M & MUELLE M. Where is the governance in Internet governance? New media & society, 2013, 15 (5): 720 – 736.

② SOLUM L B. Models of Internet governance. In Internet governance: infrastructure and institutions, Oxford University Press, September 2009: 48 – 92.

府间的组织；⑤国际组织（意指非商业、非公民社会的私营部门组织）；⑥学术界；⑦技术界。信息社会世界峰会确认了各种利益相关者的特定角色和责任，特别说明了"与互联网相关的公共政策议题的政策权威，是国家主权权利。他们对于国际互联网相关的公共政策问题，拥有权利，也负有责任"①。因此，联合国所主导的"多利益相关者模式"，强调主权国家在全球互联网管理中的角色和介入，国际组织也在其中发挥各自的角色和功能职责，这一互动模式被国际社会所公认。②

需要注意的是，ICANN 发展起来的"多利益相关者模式"不同于联合国所主导的多利益相关者模式，而是一种新自由主义模式，即要求各国政府（除了美国）在互联网治理中少起作用。准确地说，ICANN 是个一直持续到现在的以"一个政府 + 私人部门"为主导的互联网治理模式。因此，在美国文本里，私人部门主导的互联网治理一开始就是模糊的。很明显，美国战略就是确保美国对全球互联网（美国财产）的控制，将其他国家政府排除在 ICANN 之外。这就是美国提出目前 IANA 改革需要以互联网治理的"非政府控制"为前提条件的根本原因。"美国在允许它自己的法律和规制（或缺乏法律和规制，诸如缺乏数据隐私的普遍保护）在疆界以外运用的同时，又介入关键互联网组织，使得美国能确保互联网没有国际规制。"③

当今多被提及的"多利益相关者模式"也存在不少的问题。在国家层面上，大多数国家主张多利益相关者模式，但在实践中，互联网治理问题经常反映各国政治体制的具体特点。在制定国家政策的过程中，大多数国家试图有一个协调的战略，通常由经济发展部、信息和通信技术部和外交部制定。然而，在缺乏明确的领导能力的情况下，一些国家彼此之间乃至于同一国家内部在某些议题上可能会有矛盾的声明和行动。学者米尔顿·穆勒也表达了类似担忧："既不能只靠主权国家来共治互联网，又很难只依靠非国家行动者来共治互联网。现阶段，互联网的健康治理虽然离不开主权国家、私营部门、公民社会等多方利益相关者的跨国共治，但是仅仅把政府、工商企业和公民社会的代表塞

---

① HILL R. The Internet, its governance, and the multi-stakeholder model. In fo, 2014, 16 (2): 16–46.

② HILL R. The Internet, its governance, and the multi-stakeholder model. In fo, 2014, 16 (2): 16–46.

③ PRABIR P & RISHAB B. U. S. control of the Internet: problems facing the movement to International governance. Monthly review, 2014, 66 (3): 113–116.

进同一个房间，让他们进行没有法律约束的对话，并不能给全球互联网治理提供任何有价值的帮助。因此有必要探索一种更为有效的互联网治理体制与机制。"①

回顾全球互联网治理模式的演变，其间经历了完全放任的自由主义模式，到技术革新后以代码架构把关为原则的技术主义模式，到自下而上的组织自治的社群主义模式，再到政府主导的威权主义模式，最后到兼顾了多方力量的多利益相关者模式。多利益相关者模式是现阶段对全球互联网治理而言更为适用和全面的治理方式。然而，在开放的多利益相关者模式的前提下，各部分的利益相关主体的角色扮演和责任分配也将成为今后被长期关注的问题。

二、全球互联网治理的关键挑战

互联网治理已经跨越了国家边界，成为一个全球性的话题。由于网络霸权国在全球互联网治理中长期的主导状态，以及近二十年来互联网在众多发展中国家的高速发展，现有的治理体制已经无法应对层出不穷的互联网问题以及反映大多数国家的利益。目前，全球互联网治理主要面临治理主体的竞争、治理规则的缺失、治理尺度的模糊、治理技术的逃避这四大关键挑战。

（一）治理主体的竞争

随着全球互联网的发展，互联网的治理需求也经历了一个从无到有、从弱到强的过程。与此同时，试图参与全球互联网治理的竞争主体也不断涌现。

目前，参与全球互联网治理的主体主要涵盖国家政府、私营部门、非政府组织、联合国专门机构或下属组织这四个类别。非政府组织方面，ICANN 负责全球互联网唯一标识符系统及其安全稳定，它由美国商务部监管。ISOC 的主要职能包括推动互联网法律保护、互联网企业自律、互联网标准制定、推动公共政策研究等；W3C 的工作主要是发展 Web 规范，解决 Web 应用中不同平台、技术和开发者带来的不兼容问题，保障 Web 信息的顺利和完整流通；IEIF 的职能是负责互联网相关技术规范的研发和制定；IAB 隶属于 ISOC，负责定义整个

---

① 周程：《有界国家能治理好无界网络吗？——弥尔顿·L.穆勒的〈网络与国家〉刍议》，《科学与社会》2015 年第 2 期。

互联网的架构和长期发展规划。联合国专门机构或下属组织主要有国际电信联盟（ITU）和信息社会世界峰会（WSIS）。ITU 负责分配和管理全球无线电频谱与卫星轨道资源，制定全球电信标准、向发展中国家提供电信援助、促进全球电信发展等事务。WSIS 的职责旨在扩大全球，特别是发展中国家获取信息的渠道，为全球范围内信息社会的协调发展制定规划。

全球互联网治理主体的竞争问题的根源要追溯到互联网的诞生与演变。互联网起源于美苏军备竞赛，诞生初期，在美国政府掌控下并无治理需求。随着美国非军事研究机构和美国高校的加入，互联网的军事保密和民用需求产生冲突。1982 年，美国军事网络从阿帕网中独立出来专用于军事，新的阿帕网则主要用于民事用途，美国国家科学基金会成为其开发主要出资方。直到 20 世纪 90 年代初期，作为互联网最终资助方的美国政府在互联网治理上基本持一种不干预的态度。美国政府通过承包合同将互联网的治理权下放到负责国家域名管理的互联网数字分配机构（IANA）和负责国家域名之外的通用顶级域名管理网络解决方案公司（NSI）手中。非营利的 IANA 和以盈利为目的的 NSI 间的合作治理未产生太多问题，尚未出现明显的治理主体的竞争。20 世纪 90 年代后，随着互联网商业化进程的加速，不断有新的竞争主体加入。具体负责互联网创建和发展的互联网技术专家团体与美国政府就互联网治理发生了一系列冲突，并试图夺取互联网治理的最后控制权。国家权力的保证往往使美国政府在与技术团体的博弈中获胜。1998 年 ICANN 的成立，可以说是双方博弈后相互妥协的一个混合体。

竞争主体的冲突还体现在互联网霸权国和发展中主权国之间的博弈。互联网空间延续了 21 世纪的全球强权游戏格局。作为互联网先占国的美国，基于对全球互联网关键基础设施及重要系统的控制，以及在互联网技术方面的强大创新及引导能力，将现实世界的霸权向互联网空间推进，全球互联网空间形成了美国"一强独大"的单极格局。与此同时，21 世纪以来，世界各国都加快了网络空间建设，随着网络空间在国家战略中的地位和作用的显著提升，互联网在发展中国家也经历了高速发展。由此，以主权国家为单位的国际互联网治理主体间的竞争加剧，对美国的单极格局造成了巨大冲击。这种冲击突出表现在对美国主导的 ICANN 的挑战。针对 ICANN 治理模式的第一次大规模国际交锋发生在 2003 年和 2005 年召开的信息社会世界峰会上。第一次峰会被称为"日内瓦峰会"，各方要求时任联合国秘书长安南成立一个互联网治理工作组；第二次峰会被称为"突尼斯峰会"，互联网治理工作组提出了"政府、私人部门和公民社会"三大利益攸关体并明确了它们各自的角色。随着国家间网络安全竞争的加剧，尤其是美国在伊拉克战争、阿富汗战争中对互联网武器的使用，美国主导的 ICANN 治理模式遭到广泛的批评。2013 年，随着美国大规模监控互联网的"棱镜门事件"被爆出，ICANN 的全球互联网治理模式遭到广泛质疑。2014 年3 月，美国商务部被迫宣布将放弃对 ICANN 的控制权，管理权将移交至全球互联网"多利益相关者"。

经过多年的竞争博弈，目前全球互联网治理正在向"多利益相关者模式"过渡。但美国对互联网治理的单边垄断格局仍未被彻底打破。维持以美国为中心的互联网治理现状，将对全球互联网安全产生高度威胁。"在全球互联网治理中更直接的国际参与对重建全球信任和更公平地再分配监督权力是有必要的。政府间国际互联网治理组织可能可以为这样的转变奠定必要的基础。"① 以中国为代表的"多边、民主、透明的全球互联网治理模式"成为未来全球互联网治理的趋势。全球合作共治而非各治理主体间的无序竞争，将推动互联网的进一步创新发展。

（二）治理规则的缺失

目前，国际社会虽然就全球互联网治理合作的重要性达成一定共识，但在一些重点治理领域仍存较大争议与分歧，造成这些领域的治理规则存在严重缺失。

1981 年，国际标准化组织 ISO 正式推荐了一个网络系统结构——七层参考模型，称为开放系统互连模型（OSI）。OSI 参考模型将整个网络通信的功能划分为七个层次，由高到低分别是应用层、表示层、会话层、传输层、网络层、数据链路层、物理层。也就是说，一个数据从物理层到应用层，需要在各个层次上协同合作才能真正安全地呈现在用户面前。因此，互联网治理需要具体落实到不同的层面。概括来说，"互联网治理规则的制定主要围绕物理、逻辑、内容、行为四个层面展开：一是物理层的治理，即互联网物理网络的全球铺设与安全运营，如铺设海底光缆、发射远程接入卫星等；二是逻辑层的治理，即确

---

① DRISSEL D. Contesting Internet governance：global dissent and disparities in the management of cyberspace resources. WIT transactions on information and communication technologies，2006（36）：297 - 309.

保数据顺畅传输的协议与标准的制定，如域名的解析、数据包的传输标准与交换协议等；三是内容层的治理，即决定互联网接入与传送的内容，如国际社会普遍认为，网络恐怖主义、网络仇恨言论、儿童色情等信息应予以禁止和取缔；四是行为层面的治理，即对互联网各行为主体做出行为规范，包括国家行为主体和非国家行为主体"①。

各行为主体失范是造成当前网络空间不安全与矛盾激增的主要原因。因此，针对行为层面的治理是上述四个层面中的重点治理领域。当前，威胁互联网安全的行为主要包括网络恐怖主义、有组织的网络犯罪、网络冲突和网络战争这四类。而其中对于网络恐怖主义和有组织的网络犯罪，各国间以合作治理为主。治理规则的缺失主要体现在对一般性的网络冲突和网络战争治理之中。美国的互联网霸权主义是全球互联网治理规则缺失的根本原因所在。自 20 世纪 90 年代中期以来，美国一直在努力建立一个美国式的互联网治理机制，试图定义全球互联网规则和程序，然而，没有在第一时间定义互联网治理的基本原则和规范。现有的互联网监管机构似乎构成了一套复杂的治理系统。表面上有各种各样的机构专门针对互联网治理，但现有治理规则难以反映大多数国家的意愿和利益。② 到目前为止，互联网治理规则建设的过程始终缺乏基本原则和协议规范，没有适用于全球互联网治理的统一行为规范和准则。

互联网的安全与稳定已成为一个至关重要的国际政治问题，任何一个单独行动的国家都不能完全解决这些问题，由于互联网治理问题的复杂性和涉及利益主体众多，共识性的规则条约难以达成。针对全球互联网治理规则的制定，各国间的博弈与分歧主要体现在两个方面——美国与欧洲对互联网治理主导权的争夺，美欧与中俄在治理理念及模式上的差异。作为当今互联网世界霸主的美国认为，互联网具有"全球公域"属性，应将其纳入美国的全球公域战略，互联网治理主体应当是"多利益攸关方"，政府应将同等重要的责任和权力分享给其他行为体。"虽然美国政府官方声明希望就互联网治理的行为准则达成一致，但本质上，美国不愿被新的规则协定削弱自己的主导权，因而更希望维持

---

① 李艳、李茜：《国际互联网治理规则制定进程及对中国的启示》，《信息安全与通信保密》2016 年第 11 期。

② MUELLER M，MATHIASON J & KLEIN H. The Internet and global governance：principles and norms for a new regime. Global governance：a review of multilateralism and international organizations，2007，13（2）：237 - 254.

现状。"① 中俄则主张政府是互联网治理的主导行为体，在网络空间履行国家职能，并倡导政府间合作的多边参与治理模式。互联网治理理念和模式上的不同立场，在很大程度上影响到相关治理规则的制定。

目前，互联网治理规则的制定仍然处于"规范兴起"的起始阶段，要达成一套全面有效的全球网络空间协定还面临诸多挑战。但是，"如果决策者希望看到互联网治理的更多进展，就必须努力寻求共识，推动统一规范的建立。因为没有国际规则机制，互联网治理将很难达到最佳状态"②。

（三）治理尺度的模糊

现实表明，互联网治理必须在一定的界限内进行。治理尺度的边界包括在何种范畴内及以何种程度对互联网进行治理这两个层面。全球互联网治理尺度的边界很难清晰地界定，主要与国家间的差异、互联网本身的特殊性、互联网技术与法律的不平衡发展这三个因素有关。

一是各个国家体制、文化存在较大差异，治理尺度的边界在全球难以协调平衡。不同国家对互联网违法犯罪行为的界定存在显著的差异。例如，在新加坡，政府定期搜查网络提供商的文件，对有着传播色情和煽动内容行为的网络提供商予以严厉处罚，对互联网内容的规制十分严格。而在美国，目前大部分规制网络内容的尝试都与宪法《第一修正案》中规定的言论和出版自由原则相冲突。③ 在德国、法国等欧洲国家，展示或出售体现种族歧视和种族仇恨的物品、公开传播各种形式的反犹太和有纳粹倾向的憎恨言论都是违法的。德国政府曾以起诉相威胁，要求互联网服务提供商（ISP）清除相关网站。而在美国，憎恨言论则是合法的。这种差异导致不同国家在对跨国互联网企业进行规制时产生矛盾。比如，美国的门户网站雅虎就曾遭遇法国反种族主义组织起诉，被要求删除在其美国网站上出售的纳粹纪念品。法国法院判定雅虎违反了法国法律，要求雅虎网站安装过滤装置。而美国联邦法院则判定法国对雅虎的判决在美国不具有法律效力。在德国，法律也禁止其他国家的网络公司对德国境内的

---

① 郎平：《全球网络空间规则制定的合作与博弈》，《国际展望》2014 年第 6 期。

② DEIBERT R J & CRETE-NISHIHATA M. Global governance and the spread of cyberspace controls. Global governance：a review of multilateralism and international organizations，2012，18（3）：339 - 361.

③ ［美］理查德·斯皮内洛著，李伦等译：《铁笼，还是乌托邦——网络空间的道德与法律》（第二版），北京：北京大学出版社，2007 年，第 65 页。

人们开放访问有关纳粹的东西。因此，美国电商亚马逊只好不再向德国顾客出售希特勒的自传等商品。

二是互联网的特殊性决定了过度和过少的治理都会带来相应的问题。从网络层来看，当前欧美国家的网络中立议题典型地反映了这一尴尬处境。网络控制主义者认为，互联网是私有产权，应允许"智能网络"的发展，互联网的创新源于 ISP，施加网络中立原则将扼杀 ISP 投资网络容量的动力，主张事后的反托拉斯法。网络开放主义者则认为，互联网是公有产权，要维护"哑巴网络"的存在，互联网的创新源于网络内容/应用提供商，施加网络中立原则，有助于维护开放的互联网环境和自由民主的言论环境。从内容/应用层来看，过度的网络内容监管会被网民认为限制了他们的言论自由以及侵犯了他们的隐私权，而过少的监管又可能使网上各种违法犯罪、低级庸俗的内容以及谣言大行其道。学者本·瓦格纳（Ben Wagner）对脸书上存在的过度内容监管现象进行了分析，提出公共部门强制的、过度的互联网内容监管将对其合法性造成挑战，对国家的形象造成负面影响。①

三是互联网的飞速发展使相关的法律规范难以及时对接，由此不断出现的新问题。20 世纪 90 年代中期，互联网大规模兴起之时，曾有过非常短暂的主张不规制阶段。90 年代后期，互联网治理进入严格规制阶段，对于互联网的一些规制措施甚至要强于现实社会的行为规范。现实表明，这两种规制尺度都不适于互联网的发展。因此，到了第三阶段，对互联网的治理进入一个强调制定针对性强的互联网法律的选择性规制阶段。然而，随着互联网技术的发展，互联网产业也日新月异地发生着变化。互联网治理的疆域越来越广阔，而目前全球互联网专门立法尚滞后于互联网产业的快速发展，因此在缺乏具体明确的法律法规的情况下，依靠行政手段为主的治理方式难免在治理尺度上产生短视和偏差。

总的来说，对于互联网治理边界而言，应该形成以开放为主导、以安全为边界的重要治理原则，并在此基础之上，推进全球互联网治理的健康发展。

（四）治理技术的逃避

互联网技术的高速发展使信息生产和传播方式发生了巨大变革，也使互联

---

① WAGNER B. Governing Internet expression: how public and private regulation shape expression governance. Journal of information technology & politics, 2013, 10（4）: 389 - 403.

网安全问题日益复杂。治理技术被不断开发出来，投入到互联网信息流通的各个阶段的治理中。但是，类似翻墙技术、反过滤技术、黑客攻击、无界浏览器、代理服务器等反治理技术也不断出现，甚至还被普遍使用。目前，治理技术和反治理技术的博弈所呈现出的状态是：一方面，互联网治理技术水平跟不上互联网日新月异的发展、跟不上反治理技术的发展；另一方面，过多的技术控制手段的使用又不利于全球互联网的信息交流。因而，逃避治理技术成为目前全球互联网治理的一个关键挑战。

反治理技术的使用可能会对国家、社会和个人造成难以估计的损失。在经济层面，黑客利用网络漏洞和安全缺陷对网络系统进行攻击的行为，可能会引起用户个人信息泄露、网页内容篡改、网络运行不畅甚至整体瘫痪等后果，造成巨大的经济损失。在社会层面，反治理技术可能会造成社会的不安。自 20 世纪 80 年代末以来，网络黑客的网络攻击频度和技术水平不断提升，给互联网安全造成了很大的威胁。1988 年，第一个电脑蠕虫病毒"Morris"出现，此后各种电脑病毒层出不穷。2014 年，针对开放安全通信协议（Open SSL）的可以监控电脑的"Heart bleed"漏洞和"Shell shock"漏洞相继被发现，令互联网业界震惊，而技术人员一度束手无策。① 在政治层面，翻墙技术被某些别有用心的国家、人士使用，一些分裂国家的理念和行为可能通过互联网大规模传播，威胁国家的统一安全。

互联网治理技术逃避的困境日益突出，主要有以下四个层面的原因：其一，互联网本身的结构特性使反治理技术的运用十分便利。互联网的开放性使任何身份的用户都可以使用互联网，任何主体都有机会利用"互联网武器"发动攻击。而互联网使用的匿名性和不易追查的特质又为这种攻击提供了掩护。另外，互联网安全问题本身还具有很强的隐蔽性，一个技术漏洞、安全风险可以潜藏多年而不被发现。其二，现有的互联网治理技术还不足以应对所有的互联网安全威胁。根据现有的网络技术，对网络威胁源头的追踪和安全威胁源的区分还存在相当大的难度。其三，网络安全技术是目前全球研发投入最集中、最活跃的领域，相应的，新的反治理技术层出不穷，威胁互联网安全的手段也在不断更新。因此，往往会出现这种尴尬现状，即在治理技术革新后又出现新的反治

---

① 安静：《网络空间面临的多重挑战及西方网络治理经验探讨》，《国外社会科学》2016 年第 4 期。

理技术、引发新的安全问题，譬如利用网络云盘传递非法、低俗信息成本极低，成为新的安全隐患。其四，一些互联网治理技术本身就存在争议，过分依赖技术控制存在"数字利维坦"（Digital Leviathan）的现实风险。"防火墙"、过滤软件等治理技术的使用，能够对网上违法不良信息进行控制，但也会一定程度地损害公民的个人权利以及阻碍互联网产业的创新发展，甚至可能引发国际非议，产生负面的国际影响。

目前，国际社会在互联网治理的技术层面有了较大的进展，如防火墙技术的升级、量子加密技术的完善和生物密码技术的强化等。民族国家对互联网安全的重视程度也不断提高，投入了大量人力物力发展相关治理技术。但是，由于互联网治理问题的复杂性和难度，治理与反治理在技术层面上的博弈可能会在未来持续很长一段时间。

三、全球互联网治理的中国进路

长久以来，全球互联网的治理权都被互联网先占国主导，治理规则体系无法反映多数国家的利益。作为互联网大国的中国，在互联网领域的地位和作用日益凸显，当今世界已无法离开中国谈论全球互联网话题。中国理应肩负起网络大国的责任，通过提升国际话语权、把握规则制定权和构建行动共同体，从互联网治理的跟随者、参与者转变为国际互联网治理体系的建设者、维护者、引领者和贡献者，推动全球互联网治理朝着更加公平、公正、合理、有效的方向发展。

（一）提升国际话语权

各国在互联网治理中的博弈，不仅是技术、经济和理念的博弈，还有话语权的博弈。国际话语权不仅是指国家在世界上"说话"的权利，更是指"说话"的威力与有效性，它是国家"软实力"的重要构成，是国际政治权力关系的现实反映。[①] 在国际话语权格局中，拥有与国家地位和实力相匹配的话语权是一个国家对自身的国际权力最基本的诉求。

---

① 陈正良、周婕、李包庚：《国际话语权本质析论——兼论中国在提升国际话语权上的应有作为》，《浙江社会科学》2014 年第 7 期。

在全球互联网治理领域，一直存在着西方强势话语压制的失衡的国际话语权格局。因各种主客观因素的制约，中国以往一段时间基本上处于"缺席"或"失语"的处境。中国作为联合国五大常任理事国之一，最大的发展中国家，全球网民数量第一、域名数量第二的网络大国，在国际事务中的影响力越来越大。在全球共治的大趋势中，中国应该把握机遇，提高自己在全球互联网治理中的话语权，改变国际话语权原有的不公平的分配状况，在互联网的全球治理中扮演更重要的角色。

提出全球认同的互联网治理新概念、新理论、新主张，是提升国际话语权的基础。将治理互联网的主张传播到国际社会，是中国提升全球互联网治理的国际话语权的根本方法。要使网络主权、网络命运共同体等新概念在全世界落地，一是要让国际主流媒体积极正面报道，二是让世界网民认同，听得到、听得清、听到懂。而这也正是中国在提升全球互联网治理的国际话语权过程中面临的主要问题之一。比如，中国已经成功举办了三届世界互联网大会，在国内以及一些周边国家中的影响力显著，而西方大国的主流媒体的报道则很少，甚至还会有一些负面报道。对此，中国可以通过国内的主流媒体在海外积极发声，打造国际传播平台、壮大海外舆论阵地，吸引西方主流媒体和世界网民的关注。此外，走"海外群众路线"，注重推特、脸书等海外社交平台的运用，利用短视频、动画漫画等最热门的传播形式，以海外网民喜闻乐见的形式加强与海外网友的互动，提高海外网民对中国主张的认同度。

提升在全球互联网治理中的国际话语权，重要的是中国要在不同国际平台上积极发声。这些平台既包括联合国、G20以及国际电信联盟这类隶属联合国的权威性全球互联网治理机构组织，又包括互联网协会主办的国际网络会议（INET）这类行业论坛大会，也包括自己积极搭建的国际性平台如世界互联网大会。中国在发声时，注意要发出大多数国家都能认可的声音，这样才能使中国的声音传播得更广。另外，中国在发声时也要考虑其发出的效果，借助一些话语修辞策略可以使中国的声音更容易被其他国家所接受。在国际治理平台上发声有着明确的对外传播与劝服的目的，因此要把握好话语构建的时机和情境，讲好中国故事，传播好中国形象，阐释好中国立场。2014年3月，美国商务部宣布将放弃对ICANN的控制权，同意向全球互联网"多利益攸关方"移交互联网数字地址分配的管理权，意味着一个互联网全球共治的时代可能到来。中国在这一历史机遇面前具有相当大的优势，应当积极主动地参与到这一重要机构重组的权力博弈中，从而赢得更多话语权，在互联网全球治理中发挥更大作用。

（二）把握规则制定权

中国正处于参与全球互联网治理规则制定的重大战略机遇期。一方面，中国的国家地位、综合实力已经被全世界所认可，中国的互联网建设和治理也取得了一定的成绩和经验，具备了参与全球互联网治理规则制定的资格；另一方面，以美国为主导制定的规则不仅难以适用于当前世界互联网发展的状态，还受到了来自各发展中国家的质疑，新的治理规则亟待制定。中国理应把握这一历史机遇，加强在全球互联网治理规则制定上的主动性和主导性。长远来看，中国必须将国际话语权朝更深层次的制度性话语权方向发展。

美国及其盟友一直在构建属于西方式的全球互联网治理规则。2011 年美国出台《网络空间国际战略》，试图为全球互联网治理制定美国霸权思维式的方案。《网络空间国际战略》明确指出，"美国将加强与公有和私有机构的合作，以确保产品和服务的国际标准的颁布"；"通过扩大布达佩斯公约范围，协调国际网络犯罪的法律。当有网络犯罪案件侦查和起诉的时候，美国及其盟国通常受到其他国家帮助，并一起合作"；"美国将与盟国和伙伴展开合作，提高网络空间的安全"；"为民间社会行动者提供可靠、安全的言论和集会自由的平台"。2001 年，欧洲委员会的 26 个联盟成员国和美国、日本等国共同签署了《网络犯罪公约》，但在实际应用过程中，并没有更成熟的法律体予以保障。10 年后，在伦敦网络空间国际会议上，现有的互联网规则体系遭到了普遍的质疑。由于《网络犯罪公约》是在欧盟的利益框架下建立起来的，显然不适用于目前所呈现的跨国家、跨区域特性的网络犯罪行为。

为了提高在全球互联网治理中的规则制定权，中国应该针对在治理主体、治理边界、治理规则、治理技术等方面存在的问题积极地提出自己的主张。在规则制定方法上，中国应坚持多边协商谈判模式，渐进性制定从个案到共识、从区域到全球、从边缘到中心的规则。在第二届世界互联网大会上，习近平同志倡导"建立多边、民主、透明的全球互联网治理体系"。"多边"是指"应该坚持多边参与、多方参与，发挥政府、国际组织、互联网企业、技术社群、民间机构、公民个人等各个主体作用，不搞单边主义"。"民主"指的是"由大家商量着办，不搞一方主导或由几方凑在一起说了算"。"透明"则是指不搞暗箱操作，通过各国公开平等的对话协商，达成全球网络治理规则的共识。习近平同志倡导的全球互联网治理体系，彰显了公平正义的力量，反映了大多数国家的意愿和利益，体现了中国作为网络大国的责任与担当，应当成为国际社会制定全球网络空间新规则、构建网络空间新秩序的共同遵循。

（三）构建行动共同体

打造全球互联网治理的中国方案，要推动"网络空间命运共同体"朝着网络治理"行动共同体"发展，将话语、规则化为行动，增强实质性影响力。2015 年，在第二届世界互联网大会上，习近平同志提出的构建"网络空间命运共同体"理念为全球互联网治理的重构指明了方向。2016 年 10 月，在金砖国家领导人第八次会晤大范围会议上，在论及共同应对全球性挑战时，习近平同志强调金砖国家是"携手前行的行动共同体"，这是"行动共同体"第一次在国际场合中被提出来。"行动共同体"是指通过多边的共同的实质性行动来化解全球性问题。这一理念对于全球互联网治理也具有深刻的指导意义。中国在参与全球互联网治理时，应在协商、执行、实施等国际合作的各个环节发挥重要推动作用，走区域合作、大国合作、全球合作的路径，积极主动承担起构建行动共同体的责任。

（1）构建以亚洲为基点的区域行动共同体。中国坚持与邻为善、以邻为伴，坚持睦邻、安邻、富邻，秉持亲诚惠容的理念，不断深化同周边国家的互利合作和互联互通，努力使自身发展更好惠及周边国家。中国提出建设丝绸之路经济带和 21 世纪海上丝绸之路合作倡议，契合了中国、沿线国家和本地区发展需要。中国举办"中国—阿拉伯博览会网上丝绸之路论坛"，打造中阿人民网上丝绸之路；举办"中国—东盟网络空间论坛"，打造中国—东盟信息港。2016 年中国—东盟信息港建设被列入国家"十三五"重点规划。2016 年 APEC 第二十四次领导人非正式会议上，习近平同志提出亚太要"打造互联网和数字经济"。近年来，中日韩网络安全事务磋商机制、中韩互联网圆桌会议等平台的启动，也让三国在互联网领域有了更多的对话与合作。

（2）构建以中美为重点的大国行动共同体。中美不仅是世界两个最大的经济体，也是世界两个最大的互联网国家。中美两国在网络空间上已经成为密不可分的命运共同体。中国是美国互联网企业最大的境外市场。中国市场已成为美国整个信息通信产业链上不可或缺的重要环节。中国互联网企业纷纷到美国上市并开设分支机构，给美国投资者带来回报，也给美国带来就业机会。不可否认的是，中美两国对网络安全的认识与看法并不完全一致，也有分歧和争论。正是为了管控好这些分歧和争论，2013 年，两国在中美战略安全对话框架内成立了网络工作组展开对话。2015 年习近平同志访美成果清单上，涉及互联网领域的多达 6 项，包括同意建立中美打击网络犯罪及相关事项高级别联合对话机制，加强信息通信技术网络安全，共同打击网络犯罪、加强案件协查和信息分享，各自政府都不从事或在知情情况下支持网络窃取知识产权，探讨推动制定国际社会网络空间合适的国家行为准则等，打开了中美网络空间对话合作的新局面。

（3）构建以全球为目标的人类行动共同体。习近平同志在出席世界经济论坛 2017 年年会上强调，要牢固树立人类命运共同体意识，共同担当，同舟共济，共促全球发展。互联网让"地球村"越来越紧密，人类在互联网时代面临着全球问题，必须携手合作。就发展中国家来说，中国要借助中非、金砖国家等良好伙伴关系，依托"一带一路"建设，打开南南网络空间对话新局面。目前第三世界的信息化水平有待提高，这就要求国际互助，消除数字鸿沟，共享网络红利。中非共建非洲信息高速公路项目、金砖国家海缆建设项目、中非互联网合作论坛、金砖国家网络安全问题工作组等一系列举措正逐渐形成合力。就西方发达国家而言，中国要借助"一带一路"、G20 等国际性平台，提升中国参与全球互联网治理的行动力。在"一带一路"基础上的信息丝绸之路对构建亚欧国家网络空间命运共同体有举足轻重的作用，中国要激活从东亚到欧洲沿线区域的互联网建设。中国应努力承担起推动网络空间南北对话、国际对话的责任，促进实现全球网络互联互通、共享共治，与世界各国共建人类网络空间命运共同体。

（本文原载于《社会科学战线》2017 年第 4 期，《新华文摘》2017 年第 13 期将该文作为封面文章全文转载）

外脑的力量：全球互联网治理中的美国智库角色研究

智库（Think Tank）是战略思想工厂、现代公共决策的重要一环。美国是智库的发源地，也是世界上智库数量最多、发展最为完善、最有影响力的国家。2018 年 1 月，美国宾夕法尼亚大学智库研究项目（TTCSP）研究编写发布的《全球智库指数报告2017》显示，全球现有智库 7 815 家，其中美国有 1 872 家，占比达 23.95%，位居世界第一。① 智库因其极高的专业性和影响力，被称为"政府决策的外脑"。由于美国智库位于学术与政治、经济与媒体的交叉路口②，美国民间将智库视为与立法、行政、司法并立的第四大机构。现代智库作为"智慧策源地"，更成了国家软实力的象征、国际话语权的标志。

美国是互联网的诞生国。随着网络社会的崛起，互联网在政治、经济、社会等各领域的影响日益凸显，网络空间逐渐被视为与海、陆、空、太空同等重要的第五领域，"互联网治理"也成为各国关注的热点议题。按照联合国互联网治理工作组（WGIG）的定义，互联网治理是政府、私营部门和公民社会根据各自的作用，制定和实施旨在规范互联网发展和使用的共同原则、准则、规则、决策程序和方案。③ 在全球互联网治理进程中，美国智库不仅参与其中，并且扮演了极为重要的角色。

一、中国参与全球互联网治理需要强大智库

自党的十八大以来，以习近平同志为核心的党中央高度重视新型智库建设，

---

① MCGANN J G. 2018 global go to think tank index report. http://www. indiaenvironmentportal. org. in/files/file/2017%20Global%20Go%20To%20Think%20Tank%20Index%20Report. pdf.

② MEDVETZ T. Think tanks in America. Chicago：The University of Chicago Press，2012.

③ 章晓英、苗伟山：《互联网治理：概念、演变及建构》，《新闻与传播研究》2015 年第 22 卷第 9 期，第 117 – 125、128 页。

多次对智库建设作出重要论述和指示，为中国建设新型智库提供了思想指南。2013 年 4 月，习近平同志对"建设中国特色智库"作出重要批示，强调智库是国家软实力的重要组成部分。2014 年 10 月 27 日，习近平同志在中央全面深化改革领导小组第六次会议上强调，重点建设一批具有较大影响和国际影响力的高端智库，重视专业化智库建设。2015 年初，中共中央办公厅、国务院办公厅印发了《关于加强中国特色新型智库建设的意见》①。2017 年 10 月，党的十九大报告中再次强调"加强中国特色新型智库建设"，智库内容首次被写入党的代表大会报告。

近年来，我国智库发展迅速。但与世界顶尖智库相比，我国智库在创新能力、全球影响力、国际话语权、成果质量水平方面都存在一定差距。智库建设是推进中国治理体系和治理能力现代化的重要内容，中国特色新型智库建设迫在眉睫，而全球互联网治理更需要具有全球影响力的智库，以提供高质量的专业咨询和国际性战略决策方案。

互联网的无界性、开放性使互联网治理主体众多，网络犯罪、网络安全、网络空间规制等问题纷繁复杂、影响广泛，互联网治理是与全球各国利益相关的重要议题。保证互联网的稳定、安全、开放，需要世界各国政府、企业、智库、公民通力合作，聚全球智慧、汇国际力量。在美国参与全球互联网治理进程中，除立法、行政、司法外，智库、媒体、社会公民均发挥了重要作用。而智库作为重要的知识生产者，积极帮助美国参与全球互联网治理。实际上，在美国互联网战略制定的背后，通常都有着智库的影子，它拥有左右美国政策走向的影响力。美国智库在全球互联网治理发挥的作用，对建设中国特色智库，为全球互联网治理贡献中国方案具有重要启示。

二、美国智库在全球互联网治理中的主要角色

由于美国是智库和互联网的发源地，智库在互联网治理方面的研究起步也最早。目前，研究互联网治理的著名智库主要有布鲁金斯学会、兰德公司、美国企业研究所、伯克曼互联网与社会研究中心、战略与国际研究中心、外交关

---

① 莫神星、张平：《美国智库经验对中国特色新型智库作用发挥的鉴示》，《领导科学》2017 年第 23 期，第 31 – 34 页。

系委员会、东西方研究所、伍德罗威尔逊国际中心、卡内基国际和平基金会、信息技术与创新基金会、新美国安全中心（CNAS）、外交政策研究所、美国传统基金会等16家机构。它们在互联网治理领域的关注点各有侧重，各司其职，扮演着重要的角色。

（一）美国互联网治理战略的献策者

互联网治理这一议题涉及范围广泛、主体众多，单凭政府和非政府组织的资源和力量无法实现，需要专业、客观的智库识别、分析和评估问题，并提出对策建议①，为美国互联网治理战略的制定与完善提供智力支撑甚至顶层设计，而"美国高度分散的政治制度为智库发挥献策影响力提供了无与伦比的渠道"②。美国智库主要通过以下三种方式全方位参与本国互联网治理战略的制定过程。

1. 向政府部门提供政策建议

由于部分智库在开展研究前会与政府签订合同，智库根据决策者的意图提供政策方案和研究报告，向总统及其班组成员提供对互联网治理既有政策和未来发展政策的咨询和建议。这些研究成果常成为美国政府出台互联网治理决策时的重要参考，充分发挥着政策倡议作用，是名副其实的"决策外脑"。

一是为各届竞选总统提供互联网治理战略框架。2008年总统选举之前，战略与国际研究中心召集了政府和行业领导者委员会审查网络安全相关问题，随后发布《致第44届总统网络安全报告》，该报告成为奥巴马执政以来网络管理政策和国会立法改革的基础。2017年1月，战略与国际研究中心网络政策工作组发布报告《从意识到行动——第四十五任美国总统安全议程》，为特朗普政府提出了一系列网络安全的举措建议。美国企业研究所的研究报告《美国网络空间战略：促进自由、安全与繁荣》（2016）、《美国特朗普行政网络安全的后续措施：主动网络防御》（2017），评估了美国当前网络安全战略的成败得失，为第58届美国政府提出了一套包括坚决推广多利益攸关方模式、鼓励私营部门参与网络犯罪的打击等在内的网络空间新战略。

---

① LINDENSTRAUSS G M. Foreign policy think tanks and decision making processes. Strategic assessment, 2017, 20 (2): 125 – 135.

② ABELSON D E. It seemed like a good idea at the time: reflections on the evolution of American. Canadia review of American studies, 2016, 46 (1): 139 – 157.

二是直接向美国政府建议对他国进行网络攻击。其中美国传统基金会表现最为活跃，这些系列报告如《美国需要应对朝鲜最新的网络攻击》（2015）、《与中国和俄罗斯合作并非网络侵略的解决方案》（2017）、《美国有权对俄罗斯进行网络攻击和干涉》（2018）、《伊朗黑客袭击美国系统，以下三步对付他们》（2018），充满着浓郁的冷战色彩和霸权思维。

三是为确保美国互联网在全球的领导地位出谋划策。外交关系委员会的系列报告《捍卫开放、全球、安全和有韧性的互联网》（2013）、《维持美国在互联网治理的领导地位》（2017），成为美国政府制定国际互联网战略的重要参考。此外，美国传统基金会的《国会指南：网络空间中美国安全、繁荣和自由的七大步骤》（2013）、《网络安全信息共享：迈向网络空间中的美国安全、繁荣和自由一步》（2014），新美国安全中心的《美国的网络未来：信息时代的安全与繁荣》（2011）等报告都弥散着一种美国中心主义的气息。

2. 参与国会听证会并作证

由于美国立法、行政、司法三权分立，总统只拥有行政权，总统及其班组成员提出的意见需经拥有立法权的国会批准方可生效。因此，国会在美国决策制定中扮演着重要的角色。国会议员在审议相关议案时需要听取相关领域专家的建议，而智库积极参与国会听证、提交政策简报，阐述己方主张，提供富有建设性的参考意见；抑或是通过提供证词，间接影响着国会议员的态度。例如，2015年5月13日，信息技术与创新基金会在美国众议院司法小组委员会就ICANN过渡期前需要进行问责制改革提供证词。2015年6月24日，兰德公司智库专家参与美国国土安全部网络安全、基础设施保护和安全技术小组委员会的听证，7月31日提交《在网络空间中维护美国政府网络的策略》文件作为补充证词。2017年3月，伍德罗·威尔逊国际学者中心研究员本·布坎南（Ben Buchanan）在参议院司法部门的犯罪和恐怖主义小组委员会作证，举例2007年爱沙尼亚袭击事件、2008年格鲁吉亚袭击事件、2015年乌克兰的停电事故、2016年的选举干预等一系列俄罗斯使用电脑黑客收集信息的间谍事件，提出美国必须制定一项保护国家利益的战略。2018年2月12—13日，新美国安全中心研究员罗伯特·布特勒（Robert J. Butler）和迈克尔·苏迈耶（Michael Sulmeyer）为参议院军事委员会的网络安全小组委员会作证。

3. 重视特色"旋转门"机制

美国存在独特的"旋转门"机制，因此智库专家无论是常驻学者还是访问学者，既拥有专业知识、具备研究权威的学界领袖，也有从政经历丰富、对政策制定具备敏感性的政治人才。"旋转门"机制极大丰富了智库的决策视野，其具备的"问题意识"也使智库成果更具实用性、前瞻性。

一方面，许多从政府卸任的官员会进入智库从事政策研究。例如美国企业研究所的杰弗里·爱森纳赫（Jeffrey Eisenach），曾就职于美国联邦贸易管理委员会和国务院管理和预算办公室。战略与国际研究中心高级副总裁詹姆斯·刘易斯（James Andrew Lewis），曾在国务院和商务部担任外交官和高级行政人员，是联合国信息安全政府专家组的报告员、美国商务部负责国家安全和与中国高科技贸易有关的间谍问题的主管，加入智库后还多次参与国会听证。卡内基国际和平基金会技术和国际事务计划主任凯瑟琳·查莱特（Katherine Charlet），曾任国防科学委员会网络威慑工作组、加强国家网络安全总统委员会的高级顾问。外交关系委员会网络政策高级研究员罗伯特·科内克（Robert K. Knake）曾任国家安全委员会网络安全政策主任，负责制定网络安全总统政策。

另一方面，许多智库向政府决策部门输送核心专家成为官员。"在四年一次的总统大选后、新政府上台时，总统不仅亲自挑选他的政策顾问圈子，还必须找到数千名合格的专家填补政府职位的空缺"[1]，如特朗普任内第二位国土安全部部长克尔斯滕·尼尔森（Kirstjen Nielsen）就曾任职于乔治·华盛顿大学网络智库。"前智库专家进入政府，带来了他们职业生涯早期——在智库积累的专业知识"[2]，能够将智库的战略想法转化为具体的政策建议。这有利于实现学术研究成果与政治决策智慧之间的转变，既保证了决策的科学性和前瞻性，又可避免重大决策失误的出现，提高美国全球互联网治理战略制定水平。

（二）全球互联网治理合作的参与者

智库作为独立于政府之外的研究机构，不仅为国内互联网治理政策的制定作出贡献，还通过各种形式积极参与全球互联网治理合作进程，在国际合作中建构有利于己方的国际治理规则。

---

① ABELSON D E. Old world, new world: the evolution and influence of foreign affairs think-tanks. International affairs, 2014, 90 (1): 125 – 142.

② GUZANSKT Y & LINDENSTRAUSS G. Foreign policy think tanks and description making processes. Strategic assessment, 2017, 6 (20): 125 – 135.

1. 举办各类研讨活动

美国智库经常举办早餐午餐会议、研讨会、座谈会、讲座，邀请国际互联网治理专家展开积极讨论，从而为决策者、立法者在互联网治理领域提供切实可行的建议。例如东西方研究所从 2009 年起，每年都会定期举行全球网络空间合作峰会。在 2017 年 3 月的峰会上，有来自 30 个国家的 200 多位政府官员、行业专家、学者参加，如前爱沙尼亚外交部部长、全球网络稳定委员会主席玛丽娜·卡尔朱兰（Marina Kaljurand）出席了会议。2017 年，在外交关系委员会主办的第六届理事会会议上，有来自 23 个国家的 42 名代表聚集在华盛顿，就如何制定网络空间的多边规则进行了讨论。同时，智库之间也会联合举办会议。2017 年 9 月 13 日，外交政策研究所和伍德罗·威尔逊国际学者中心共同主办"亚洲非传统安全：在挑战和资源紧张时期的灾难响应和网络安全"研讨会。

智库还定期邀请国内外政府官员参与会议讨论。美国企业研究所于 2012 年 11 月 14 日举行"国际互联网监管：美国的看法"讨论会，邀请国家电信与信息管理局成员费昂娜·亚历山大（Fiona Alexander）、联邦通信委员会罗伯特·麦克道尔（Robert McDowell），就美国对即将召开的世界国际电信大会（WCIT－12）的建议进行了讨论；2014 年 7 月 22 日，举行"谁管理互联网？关于确保多利益相关方流程"的座谈会，邀请国家电信和信息管理局的拉里·斯特里克林（Larry Strickling）与智库专家进行讨论。2015 年 5 月，战略与国际研究中心邀请爱沙尼亚共和国总统就"一个自由、安全的网络为何重要"发表演讲。部分智库也会定期举办开放式讨论会，使公众也可参与其中。而在会议结束后，智库会及时将会议讨论成果转化为评论文章、报告、音视频等产品，并将之公布于官网，借此扩大智库思想的影响力。

2. 发起国际合作议程

由于互联网治理是全球性问题，美国智库通常主动与国际智库、各国政府机构、国际组织展开相关合作。2011 年，美国东西方研究所和俄罗斯信息安全研究所发布联合报告，以确定关于网络和信息安全的关键术语。2013 年，新美国安全中心与韩国经济研究所合作撰写文章《美韩联盟背景下的网络安全》。2014 年 3 月，东西方研究所和日本总领事馆共同举办了讲座，邀请日本政府信息安全政策委员会（ISPC）的专家成员，就日本对东亚日益增长的网络威胁上升反应进行概述。美国传统基金会和总部位于新德里的智囊团观察家研究基金会发布了《印度—美国互联网治理与网络安全合作》报告，指出全球网络安全日益严峻的挑战要求印度和美国在情报和反恐方面建立互信与合作的基础。2017 年 5 月，美国传统基金会在"印度—美国研究"项目的资助下，发布报告《美国—印度网络安全合作：下一步行动的特朗普—莫迪议程》，指出两国可以共同制定网络行为标准，使两国受益并推动区域稳定。2017 年 2 月，大西洋理事会的网络国家行动计划与北约合作网络防御卓越中心（CCDCOE）、荷兰王国大使馆共同发布了适用于网络运营的国际法的塔林手册 2.0。

3．出席国际会议活动

智库不仅会举办会议活动，也积极参与其他治理主体举办的各类会议。如 2014 年 2 月 26 日，信息技术与创新基金会专家丹尼尔·卡斯特罗（Daniel Castro），在美国—日本研究所主办的一次活动中发表主题为"亚洲互联网治理：美日合作的新焦点"演讲。美国智库由于独立于官方的灵活性，常出席美国官方不适合直接出面，但对国际互联网治理合作进程而言至关重要的国际活动，并在会上发表演讲、参与讨论，直接表达本机构对互联网治理的主张、看法和立场，间接影响全球互联网治理规则的建立。在中国举办的世界互联网会议上，也可见到美国智库人员的活跃身影：兰德公司子中心兰德欧洲防御、安全和基础设施研究组主任保罗·科尼什（Paul Cornish）参与了第三届世界互联网大会；东西方研究所高级副总裁布鲁斯·麦康奈尔（Bruce McConnell）连续参加了四届世界互联网大会；战略与国际研究中心高级研究员詹姆斯·路易斯曾参加首届和第二届世界互联网大会；布鲁金斯学会专家代表出席了第二、三、四届世界互联网大会，并与中国网络空间研究院共同举办了世界互联网大会子论坛"互联网国际高端智库论坛"；斯坦福大学胡佛研究所高级研究员尼尔·弗格森（Niall Ferguson）参加了第四届世界互联网大会，并在子论坛"互联网国际高端智库：网络空间新型大国关系"上发表题为"广场与塔：关系网、阶层和权利的全球角逐"的演讲。

（三）全球互联网治理政策的解读者

美国智库汇聚了各领域顶尖专家，通过评论文章、研究报告、研讨会、公开演讲等形式，对国内外全球互联网治理政策进行分析解读。这种方式既加强了美国民众对全球互联网政策的了解，同时强化了总统及政府部门对政策的认知，间接影响了美国高层对相关事件的判断与决策范式。

一方面，美国智库对国内全球互联网治理政策保持密切关注，通过新老媒体如报纸、博客、专著、期刊、音视频，向本国民众解读美国互联网治理方案与政策，起着传播理念、通达民意、引导社会思潮、培养公众政策参与能力的作用。例如，2017 年，在联邦通信委员会恢复互联网自由令后，美国企业研究所迅速发表文章《表决后：恢复互联网自由令的下一步是什么？》，讨论了网络中立性辩论中的主要参与者可能采取的下一步措施。外交关系委员会设有《网络评论周刊》（*Cyber Week in Review*），对每周国内国外的互联网大事进行回顾、分析与点评。伯克曼互联网与社会研究中心设立了"互联网监测"项目（Internet Monitor），不定期发布互联网监测报告，通过研究、分析和数据可视化把握互联网活动趋势。大西洋理事会、战略与国际研究中心等智库还设有新闻发布（Press Release）栏目，对政府近期出台的互联网治理相关政策进行跟踪与解读，将晦涩难懂的政策战略转化为易被民众理解的要点，促使公众关注互联网治理。此外，信息技术与创新基金会的《更严格的在线广告隐私条例会损害互联网自由》（2017）、美国传统基金会的《参议院网络信息共享法案：是良好的开端，但还可以改进》（2015）等文章都针对国内最新全球互联网政策发展进行了及时解读。

在必要时，智库也会召开会议，汇聚成员点评、分析最新动态。2018 年 1 月，情报部门发布有关俄罗斯机构入侵民主党全国委员会（DNC）的服务器、意图影响美国总统选举结果的报告后，大西洋理事会网络国家行动计划主任约书亚·科尔曼（Joshua Corman）、董事会董事兼首席执行官简·鲁特（Jane Holl Lute）、网络国家创新倡议组织的高级研究员肯尼思·格斯（Kenneth Geers）在 1 月 9 日召集了成员电话会议，讨论报告结果及其对新政府网络安全和日益复兴的俄罗斯立场的影响。

另一方面，智库高度重视国际互联网治理动向，并在较短的时间内进行分析、解读。例如，在2015 年联合国秘书处发布了第四批信息安全政府专家组（GGE）通过的协商一致报告后，胡佛研究所发表文章《2015 年 GGE 报告：网络空间规范的下一步是什么？》，对报告内容及网络空间的未来发展进行了分析及预测。

值得注意的是，美国智库十分关注中国、伊朗、俄罗斯、朝鲜等国的互联网最新动态及推出的治理政策，尤其对中国在互联网领域的最新动向保持密切关注，及时展开相关研究、分析和评论。2017 年，外交政策研究所邀请宾夕法尼亚大学社会学教授杨国斌在电台中点评了中国的网络民族主义。同年，战略与国际研究中心发表多篇有关中国互联网治理及政策制定的解读性文章，如《中国网络空间的匿名化》对中国国家互联网信息办公室发布的四项法规进行解读，并分析了中国互联网治理模式；《网络政策与党的十九大》对国家互联网信息办公室成立后中国技术政策的走向等诸多问题进行分析。此外，战略与国际研究中心的科技政策项目高度关注中国信息通信技术治理制度，还开辟了网络专题并配以中国互联网治理系统的可视化思维导图。

在中国举办首届世界互联网大会后，近几年来美国智库对中国参与全球互联网治理进行密集点评。2017 年 12 月，布鲁金斯学会发布文章《美国不能再不顾中国这个全球网络参与者》，提出中国政府正在借世界互联网大会吸引国际社会对其全球互联网规则制定和管理看法的支持。美国企业研究所发表文章《中国网络周：美国企业"吻环"》，看似点评了第四届世界互联网大会，实则恶意评论中国近年来互联网管理状况。外交关系委员会 2015 年 12 月先后撰写文章《中国互联网大会：习近平给华盛顿的信》《关于中国世界互联网大会的最终思考》。由于智库的大部分报告、评论分析文章、演讲摘要内容，民众均可在网站免费浏览，一些会议免费向公众开放，活动当天提供实时直播，智库的解读能够直接且深刻地影响美国民众对本国及国外互联网治理的认知。

（四）全球互联网治理方式的探索者

美国智库不仅为美国参与全球互联网治理出谋划策，同时还成为所谓的"政策创业者"（Policy Entrepreneurs），开发创新性、创造性政策解决方案①，积极探索全球互联网治理新方式，在服务美国国家利益和全球战略的同时，为全球互联网治理秩序的建立提供可能的决策方案。

大部分智库都设立了全球互联网治理的专项项目。卡内基国际和平基金会内设网络政策倡议计划，致力于解决国际网络政策挑战，制定和推动加强网络空间国际稳定和安全的规范和政策建议。战略与国际研究中心设立国际安全项目，旨在尊重隐私和公民自由的同时，寻求解决安全威胁的综合性国家网络安全战略。外交关系委员会开设"数字和网络空间政策计划"，着力解决互联网问题，保持全球互联网的开放性、安全性和灵活性。大西洋理事会的"网络治

---

① FRAUSSEN B & HALPIN D. Think tanks and strategic policy-making：the contribution of think tanks to policy advisory systems. Policy sciences, 2017, 50 (1)：105 – 124.

国行动计划"、胡佛研究所的斯坦福网络倡议组织、美国企业研究所的"全球互联网战略项目"、兰德欧洲中心"网络空间混合治理"项目皆旨在探索不同形式的全球互联网治理方式。

（1）在治理模式方面，美国智库普遍主张国际、跨地域合作治理。2016年1月，卡内基国际和平基金会发表报告《网络空间治理：跨大西洋领导力的路线图》，指出美国和欧洲可以通过跨大西洋的合作，为制定全球网络空间政策框架提供新的方法。2016年，战略与国际研究中心发表学者文章，认为美澳两国政府和执法机构之间需进行多层次合作以应对跨区域网络犯罪，并做好信息共享。2016年，兰德公司发布了《谋求与中国达成网络空间共识》报告，分析了中美网络空间现存的问题——对网络空间的看法截然不同：美国强调扩大国际法治，而中国强调维护国家主权；探讨了中美网络空间合作的共同利益，并提出美国突破中美网络空间合作瓶颈的政策建议，例如美国应该与中国就网络规则进行谈判，中美应该尽可能通过协议使网络安全谈判取得进展。

（2）在治理框架方面，美国智库试图提供一套全球互联网治理方案。2014年9月，信息技术与创新基金会发布了名为"超越互联网普遍主义：解决跨国互联网政策的框架"的报告，为评估和解决跨国互联网政策冲突提供了一个新框架：各国有权根据自己的国家需求和规则制定互联网政策，以促进全球互联网商务和数字自由贸易，并保留底层的全球互联网架构。美国东西方研究所启动了"网络空间全球合作倡议"，针对互联网产品和服务安全、打击恶意网络行为、信息和技术跨境流动等问题，提出具体行为规范，旨在加速网络空间国际规则的制定进程。

（3）在治理组织方面，美国智库建立了相互协调合作的研究机构。东西方研究所与荷兰政府、海牙战略研究中心建立了全球网络稳定委员会（GCSC），这是第一个为加强国际网络安全和稳定制定规范和政策提案而组建的机构。北约与卡内基欧洲合作创建"跨大西洋专家社区"，旨在迎接保护重要网络基础设施所带来的新兴安全挑战。

（4）在治理手段方面，美国智库提出了不少具体微观的工具或设计。2015年12月，新美国安全中心推出NextWare网络协作工具包，为网络安全从业人员提供了一套互动式协作工具。胡佛研究所自2014年开设网络安全新兵训练计划，积极培养抵御网络攻击和网络犯罪的人才。2015年和2016年，外交关系委员会先后提出、制定破坏性网络事件发生前响应框架和创建联邦资助的网络保险计划。2017 年，伍德罗·威尔逊国际学者中心提出建立一个仿照 SuperMax 监狱的网络安全架构，以阻止虚拟越狱。2018 年，外交关系委员会提出各国政府和全球技术社区应更新改进核心互联网协议，推进有约束力的联合国打击网络犯罪公约和网络空间国家行为守则的制定。伯克曼互联网与社会研究中心设立互联网稳健性（Internet Robustness）项目，测试研发了名叫"Amber"的免费软件系统，旨在提高全球互联网在各种环境中的弹性和稳健性。

（五）美国全球互联网治理霸权的鼓吹者

智库作为一种独立于政治体制之外的研究机构，能嵌入社会产生、发展并建构影响力，在沟通政府与公众、引导社会舆论方面发挥着重要的中介作用。尽管美国智库几乎都宣称"客观""公正""独立""非党派"，但在实际运行中，智库的任务不光是提供中立的政策咨询，担当"新思想的孵化器"，更扮演着"游说者"角色①，促进决策倡导、鼓吹政府主张。部分智库成为美国政府互联网治理战略的说客，集中力量塑造公众对特定问题的认识，以使国家解决方案合法化。② 2014 年 11 月，"索尼影业"事件发生后，奥巴马因应对不力受到美国各界的公开指责，此时美国智库通过公开讨论会、撰写评论文章等多种形式将舆论焦点引导至"攻击索尼影业的背后主谋是朝鲜"，加速美国政府出台《国防部网络战略》。③ 因此，有学者也将智库称为"影子政府"（Shadow Government）。

政府通常会给予智库一定的资金帮助，例如，伯克曼互联网与社会研究中心子项目"互联网监测"由美国国务院和麦克阿瑟基金会联合赞助，这使美国政府常借智库之口引导舆论，为渗透己方思想的新政铺路。一方面，行政部门官员和国会相关委员会成员会参与智库组织和发起的会议，智库也常邀请在职官员参与课题、发表演讲、沟通信息、互通思想的同时，了解政府最新动态以便调整研究方向。例如，2013 年 2 月，新美国安全中心与美国参议院全球互联网自由核心小组举行了专家小组讨论会，探讨了当年影响互联网治理的主要问

① SINGH R, SHARMA N N & JHA U. Think tanks, research influence and public policy in India. Vision, 2014, 18 (4)：289 – 297.

② ARIN K Y. Think tanks：the brain trusts of US foreign policy. Germany：Springer, 2014.

③ 鲁传颖：《美国智库在网络安全政策决策机制中的作用及特点》，《现代国际关系》2015 年第 7 期，第 42 – 49 页。

题。另一方面，智库通过撰写报告、评论文章、公开演讲等方式，对部分发展中国家的互联网治理政策进行夹杂美国意识形态的解读和分析，成为美国全球互联网治理霸权的鼓吹者。

2015 年 6 月，布鲁金斯学会发布的报告《聚焦全球互联网治理的未来：美国与巴西》和同年 7 月发布的《多利益攸关方互联网治理：前路漫漫》都提到，目前美国所提倡的多利益攸关方模式受到了部分国家，例如巴西、印度、俄罗斯等国家的反对，这些国家普遍希望政府能够更好地控制本国互联网的运作，主张通过现有国际机构进行多边治理。2018 年，新美国安全中心发布文章《网络专家警告：俄罗斯将在 2018 年重新归来》，指出 2017 年俄罗斯利用网络攻击包括爱沙尼亚和乌克兰在内的邻国，企图破坏包括美国在内的西方民主国家。网络战的威胁持续增长，美国将需要采取创新措施来保护自己。2018 年 3 月 16 日，美国传统基金会针对特朗普政府发布对俄罗斯的一系列网络攻击和干预 2016 年美国总统选举的制裁，更是发表《美国有权对俄罗斯进行网络攻击和干涉》的评论文章，提出"为了应对俄罗斯在网络空间和有形世界上的持续侵略，美国必须准备好应对一切形式的俄罗斯侵略"。

中国成为美国智库进行说三道四的主要目标国，其中尤以新美国安全中心最为突出。2014 年 12 月，新美国安全中心连发《战国：中国的网络安全战略》《"中国特色互联网"如何破坏网络》两篇文章，指出中国正在试图通过"互联网主权"破坏美国对自由开放互联网的愿景。2015 年 12 月，在中国举办第二届世界互联网大会之时，美国企业研究所在推特上发表文章《中国挑战互联网治理的多利益攸关方模式》，指责中国政府主导的互联网管理方式与当今多利益攸关方模式冲突。2018 年，新美国安全中心发表文章《中国在网络领域的政治控制和军事霸权》，指出中国正试图在网络空间中争夺话语权。[2018 年 3 月，新美国安全中心发布《在陷入困境的水域中钓鱼 跨越太平洋和台湾海峡面对网络间谍》的报告，指出中国大陆网络攻击的两个战略目标是中国台湾和美国，并提出美国国土安全部（DHS）与中国台湾网络安全部门之间要有包括更密切的双边互动等系列举措，共同面对中国大陆的"威胁"。]美国政府依托智库，向公众灌输"以中俄为代表的崛起国家是破坏当前互联网治理模式的罪魁祸首""俄罗斯和中国有意将'爱国黑客'作为政策工具"的思想。这些带有刻板偏见的智库思想充分体现了美国霸权思维。

值得一提的是，美国智库与新老媒体关系甚密。早在传统媒体时代，多数智库就设有媒体关系部门，不仅接受新闻访问，还与报纸、电视台和广播电台发展了持续关系；媒体顾问可致电宣传特定研究成果，并取得智库专家的意见。此外，智库使用其网页和定期电子邮件提醒公众和政策制定者举办关键的政策辩论。① 在新媒体时代下，智库更借助报纸、杂志、推特、博客等多平台传播自己的思想成果，大大提高自身影响力，有力引导国内外舆论。

三、借助智库提升中国参与全球互联网治理的制度性话语权

制度性话语权作为一种软实力，就是在起草、参与制定国际游戏规则中的影响力和决策权。美国凭借自身的技术、人才、资本等先发优势，长期主导着国际互联网治理的基本格局和走势，包括中国在内的发展中国家一直处在"失语""缺席""弱势"状态。我国从网络大国迈向网络强国的进程中，需要大力借助智库提升中国参与全球互联网治理的制度性话语权。鉴于国情差异，美国智库的经验值得中国辩证地吸收借鉴，充分发挥中国智库在全球互联网治理的独特作用。

（一）强化高质量成果，创建世界一流互联网治理智库

大力建设一批具备国际视野、拥有国际影响力的世界一流的互联网治理智库，在尊重国际通行的合理性的治理规则和话语体系基础上，对于全球互联网治理体系中不合理的成分，鲜明地提出具有全球共识的改革建议。为此，一方面，要在解决全球性互联网问题上具有新概念、新理念、新思想的创新能力、话语建构说服能力、议题议程的设置能力、国际规则改良解释解决能力等；另一方面，要通过科学合理的研究手段提出具有全球性共识的观点，如"利用大数据提高智库的决策水平，增强智库成果的有效性、前瞻性、科学性、针对性"②，使智库在全球互联网治理中充分发挥领导作用，为创新全球治理模式提供强大智力支撑。

---

① MCDONALD L. Think tanks and the media: how the conservative movement gained entry into the education policy arena. Education policy, 2013, 28（6）: 845 – 880.

② 闵学勤：《智库驱动：社会治理创新的中国探索》，《南京社会科学》2016 年第 2 期，第 16 – 22 页。

（二）面向国际社会，加强与高端智库的交流与合作

目前，中国政府占据了国际交流的主动权，官方色彩较重。而中国智库特别是互联网治理智库通常缺乏与国际社会的思想交流与对话，也较少举办国际性研讨会、咨询会。一方面，要鼓励中国智库走出国门，与全球有影响力的高端智库定期展开国际性的对话交流，提高在联合国互联网治理论坛、伦敦进程、塔林手册等国际组织或国际会议的能见度。另一方面，借助智库力量搭建多方参与的国际对话平台，开展合作研究、教育培训、会议对话，向全球传播互联网治理的中国主张和方案，通过对话协商发挥"思想磨合剂"功能，增进彼此了解，促进各方共识的达成，提高中国智库在国际舞台的影响力。

（三）培养智库人才，打造中国特色的"旋转门"机制

由于互联网治理涉及多学科、多领域，必须加强团队建设及跨学科综合人才的培养。智库可邀请网络安全和信息技术公司的专家，对政策实践者展开定期的培训学习。同时，鼓励政府高级管理者退休后加入智库，或者通过借调、访问、顾问等多样形式引进政府人才，提高智库人才的核心竞争力。此外，可制定相关机制，选拔优秀的智库研究人员进入政府工作，形成阶段性的智力流动，不仅使智库成果尽快为政府所用，也让决策更加行之有效。

（四）加强宣传推广，多元渠道助推智库影响力增长

智库是思想库，其优质产品必须被传播，让公众了解到互联网治理的最新成果及其价值。中国智库一方面要"造船出海"，例如建立自己的多语种官网、搭建专属平台，运用多媒体产品丰富传播形式，提高智库及其产品的国际影响力；另一方面要"借船出海"，与国际媒体展开积极合作，做到会前积极预热、会中跟进情况、会后评论总结，从而获得社会更广泛的认知与认可。在"智库先行"的未来，智库作为国家制度的有机组成部分，要大力借助传播渠道，传播好中国声音、中国智慧、中国方案，不断提升在全球互联网治理中的制度性话语权。

（本文原载于《现代传播》2019 年第 3 期。作者：罗昕、李芷娴）

美国"网络中立"争论：在接入控制
与开放之间

美国"网络中立"争论经历了从适度规制到强度规制的时代转折。争论的技术动因是"哑巴"网络转向"智能"网络的增量变革带来可能的"流量偏向""价格歧视"。争论的实质在于美国不同利益集团对网络接入控制与开放的权力博弈。控制主义阵营主张产权原则、动力原则、无明确伤害原则，开放主义阵营则倡导公共设施原则、端对端原则、非歧视和伤害原则。基于美国"网络中立"争论的原则分歧，我国的网络管理特别是当前"三网融合"的推进可以从利益因素、信息流动、规制分析三个维度得到启示。

一、"网络中立"争论的时代转折

"网络中立"到目前并没有一个清晰一致的定义，"不仅因为涉及的问题很复杂，而且在本质上是交叉学科，争论的许多方面都需要在网络技术、市场经济、反托拉斯法等领域有深度的了解"[①]。但"大多数认为任何定义应包括普遍原则：建造和提供互联网接入的网络运营商不应控制消费者如何合法地使用他们的网络，也不能对接入互联网的内容服务提供商产生歧视"[②]。这一原则要求平等对待所有的互联网内容和访问，防止运营商从商业利益出发控制传输数据的优先级，保证网络信息传播的"中立性"。

"网络中立"争论发端于 21 世纪之交，在 2008 年底达到高潮，当时美国有线服务提供商康姆卡斯特（Comcast）承认对使用 BT（BitTorrent）的用户进行

---

① PEHA J M, LEHR W H & WILKIE S. The state of the debate on network neutrality. International journal of communication, 2007：709 – 716.

② GILROY A A. Access to broadband networks：the net neutrality debate. August 3, 2009：1. http://assets. opencrs. com/rpts/R40616_20090601. pdf.

了宽带限速。近十年来，美国"网络中立"争论在政府规制上经历了两个时代的重要转折。

（一）小布什时代的适度规制

共和党出身的小布什在其整个"科技计划"中，对监管互联网基础设施问题上总体推行模糊和不干预政策；在历次国情咨文中，也没有提到"互联网、宽带、无线、频谱和网络中立性"等词。[①] 以下几个重要的规制轨迹大体反映了小布什政府在"网络中立"问题上的监管理念。2004 年，FCC 主席米歇尔·鲍威尔（Michael K. Powell）提出互联网自由四原则，即接入合法内容的自由、使用应用软件的自由、接触个人设备的自由、获得服务计划信息的自由。[②] 2005 年，基于互联网自由四原则，FCC 发表《互联网政策声明》，对网络接入也提出了四原则：消费者有权接入他们选择的合法内容；消费者在法律效力下有权运行应用软件和使用他们选择的服务；消费者有权连接他们选择的不伤害网络的合法设备；消费者有权在相互竞争的网络提供商、应用服务提供商、内容提供商之间进行选择。[③] 2005 年 6 月，在"FCC v. 互联网服务提供商 Brand X"案中，最高法院支持了 FCC 关于把有线网接入划归"信息服务"的范畴而不受"通讯服务"规制的决定，即较少受到 1934 年传播法案 Ⅱ 款"开放式接入"规定的约束。FCC 在 8 月又发布了"将 DSL 免除于适用传统电信服务的法定接入要求之外"的规定。[④] 两个规定有效地去除了美国在互联网接入上的严格规制，促进了互联网的快速扩张。

2006 年，巴顿（Barton）法案（即 2006 传播机会、促进和提高法案）和马基（Markey）法案（即 2006"网络中立"法案）先后被议会否决。这两个法案被认为是两种极端的范例：巴顿法案建议不受限制地提供宽带优先流量的权利，而马基法案则建议对各种优先服务进行禁止。两个方案都肯定了 FCC 有权力根

---

① 沈卫利：《美国新总统的互联网政策》，http://tech. sina. com. cn/i/w/46355. shtml；胡杨：《美国总统小布什被 IT 业界指责不重视科技》，http://www. cioage. com/art/200802/66203. htm。

② POWELL M K. Preserving Internet freedom：guiding principles for the industry. February 8，2004. http://net. educause. edu/ir/library/pdf/CSD5428. pdf.

③ FCC adopts policy statement on broadband Internet access. August 5，2005.

④ JAMISON M A & HAUGE J A. Dumbing down the net：a further look at the net neutrality debate. Internet policy and economics，2009：58.

据具体情况来调查违背互联网政策声明的行为，但也明确地否认了 FCC 有权力采取和执行有关政策陈述和原则实施的规制。①

（二）奥巴马时代的强度规制

奥巴马高度重视互联网的发展。民主党出身的奥巴马在竞选时就承诺将支持"网络中立"。FCC 新任主席格纳考斯基（Julius Genachowski）作为奥巴马政府的最高科技顾问，自他上任以后，美国"网络中立"立法进程迅速加快。2009 年 7 月，FCC 宣布将把网络中立原则纳入国家宽带发展计划，要求所有参与美国宽带发展计划的公司必须遵守网络中立原则，所有合法设备、软件应用和服务提供商的网络接入都不应受到任何限制。

2009 年 9 月，FCC 在原"网络接入四原则"基础上扩展为"开放网络六原则"，新增加的两条原则为：互联网接入提供商不能歧视任何互联网的内容或应用程序；互联网接入提供商的网络管理措施必须透明。②"开放网络六原则"涵盖所有有线与无线的宽带连接，其中包括智能手机数据连接，提出了迄今为止范围最广、内容最具体的管理互联网接入提供商和无线运营商的规则。2009 年 10 月，FCC 五人委员会全票通过设立"网络中立性"规则的议案，强制互联网接入提供商公平对待网络流量和内容，禁止在其网站上干涉信息的自由流动和网络应用，以阻止互联网接入提供商滥用其对宽带接入市场的控制权。2015 年，奥巴马政府时期的 FCC 以 3 : 2 投票通过了《开放互联网法令》和《网络中立保护条款》。2017 年，特朗普政府的 FCC 又废除了奥巴马推动的"网络中立"法案。

二、"网络中立"争论的技术动因

"网络中立"争论是通信技术不断革新带来网络设计结构转换的产物，其理念早在电话时代就已产生。在网络设计结构中，早期电话、有线网络属于中

---

① SASHKIN D. Failure of imagination：why inaction on net neutrality regulation will result in a de facto legal regime promoting discrimination and consumer harm. Commlaw conspectus, 2006 (15)：282.

② GENACHOWSKI J. The open Internet：preserving the freedom to innovate. September 21, 2009. http://blog. broadband. gov/?entryId = 10646.

央化和电路交换的网络，所有电话需要连接到中央位置，通过接线员来回答电话。1891 年斯特罗格（Strowger）发明的使用旋转式拨号的电子机械转换系统是现代通信中执行"网络中立"的第一个事件，它允许用户不经接线员就能与期望的一方通话，在一定程度上避免了贝尔时代通过接线员可能产生的流向歧视。① 自电子机械转换系统发明以来，网络在通信世界起了主要的作用。

以阿帕（ARPA）网为先导的数据网络属于去中央化和包（分组）交换的网络，是基于端对端设计的产物。由于不存在预先决定数据包流动的路径，分组交换网络能动态地改变数据包在沿路遭遇阻塞时的路由选择，由此消除了单一阻塞的交换设备带来的问题。端对端原则认为网络的工作就是没有任何偏见地传送信息，鼓励"哑巴"网络的设计，使数据能在先到先服务、不经过滤的基础上，不管内容、信源和信宿进行发送。但现在的因特网使"哑巴"网络逐步让位于"智能"网络。为了确保即时性内容所必要的服务质量，一些智能融入网络而不是转移到终端。其中，"流量优化"和"数据包深度侦察"（DPI）的出现对互联网长久以来的端对端原则构成了潜在性挑战，而端对端原则被认为是几十年来互联网强劲增长的加速器。

数据包内容包括非时间敏感性内容和时间敏感性内容，或分为非贬值性内容和易贬值性内容。以往"没有任何偏见地传送"机制尽管能很好地处理非时间敏感性应用如邮件、文字、图片等，但它难以支持不断上升的、要求低延迟和低抖动的时间敏感性运用如音频、视频、在线游戏、电影、直播电视等流媒体，以及易贬值的内容如拍卖类网址和证券交易类网址。为了满足这种数据传输的质量，工程师在过去十年间开发了一种"流量优化"技术（也称为"接入排序"），使网络接入商在决定数据包流量发送或接受以及确保服务质量程度等方面具有了广泛的灵活性。但"流量优化"技术在满足时间敏感性应用的同时，也潜在性地允许接入商以一种歧视的方式处理来自不同网络服务或内容提供商的数据流。②

DPI 是一种能使网络运营商即时检查数据包标题和类型的网络管理技术，这种技术不仅能鉴别数据包传输的起点和终点，还能确定所运用的软件和数据

---

① USLU T. Fundamentals of the network neutrality debates. September 19, 2007: 6. http://www. uslu. org/Tayfun_Network_neutrality. pdf.

② VALCKE P, HOU L, STEVENS D, et al. Guardian knight or hands off: the European response to network neutrality. Communications & strategies, 2008 (72): 91.

的内容。① 这种技术具有双重效用：一方面可应用于防火墙和过滤软件以检查和防止病毒、垃圾邮件、恶意软件等，也可有助于规划网络容量和诊断网络问题，还能配合法律实施的要求作出一定的内容检查；另一方面，DPI 为价格差异的实践提供了技术条件。价格差异分为两种类型：一是服务排序，网络接入商根据不同的接入速度和服务质量索要不同的价格；二是价格歧视，网络接入商基于用户内容的不同敏感性索要不同的价格。另外，DPI 所检查的数据也有可能未经允许地抽取了个人信息，引发对消费者隐私权的关注。

通信技术革新特别是媒介融合的趋势使各种内容可以在各种传输管道上通行，由此带来可能的"流量偏向""价格歧视"。这种增量式的变革引发了在网络接入控制与开放上的激烈争论。

三、"网络中立"争论的理念分歧

这场争论实质上反映了美国不同利益集团对网络接入控制与开放的权力博弈。支持"网络中立"的阵营有草根网民，部分社会团体，因特网先驱，多数民主党议员和互联网内容，服务提供商如谷歌、微软、雅虎、亚马逊等；反对"网络中立"的阵营有多数共和党议员、部分社会团体、电信运营商［如康姆卡斯特、美国电话电报公司（AT&T）、威瑞逊（Verizon）等］以及设备提供商（如阿尔卡特、思科、高通等）。当然还有一些游离于控制与开放之间的中间派，如美国民主中心、信息技术和创新基金会。

（一）接入控制主义者的基本理念

这个阵营在美国又被称为"贝尔阵营"（Bellheads）或"去规制主义者"（Deregulationlists）。罗勃·弗里登（Rob Frieden）区分了"网络阵营"（Nethead）文化和"贝尔阵营"（Bellhead）文化。前者倡导通过无缝隙、无限制地网络自由互联而实现全球连接，后者则促进受控的流量、配量和网络成本回收。② 此

① MCSLARROW K. Hearings on "Communications Networks and Consumer Privacy：Recent Developments". April 23，2009. http://energycommercehouse. gov/Press_111/20090423/testimony_mcslarrow. pdf.

② FRIEDEN R. Revenge of the bellheads：how the netheads lost control of the Internet. Telecommunications policy，26，No. 6，Sept. /Oct. 2002：125 – 144.

阵营反对以"网络中立"原则的名义对网络接入进行政府规制，认为在一个政府包办的垄断环境里建构起来的规制并不适合以公开竞争、财产权和契约自由为特征的市场环境。接入控制主义与20世纪末美国盛行的解除规制的经济理论紧密相连。其基本理念主要包括：

1. 产权原则

作为接入控制主义的坚定支持者，蒂姆·吴（Tim Wu）强调"任何给定的资源只有被标示为产权并且分配给所有者时才能得到充分利用"，"我们需要将互联网带入产权法的世界……没有这样，福利日益增加的交易也就无从谈起"。① 欧文（Owen）和劳斯顿（Rosston）也把网络中立看作是产权问题，声称如果接入权分配在网络接入商而不是内容提供商，那么交易成本将会降低。网络接入商能使内容产品需求方的互动内在化，因而他们可能是更有效率的权力持有者。如果不允许网络接入商控制接入，将导致没有足够的动力去投资、维护和更新当地宽带平台。②

作为注重技术的保守派智囊团之一，阿达姆·泰尔勒（Adam D. Thierer）也认为网络接入商具有被承认和尊重的财产权，网络中立的强制执行会蔑视这些财产权，拒绝市场中契约的自由。而主张"网络中立"的要求则构成了"充公的"和非法的产权"转移"。他认为宽带维护应假想网络运营商是网络的最好管理者，应该让网络运营商来决定上游和下游传输流量的合理比率。只在有必要维护它们网络完整性（如速度、可靠性、安全性等）时才会寻求人为地控制网络内容或应用，如拦截过量的垃圾邮件、病毒、黑客，限制"非法""非道德"的内容或服务。③

2. 动力原则

网络基础设施投资昂贵，政府难以对大部分基础设施提供投资，私人部门只有在给予合理的投资回报前景时才有动力建立和创新网络。这个阵营相信网络本身的力量而不相信网络上思想的力量，认为从长远来看，网络接入商尽管

---

① WU T. The broadband debate, a User's guide. Journal on telecommunications and high technology law, 2004（3）：69–95.

② OWEN B M & ROSSTON G L. Local broadband access: primum non nocere or primum processi? A property rights approach, No. 02–37, 2003. http://www–siepr.stanford.edu/papers/pdf/02–37.pdf.

③ THIERER A D. Net Neutrality: digital discrimination or regulatory gamesmanship in cyberspace?（Policy analysis for the Cato Institute. No. 57）. Washington: Cato Institute, 2004: 1.

在短期上不会，但在长期上会是下一代网络的推动者。网络中立会侵蚀提供网络接入的动力，阻止新应用或服务的发展。移除人为的规制障碍将鼓励宽带基础设施的投资和刺激竞争。

泰尔勒（Thierer）从资源稀缺的维度，认为宽带网络容量在不断增长，但不是没有限制的，现实是目前一代的网络系统似乎不能提供足够的容量来满足现在快速发展的信息经济。运营商被迫在它们日益拥挤的管道上对于如何分配稀缺的空间作出选择，寻找办法来回报它们的投资和投资者，以及产生有必要投资于下一代网络技术的资金。为了这个目标，它们也许会采取大范围的网络接入计划和定价歧视方法。① 罗勃·弗里登（Rob Frieden）预测在下一代互联网，网络运营商有技术能力和商业动力提供"比最大努力还更努力"的路由和优质服务，以满足内容提供商和消费者寻求更高服务的质量和更可靠的流量发送的需求。②

3. 无明确伤害原则

克里斯托佛·尤（Christopher S. Yoo）对规制介入的不当性进行了批判：预见一种没有实现的假想危险而进行规制介入本身是有问题和危险的。同因特网上的创新很重要一样，对网络接入的控制并不一定会构成某种足以证明"规制介入是正当的"灾难性伤害，尤其是在缺乏竞争伤害的具体证据时。③ 因此，"当决策者不能决定一个新的制度形式是否帮助或阻碍竞争时，合理的反应是非规制，直到实践显示出对竞争有具体的伤害"④。他反对全面禁止对终端用户接入内容、运行应用软件和接触设备的任何限制，主张无明确的伤害原则反而有利于改善价格结构和服务多样化，帮助用户获取高质量的内容和服务。

泰尔勒也认为网络接入商对网络使用的限制会在各方面对用户产生严重的经济伤害是不可能的。即使在极少的情况下，接入商以特别严重的行为导致对消费者的伤害，假如法官裁定了在某些方面的确受到伤害，这种伤害也可以得

---

① THIERER A D. Net Neutrality：digital discrimination or regulatory gamesmanship in cyberspace？（Policy analysis for the Cato Institute. No. 57）. Washington：Cato Institute，2004：12 - 13.

② FRIEDEN R. Internet 3.0：identifying problems and solutions to the network neutrality debate. International journal of communication，2007：461.

③ YOO C S. Network neutrality and the economics of congestion. Georgetown law journal，2006（94）：48.

④ YOO C S. Beyond network neutrality. Harvard journal of law & technology，2005（19）：75.

到法律补偿，而不是由政府实施行政干预。①

（二）接入开放主义者的基本理念

接入开放主义者也称为"网络阵营"（Netheads），主张给予用户接近最高质量的内容和应用非伤害的网络附件的权利，给予创新者供应这些内容、附件或应用的相应自由，建议保障不受限制的"网络应用普遍权利"，终端用户有权利以合法、不伤害的方式合理地使用他们的互联网连接。其基本理念主要包括：

1. 公共设施原则

网络是能带来许多积极外部性的公共设施。网络的价值应该为使用它的人获得而不是为部署或拥有它的人获得。佛里斯曼（Frishmann）认为公共设施是人类为公共消费而开发的物质资源，应保持一个开放、可接入的公共设施，整个社会可以优化互联网。互联网是混合商业、公众和社会的基础设施，目前的争论很大程度上低估了互联网在公众和社会方面的价值。② 被誉为"互联网时代最重要的网络法律专家"的劳伦斯·莱斯格（Lowrence Lessig）从反向角度推断：如不把网络当作公共基础设施，而把产权分配给互联网接入商，将会在公共知识领域创造"篱笆"，无效率地剥夺用户和内容生产商的公共资源，而这些资源的使用并不需要社会付出成本。③

罗伯特·艾金森（Robert D. Atkinson）把美国不断升级的"网络中立"争议的原因之一归咎于在最后一公里处缺乏动力竞争，公共基础设施被私人寡头垄断。由于目前使用移动无线、卫星通信的价格昂贵，电信网的 DSL、有线网的 MODEM 形成了寡头垄断竞争，在接入市场上需要更强劲的竞争和更高速度、最大容量的数据管道的建造。互联网接入市场的竞争对防止终端接入垄断的产生是至关重要的。④

---

① THIERER A D. Net Neutrality：digital discrimination or regulatory gamesmanship in cyberspace？（Policy analysis for the Cato Institute. No. 57）. Washington：Cato Institute，2004：15.

② FRISHMANN B. An economic theory of commons and infrastructure management. Minnesota law review，2005（89）：917 – 1030.

③ LESSIG L. FREE CULTURE：how big media uses technology and the law to lock down culture and control creativity. London：Penguin Press，2004.

④ ATKINSON R D & WEISER P J. A "Third Way" on network neutrality. May 30，2006：8 – 10. https：//www. itif. org/files/netneutrality. pdf.

2. 端到端原则

端到端原则认为，网络的智能不应当放在网络内，而应当放在网络的端点，即网络内的计算机只是履行应用程序所需的基本功能，而一些特殊功能应由处于网络端点的计算机（用户或内容、应用供应商）来实现。

互联网先驱者温特·瑟夫（Vint Cerf）认为互联网显著的成功可追溯到一些简单的网络原则——端到端设计、多层结构和开放标准，使消费者能选择和控制他们的在线活动。① 莱斯格把端到端的设计原则推崇到关系着互联网自由、公正和创新的高度：端到端设计使网络自身控制最小化，而使创新的竞争者利益最大化，有助于维护网络上的公共资源，最大限度地发挥各种创新主体的潜能。创新权利应对任何人在任何地方开放。网络创造的进程表明，互联网的架构设计可以防止外在力量的控制，击退对用户、观点和技术的偏见。②

3. 非歧视和伤害原则

一般来说，网络接入提供商应在"最大努力"基础上来传输数据包而没有特别的数据优先对待。而"最大努力"一直被认为是互联网的中心原则，对于网络内容发展和创新具有重要作用。莱斯格经常争辩说，"一个哑巴的管道"是至关重要的，网络接入商在它们的线路上提供任何融合性、附属性的内容或服务都可能对内容服务供应商、终端用户产生歧视。

互联网的成功基于一直得到美国通信规制保护的开放和非歧视原则。没有受到非歧视规则限制的接入提供商将能决定谁是搜索引擎、内容、应用、服务方面的主要提供商，这对依赖互联网的消费者和各种产业会造成严重的危害。③ 美国规制效用委员会协会警告说，"网络运营商有技术能力创造一个'有墙的'或'有篱笆的'花园，旨在把顾客吸引到所偏爱的内容，但也能阻止顾客难以接近需要的内容（除了运营商选择的内容）"。如在政治上，可以反对不利的议题倡议或候选人；商业上，可以阻止竞争对手的内容。"可以想象的是，一些网络运营商有动力去限制互联网接入偏爱的新闻资源。假如它们选择这样做，这

① Net Neutrality Hearing, supra note 18（written testimony of Vint Cerf）. http://commerce. senate. gov/pdf/cerf‒020706. pdf.

② LESSIG L. The future of ideas: the fate of the commons in a connected world. Random House, Inc. 2001. http://thefutureofideas. s3. amazonaws. com/lessig_FOI. pdf.

③ ECONOMIDES N. "Net Neutrality," non-discrimination and digital distribution of content through the Internet. Journal of law and policy, 2008, 4（2）: 232.

将严重伤害观念市场中自由而开放的信息交流。"①

两个阵营虽有对立但也有共同点——双方都尊崇创新。双方都认为创新是经济增长的基本动力。但双方在关于大部分创新发生的起点上有分歧。开放主义者认为创新在终端用户上发生，尽管存在着来自网络接入商在应用层次上的创新，但由被歧视而阻挡的独立用户产生的创新远比接入商创造的要大得多，日益增加的应用层次的创新比网络层次的创新相对来说更为重要。② 温特·瑟夫也强调，如果允许网络接入商对接入和内容施加控制，那么互联网作为在市场创新、经济增长、社会交流和思想自由流动方面的巨大引擎机的价值将被宣布无效。③ 控制主义者认为创新在网络方发生。网络接入商提供优质服务将刺激网络各方的创新，因为低价值的内容网站也能获得优质服务，从而更好地与高价值的网站进行竞争。内容的更加多样化和购买了优质服务的网站所创造的更大价值有利于广告商。由于消费者更频繁地访问内容性网址，消费者也能从更低的网络接入价格中获利。④

在两个鲜明对立的阵营外，还存在不少第三条道路的观点。罗伯特·艾金森在分析两个阵营观点的基础上设计了自己的解决方案：议会应要求接入提供商以明晰的术语陈述它们的宽带接入和使用政策；议会应赋权 FCC 以监管歧视性的接入行为，以确保任何接入管理不会伤害竞争（和消费者）；议会应给接入商提供财政、税收刺激以投资宽带网络，但前提是接入商应最大努力地为它们的客户提供开放的互联网数据管道，管道的速度至少要和 FCC 不断更新确定的速度一样快。⑤ 斯格特·乔丹（Scott Jordan）认为网络中立争论的问题在于当前支离破碎的传播政策难以处理技术融合的趋势。基于很好地容纳了技术融合的互联网层级化结构，他提出了在某种程度上能迎合各方观点的中间性的传播

---

① National association of regulatory utility commissioners, resolution regarding citizen access to Internet content. November 12, 2002. http://www. naruc. org/Resolutions/2002/annual/telecom/citizen_access. html.

② VAN SCHEWICK B. Towards an economic framework for network neutrality regulation. Journal on telecommunications and high technology law, 2007 (5): 38 – 39.

③ Net neutrality hearing, supra note 18 (written testimony of Vinton Cerf). http://commerce. senate. gov/pdf/cerf – 020706. pdf.

④ JAMISON M A & HAUGE J A. Dumbing down the net: a further look at the net neutrality debate. Internet policy and economics, 2009: 66.

⑤ ATKINSON R D & WEISER P J. A "Third Way" on network neutrality. May 30, 2006: 8 – 10. https://www. itif. org/files/netneutrality. pdf.

政策：既要限制网络接入商有能力以一种榨取寡头租金的方式进行歧视，同时要确保网络接入商能使用理想的网络管理方式。① 达维纳·萨斯金（Davina Sashkin）也提出了一个希望被争论各方接受的互联网非歧视法案：在允许和鼓励网络所有者实行合法性的利益最大化技术时，又限制网络所有者从事一些利用市场权力和设施控制以排除竞争对手的伎俩。这种折中将减轻关于网络所有者有能力榨取足够收益而引发的不安，也将创造持续投资基础设施的动力以吸引不同的消费者。②

在利益追逐和权力制衡的美国，FCC 能否让这场旷日持久的大论战"偃旗息鼓"，抑或是把论战再次推向"火上浇油"的阶段，不仅取决于接入控制与开放两大阵营在博弈中的力量消长，也取决于不同党派执政及其政府职能部门在规制执行细则上的政策智慧。

四、"网络中立"争论的中国启示

在全球通信市场从"放松管制"向"重新管制"转变的过程中，美国"网络中立"问题将对网络产业发展产生重大影响。虽然"网络中立"在我国可能还是一个新名词，问题意识尚不明显，但是我国的网络管理现状特别是当前"三网融合"的推进与"网络中立"密切相关。从美国"网络中立"争论的理念分歧来思考这些问题，具有非常重要的借鉴意义。

（一）网络管理应综合考虑多元的利益因素

从利益主体来看，"网络中立"争论涉及网络运营接入商、网络设备供应商、网络内容服务商、终端用户等多元主体。从利益范围来看，"网络中立"争论不应仅仅关注经济，还应考虑社会福利、民主政治、自由文化、版权保护、创新精神、技术革新等。当学术研究对社会、文化、政治等多维视野的关注越来越多时，将更容易达成一致。

---

① JORDAN S. A layered network approach to net neutrality. International journal of communication，2007：427.

② SASHKIN D. Failure of imagination：why inaction on net neutrality regulation will result in a de facto legal regime promoting discrimination and consumer harm. Commlaw conspectus，2006（15）：309.

因此，网络管理应将伦理权利与市场行为兼顾起来考察，既要防止政府的失灵，也要防止市场的失灵。按照安德鲁·芬伯格的"参与者利益"概念来理解：人一旦卷入技术网络中，就具有了一些特殊的利益，这些利益是与这种参与所伴随的或好或坏的潜能相对应的。技术是由效率标准和许多其他利益所"待决定的"。各种利益的介入并不必然降低效率，而是可以根据更广泛的社会纲领将效率的成果偏向某个方向。① 当前推进"三网融合"的攻坚战在于各方利益的重新整合，既要考虑网络接入商投资网络基础设施和提供优质服务的回报动力，更要考虑"满足人民群众日益多样的生产、生活服务需求"。在一个"多维网络"（Multidimensional networks）、"多传播"（Multicommunicating）、"多重连接"（Multihoming）的时代，网民对于内容接入的强力需求将促进内容提供市场上的竞争，任何片面强化某方利益的实践做法都可能带来自身利益的流失。

（二）网络管理应保障信息自由而安全地流动

按照网络传播的多层级结构②，网络接入作为物理层面，是信息在网络空间流动的第一阀门和发源地，对网络信息的流向、流量、流速、流质起着重要的调控作用。接入控制主义可能存在对信息内容的歧视，不利于合法信息内容的自由流动。应该看到，互联网的普遍接入是弥合数字鸿沟的关键，也是发展权的一部分。而接入开放主义却可能存在对信息内容的自由放任，不利于网络信息安全的有效保障。因而在接入控制与开放之间应寻求两者的交集。

当前我国网络内容管理实行分层分级管理，有助于改变"一刀切"的局面，例如：有必要对新闻内容、商业资讯、服务资讯等不同领域的管理区分对待；区分对待公域信息内容和私域信息内容；网络游戏的分级管理也应该在局部试行的基础上尽早全面实施起来。实行分层分级管理的目的在于给予消费者更大的自由去使用互联网和自己的手机、电话，去享受合法合德、高质低价的大流量网络内容和服务。在"三网融合"方面，由于有线电视网在全球都是作为国家的"文化例外"而受到特殊保护的，同时是国家信息安全的重要保障之

---

① ［美］安德鲁·芬伯格著，韩连庆、曹观法译：《技术批判理论》，北京：北京大学出版社，2005 年，第 22 页。

② COOPER M N. Open architecture as communications. policy，2004：102. http://cyberlaw.stanford.edu/attachments/openarchitecture.pdf.

一。在"双向进入"之前，广电业应当尽快推进实施政企分离、台网分离、制播分离、公益性和经营性分离。"三网融合"不仅是物理层的接入融合问题，也是应用层、内容层等层面的融合问题。因而"三网融合"不仅要在技术上开放接入，还要在内容上可控可管，让合法、主流、权威的信息在各种接入渠道中自由而安全地流动。

（三）网络管理应有全面细致的规制分析

规制分析作为理解因果关联的工具，有助于决策者将规制评估的结果和规制的价值判断结合起来。任何网络中立规制的目的、手段、结果、成本、收益、程度和范围等都需要进一步考察。不了解这些规制的细节，任何支持或反对网络中立规制的论争都是毫无意义的。规制者要考察偏见是构成了一个不公平、有伤害的行为，抑或是一个使信息服务多样化、丰富化的合理意图。[①]

"三网融合"的实质是电信和广电之间双方市场开放接入的问题，但利益部门对网络接入市场的权力博弈使得"三网融合"举步维艰。当前"三网融合"的推进也需要全面细致的规制分析，需要一系列公开、公正和透明的规制设计，需要综合考虑技术创新、产业发展、市场竞争、普遍服务、信息安全、文化健康等各方面的问题。如监管体制上，在组建国务院跨部委协调机构基础上，逐步融合成一个统一、独立的大监管机构，实施全面监管职能。运营体制上，在考虑公益性的基础上逐步转变广电系统政企合一和台网合一体制所导致的非市场化运营，以实现与电信部门的公平竞争。接入市场上，应打破当前的垄断经营，在共建共享基础设施和统一兼容的技术标准前提下，实现开放、适度、有序的竞争和更大限度的信息资源共享，发挥接入市场主体的核心优势，为消费者提供优质低廉的信息内容和应用服务。

（本文原载于《新闻与传播研究》2010 年第 3 期）

[①] BRITO J & ELLIG J. A tale of two commissions: net neutrality and regulatory analysis. Commlaw conspectus, 2007（16）：21.